U0821922

高等教育发展学术论丛

当代大学生公正观教育研究

郑元凯◎著

RESEARCH ON EDUCATION OF CONTEMPORARY COLLEGE STUDENTS' CONCEPT OF JUSTICE

经济管理出版社
ECONOMY & MANAGEMENT PUBLISHING HOUSE

图书在版编目（CIP）数据

当代大学生公正观教育研究 / 郑元凯著. —北京：经济管理出版社，2020. 11
ISBN 978-7-5096-7580-9

Ⅰ. ①当…　Ⅱ. ①郑…　Ⅲ. ①大学生—公正—思想政治教育—研究—中国
Ⅳ. ①G641

中国版本图书馆 CIP 数据核字（2020）第 169725 号

组稿编辑：王光艳
责任编辑：许　艳　尹珍珍
责任印制：黄章平
责任校对：王淑卿

出版发行：经济管理出版社
（北京市海淀区北蜂窝 8 号中雅大厦 A 座 11 层　100038）
网　　址：www. E-mp. com. cn
电　　话：（010）51915602
印　　刷：北京晨旭印刷厂
经　　销：新华书店
开　　本：720mm×1000mm /16
印　　张：17. 50
字　　数：305 千字
版　　次：2020 年 11 月第 1 版　　2020 年 11 月第 1 次印刷
书　　号：ISBN 978-7-5096-7580-9
定　　价：68. 00 元

· 版权所有　翻印必究 ·
凡购本社图书，如有印装错误，由本社读者服务部负责调换。
联系地址：北京阜外月坛北小街 2 号
电话：（010）68022974　　邮编：100836

序

公正是人类永恒的价值追求，是社会制度的首要原则，是调节社会关系的伦理依据。改革开放40多年来，我国经济实力突飞猛进，人民生活水平显著提升，社会治理能力不断增强；然而，一些因市场经济改革和社会结构转型而引发的社会弊病也逐步显现出来，出现了一些违背公平正义的现象，人民群众对社会公平正义的关切与诉求也越发凸显。随着中国特色社会主义进入新时代，我国社会主要矛盾已经转化为人民日益增长的美好生活需要和不平衡不充分的发展之间的矛盾。切实维护社会公正，正是广大人民群众追求美好生活的迫切需要。大学生是中国特色社会主义的建设者和接班人，是建设社会主义现代化强国的中坚力量，他们的价值取向决定了未来整个社会的价值取向。大学阶段是个人道德水平发展与价值观生成的重要阶段，在这个阶段，个人的公正价值取向逐渐成为道德判断的主要方面。对社会公平正义的关切、思考与现实表达成为当今青年学生参与社会治理与公共事业的重要组成部分。虽然我们国家在社会结构转型过程中出现了一些关乎社会公平正义的现实问题，但必须看到，当前随着国家治理体系与治理能力现代化水平不断提升以及依法治国的深入推进，社会公平正义的状况总体向好。当代青年人必须树立理性、成熟、科学的公正观，并以此指导个人道德成长，正确看待社会发展的重要依据，用积极乐观的社会心态与坚定的正义感投身于中国特色社会主义事业的建设当中，而不应在个别导向做的网络舆论影响下盲目泛化义愤，争当“键盘侠”与网络世界的“道德审判者”。

高校思想政治工作关系到培养什么样的人、如何培养人以及为谁培养人这个根本问题。培育与践行社会主义核心价值观是新时代高校思想政治教育的重要课题，在社会主义核心价值观的体系当中，公正是各个维度的价值交集与价值基础，与其他维度之间有着很大关联，是社会主义核心价值观的基本理念。作为社会主义核心价值观的基本理念与价值交集，公正观对其他价值观具有高度内在关联，公正观的生成直接关系到社会主义核心价值观的整体认同。一旦大学生公正观出现偏差，会影响平等、自由、法治、诚信、友善等其他关联价值的认知与认同，进而影响社会主义核心价值观的整体养成。大学生如何正确理解公正，自觉信仰公正、努力践行公正、客观评价公正？大学生公正观教育应当建立何种指导思想？依托何种载体进行？这些都是当前高校思想政治教育工作需要思考和解决的现实问题。

当前，没有一所高校不重视大学生社会主义核心价值观的培育，然而，如何将社会主义核心价值观的各个维度分别入脑入心，实现认知到认同的转变，依然是摆在高校思想政治工作者面前的一个难题。至少在当前，社会主义核心价值观教育的方式方法依然存在以下几个问题：第一，视角过于宏观。以往高校开展社会主义核心价值观教育大部分采取整体性灌输，或是仅区分国家、社会与个人三个层面，而对每个层面中的具体内容没有进行必要的学理探索，导致不少学生知其然不知其所以然，对各个层面之间，每个层面的各个维度之间的内在关联没有深刻理解。这使得社会主义核心价值观教育的视角过于宏观，不利于进行深入探讨。第二，方法过于简单。当前高校将社会主义核心价值观培育作为一项具体的业务工作而非一项全局性事业来看待，教育的主体局限于高校学生思想政治教育队伍，这就导致了社会主义核心价值观培育缺乏必要的学理支撑，缺失了理论养料。实质上，社会主义核心价值观的每个层次、每个内容均蕴含着深刻的理论内涵。就本书而言，作者将公正置于社会主义核心价值观体系进行研究，因此，本书所述的大学生公正观教育本质上隶属于思想政治教育范畴。那么，进行此类研究，首先必须具有深厚的马克思主义理论功底，能够将马克思主义立场、观点、方法运用到研究当中；与此同时，公正与公正观教育研究也绝不拘泥于马克思主义理论这个单一范畴，其他人文社会科学领域关于公正的相关论述同样是我们正确打开公正这个神秘之门的钥匙，我们也应当广泛吸收与理解，从中构建一套符合当代大学生认知状况与结构的理论话语。第三，说得多，做得少。就社会主义核心价值观而言，培育是基础，践行是目的。一切关于社会主义核心价值观的知识讲授，最终落脚点是学生在实践中持之以恒的践行与坚守。然而，当前高校在践行社会主义核心价值观方面着墨不多，有代表性与影响力的经验做法乏善可陈。基于此，高校必须对社会主义核心价值观教育的方式方法进行必要反思。

郑元凯博士的这部著作为高校思想政治工作者开展社会主义核心价值观教育提供了参考依据。《当代大学生公正观教育研究》这部著作，从理论视角构建了以马克思主义公正思想为基石的公正观价值体系，从实践视角对当代大学生公正观的现实状况进行了全面审视，聚焦其中的问题、困境与成因，提出了具有建设性的对策建议，具有很强的理论意义与实践价值，体现了笔者深厚的研究功力和严谨的治学态度。作为社会主义核心价值观研究类书籍，本书最大的特色在于它选取了公正这个具体的视角，破除了社会主义核心价值观研究领域中过分重视整体性研究，忽视具体维度研究的困境。本书立足于社会主义核心价值观体系中最根本、最具有主导意义的价值维度——公正，形成了独特的研究视角与研究方法，突破了传统研究范式的桎梏，推动了社会核心价值观研究视角转向，为其他相关研究提供了切实可行的研究范式。本书围绕公正与公正观教育两个维度展开。与其他相关研究不同，本书十分注重对公正进行学理层面的探究，笔者在历史视角下，构建了公正思想研究的谱系，系统梳理了古今中外思想家关于公正的重要论述，揭示了其理论特质与精华。在这个基础上，笔者对马克思主义公正思想进行了深入细致的挖掘与整理，从历史、道德、制度与实践四个视角全面展现了马克思主义公正思想的理论逻辑，充分彰显其科学性，并旗帜鲜明地指出了马克思主义公正思想的当代在场性。在分析公正的内涵过程中，笔者在马克思主义公正思想的基础上充分吸收中西方历史发展过程中的经典理论，赋予了公正更为丰富的内涵。

本书的一个重要维度是大学生公正观的状况与教育引导。当代大学生正处于道德成长的重要阶段，公平正义正逐渐成为个人价值追求的主要方面。非正义的人与事物对他们个人道德成长无疑会带来负面影响。作为基本的价值取向，公正时常与重大原则问题捆绑在一起，成为青年一代分清善恶、辨明是非的重要价值依据，公正又时常成为正义感的代名词，是人们见义勇为、惩恶扬善的道德力量源泉。从某种意义上说，大学生公正观教育在个人德性层面就是要解决人的公正认知及其行为表现等方面的问题。转眼间，21 世纪已走过了头 20 年，千禧年之后出生的一代人已步入大学，即将成为未来社会的中流砥柱。在社会转型、文化激荡的时代背景下，在中华民族即将步入世界舞台中央的历史机遇期，青年一代的道德水平直接决定了中华民族伟大复兴是否能够如期而至，这对我们当代高校思政工作者提出了重要的课题。通过实证分析，本书对当代大学生公正观的审视是全面、科学、系统的。从知、情、意、行、感五个维度审视当代大学生公正观的现状，找出其中存在的主要问题。

在大学生公正观教育的建议方面，本书没有局限于学校的视角研究大学生公正观及其教育问题，而是引入了社会教化与家庭教养两个维度。本书指出，公正作为个人最朴素、最原始的价值追求，生成于幼儿时期家长的言传身教，发展于青少年成长阶段的眼见耳闻，成熟于学校阶段的引导，三者缺一不可。基于这一点，本书从三个方面勾勒了大学生公正观教育的实践指向，为构建大学生公正观教育的大环境提供了对策建议。

综上所述，本书既回顾了历史，又立足于当下；既有理论探究，又有现实关照；既有理性的思考，又有实证的调查；既有理论铺陈，又有对策建议；是一部具有理论与现实意义的研究著作。

在当前和今后一段时间，世界处于百年未有之的变局时期，我国将迎来前所未有的历史机遇，也面临着巨大的风险与挑战。2020 年初，面对突如其来的新冠肺炎疫情，在中国共产党的坚强领导下，全国人民齐心协力，共克时艰，有效控制了疫情的进一步蔓延，取得了疫情防控阻击战的阶段性胜利。在这个过程中，青年一代表现出超乎想象的坚韧、勇敢，承担了抗击疫情、攻坚克难的时代使命，全面展示了新时代青年一代的正义感与社会责任感。抗击疫情的伟大胜利彰显了中国特色社会主义制度的显著优势，彰显了中国共产党领导的坚强力量，也进一步诠释了新时代历史方位下的公平与正义，进一步提升了包括大学生在内的全体人民对社会公正的认同感。我相信，今天的大学生在经历了抗击疫情战役的磨砺之后，必然能够不断奋发图强，不断拼搏，坚守正义初心，担负时代使命，在各行各业用实际行动践行公正，传播公正，为建设社会主义现代化强国做出新的更大贡献。

杨立英

2020 年 6 月 22 日于福州

前言

公正是社会主义核心价值观的基本理念，居于社会主义核心价值观的主体地位，发挥着主导功能。大学生正处于个人道德水平发展与价值观生成的重要阶段。在这个阶段，公正价值取向逐渐成为道德判断的主要方面。当前，在错综复杂的外部环境影响下，公正观缺失与行为失范等现象在大学生群体中时有发生，成为社会的问题聚焦。然而，大部分高校并未对大学生公正观教育给予足够重视，既缺少理论层面的深入探究，也缺乏实践层面的深度探索。面对这样的现实困境，本书以马克思主义公正观为理论指导，科学借鉴中西方公正思想的精华部分，构建符合新时代中国特色社会主义的公正观价值体系，提出了大学生公正观教育的基本理论与基本路径，以此回应大学生道德成长过程中的现实困惑，消解社会转型与文化激荡背景下思想政治教育的主体困境。本书共分为八个章节：

第一章为公正观的思想渊源。本章对公正观的理论基础进行了与时俱进的挖掘与整理，以马克思主义公正观为指导，从古、今、中、外四个维度梳理了公正观的理论渊源。本书认为，作为形而上学、道德哲学、政治哲学以及马克思主义哲学的共同研究对象，公正本质上是一种具有正当性与普遍接受性的社会意识，在社会发展运动过程中，公正意识被对象化到具体社会形态中的道德规范与制度安排当中，同时又受到具体的社会形态下社会生产方式的影响，具有历史性、阶级性、相对性等特点，构建公正社会制度、培育公正的道德规范，对维护社会稳定、促进社会发展、调节社会心态起到至关重要的作用。在归纳总结马克思主义经典作家公正思想的基础上，聚焦于马克思主义公正观的中国化成果的归纳与整理，进一步挖掘中国特色社会主义的公正之维。以习近平新时代中国特色社会主义思想为指导，对十八大以来党和国家推动社会公平正义的生动实践进行了归纳与提炼。

第二章为公正与公正观的应有之义。结合第一章的理论梳理，从社会伦理、社会制度与个人道德三个维度对公正的内涵进行深入诠释。以价值观理论为基础，对公正观给出了比较全面的概念界定，挖掘了公正观的具体维度。本书指出，公正是调节社会关系的伦理准则，是社会制度的评价标准，同时也是个人德性的具体表现。在现实社会活动中，由于观察领域、对象主体等方面的差异，公正具有不同的种属。公正观是个人对“什么是公正”“是否信仰公正”“如何鉴别公正”“如何实践公正”“我生活的社会是否公正”等一系列问题的基本看法、基本观点与基本评价。在公正观的考察方面，本书聚焦认知、情感、意志、行为与感受五个维度，内化与外化两个层面，搭建了居民公正观生成的知行逻辑，以此作为大学生公正观状况考察的基本内容。此外，本章还在社会与个人两个层面提出了大学生树立正确公正观的现实意义。

第三章为当代大学生公正观现状审视。通过对福建省 20 所高校在校学生的问卷调查，从公正认知、公正情感、公正意识、公正行为与公正感受五个方面全面把握当代大学生公正观的具体表现。通过调查发现，大学生公正观总体积极向好，多数大学生对公正的认知准确，信仰坚定，能够自觉维护社会公正。调查也发现部分学生存在公正认知模糊、逐利意识凸显、公正意识淡薄、行为盲目以及对社会公正的评价脱离现实等问题，这充分说明了当前大学生公正观养成过程中存在认知障碍，部分学生在实践过程中脱离了公正原则，损害了他人与社会的利益，造成了不良影响。

第四章为引发当代大学生公正观偏差的主要诱因。从社会环境、高校教育以及个人道德状况三个方面解析了引发大学生公正观消极表现的原因。从经济层面来看，经济市场化改革出现的贫富分化现象是当前引发民众质疑社会公正的首要原因，也是导致大学生对社会公正评价不高的根本所在；市场化改革催生个人自我意识的觉醒，对个人利益的盲目追逐诱发传统义利观的瓦解与社会道德裂变，降低了人们对社会公正的传统信仰。从政治层面来看，公权力滥用以及各类冤假错案降低了政府公信力，扭曲了部分民众的价值导向。从社会管理层面来看，阶层分化与固化现象割裂了社会阶层之间的利益关系，进一步加剧了社会的两极分化。在文化层面来看，传统封建礼教思想与平均主义观念依然残留，加之西方非马克思主义思潮蜂拥而至，引发多种公正观的价值冲突。从高校教育层面来看，公正观教育长期缺位，导致学生对公正的认识尚不够全面系统，高校自身制度与管理所导致的公正“缺场”进一步弱化了学生的公正意识。同时，传统思想政治教育重社会价值，轻视个人价值的路径在当下引发了价值反噬，不利于大学生正确公正观的培育。从个人层面来看，大学生对网络的依赖程度越来越高，给不良社会思潮、错误观点的传播提供了可乘之机；

大学生群体中普遍流行具有亚文化特质的各种不良风气浇灭了大学生维护社会公正的热情。最后，家庭教育导向的偏离破坏了大学生公正观养成的初始环境。

第五章为当代大学生公正观教育的原则与目标。文章提出，大学生公正观教育应当注重科学性与意识形态属性相结合、理论与实践相结合、知识教育与道德教育相结合以及学校教育与社会教化、家庭教养相结合的原则。针对大学生公正观的消极表现，制定了深化公正认知、强化公正情感、端正公正意识、养成公正行为、改进公正评价五个方面的目标。着力引导大学生树立马克思主义公正观，积极吸收古今中外公正思想的合理部分；着力强化大学生对公平正义的情感依存，树立理想信念；着力教导大学生坚持正确的判断标准，端正对现实社会各种涉及公正问题的立场与态度；着力推动大学生养成公正行为，坚决维护社会公正，矫正生活中的各种不良现象，保持行为理性；着力改进大学生对当前社会公正状况的评价水平，帮助大学生做好心理调适，树立健康积极的社会心态。

第六章为当代大学生公正观教育的内容选择。大学生公正观教育的内容包含了马克思主义公正观、公正伦理观、社会活动领域的公正观、中国特色社会主义公正观四个方面。马克思主义公正观教育侧重于提升学生对历史唯物主义方法论、人的自由全面发展的认知与理解。公正伦理观教育着重引导学生树立平等观、义利观与“应得”观三个社会公正所蕴含的基本准则。中国特色社会主义公正观教育着重引导大学生充分了解国情，全面认识中国特色社会主义在推动社会公正建设所取得的伟大成就，其落脚点是习近平新时代中国特色社会主义思想中的公正之维。社会活动领域的公正观是学生实践社会公正的现实依据，包括了经济公正观教育、政治公正观教育、法治公正观教育以及网络公正观教育四个部分。

第七章为当代大学生公正观教育的实践指向。结合高校思想政治教育工作的基本方法与规律，依托高校思想政治教育工作的实践与探索，对进一步加强改进大学生公正观教育提出具有现实意义的对策建议。本书指出，要充分运用各校各种载体开展大学生公正观教育，以思想政治理论课、日常教育管理、网络自媒体、社会实践以及心理健康教育为主渠道，充分发挥课程育人、管理育人、网络育人、实践育人与心理育人的协同作用，实现大学生公正观教育的全面推进。要丰富公正观教育的方式、方法。在传统思想政治教育方法的基础上，结合隐性教育、道德体验教育等特色方法增强学生的个人道德体验与道德情感，提升教育成效。要营造公平正义的校园文化氛围，挖掘校园物质文化中的公正特质，发挥具有仪式感的校园文化活动的隐性育人作用，加强先进榜样的宣传，讲好公正故事，发挥示范作用。要充分发挥政府的引领作用，优化社会环境，完善社会制度，净化社会风气，为大学生公正观教育提供政策支撑与现实语料。最后，要发挥家庭的亲缘优势，营造良好的家风家训、转变家庭教养方式，提升家长的教育能力，打造家校联动的大学生公正观教育格局。

第八章为结论与展望。

目　录

绪　论 …… 1

一、选题背景与研究意义　/1

二、研究综述　/6

三、研究思路与研究方法　/13

四、创新之处与有待解决的问题　/14

第一章　公正观的思想渊源 …… 16

第一节　我国传统文化视域下的公正思想　/16

一、以规范君主执政理念为中心的公正思想　/16

二、以构建良好社会制度为中心的公正思想　/18

三、以实现个人高尚品德为中心的公正思想　/19

第二节　马克思主义经典作家的公正思想　/21

一、唯物史观是马克思主义公正思想的方法论原则　/21

二、对资本主义形式公正的批判是马克思主义公正思想的立论依据　/26

三、人的自由全面发展是社会公正的价值旨归　/29

四、公正的社会制度是共产主义的题中之义　/32

第三节　马克思主义公正思想中国化的创新发展　/34

一、中国革命和社会主义建设时期中国共产党对社会公正的不懈追求　/34

二、改革开放后中国共产党推动社会公正的生动实践　/36

三、新时代历史方位下中国共产党对社会公正的创新解读　/39

第四节　国外学术界具有代表性的公正思想　/44

一、亚里士多德的“应得”公正论　/44

二、康德的义务公正论 /46
三、现代自由主义制度公正论 /47
四、现代社群主义者的“共同体”公正论 /50
五、阿马蒂亚·森的具体公正论 /52

第二章 公正与公正观的应有之义 …… 54

第一节 公正的多重意蕴 /54
一、公正是一定社会形态下具有正当性的伦理准则 /55
二、公正是评价社会制度的基本依据 /59
三、公正是个人美德的具体体现 /61
第二节 公正的具体类型 /62
一、按照公正涉及的社会活动领域划分 /62
二、按实现公正的主体划分 /71
三、按社会活动的过程划分 /78
第三节 公正观的内涵与呈现 /84
一、公正观的内涵 /84
二、公正观的表现形式 /86
第四节 开展大学生公正观教育的现实意义 /90
一、大学生公正观教育是一项重大的时代课题 /91
二、大学生公正观教育是大学生自身成长成才的客观需要 /92
三、大学生公正观教育能够进一步丰富高校思想政治工作话语体系 /94

第三章 当代大学生公正观现状审视 …… 95

第一节 当代大学生公正观调查设计 /95
一、调查问卷设计思路与基本结构 /95
二、调查对象选取及其基本特征 /96
三、调查的统计方法 /97
第二节 当代大学生公正观调查的数据统计 /98
一、大学生公正认知调查结果统计 /98
二、大学生公正情感调查结果统计 /100
三、大学生公正意识调查结果统计 /102

四、大学生公正行为调查结果统计 /104
五、大学生公正感受调查结果统计 /109
第三节 当代大学生公正观的积极表现 /113
一、大学生公正认知水平总体稳定 /113
二、大学生普遍具有较强的正义感 /113
三、大部分大学生针对社会公正问题的立场端正 /114
四、大部分大学生公正行为表现积极向上 /114
第四节 当代大学生公正观的问题聚焦 /114
一、部分大学生对公正的认知有所偏差 /115
二、部分大学生公正观受到逐利意识的影响 /116
三、部分大学生的公正意识与公正行为存在情境差异 /117
四、部分大学生维护社会公正的行为缺乏理性 /118
五、部分大学生对当前社会公正状况的评价较为偏激 /118
六、部分大学生对社会公正态度冷漠 /120

第四章 引发当代大学生公正观偏差的主要诱因 ……………………… 121

第一节 引发大学生公正观偏差的经济因素 /121
一、社会财富分配不均 /121
二、经济主体行为失范 /123
三、社会逐利意识增强 /124
第二节 引发大学生公正观偏差的政治因素 /125
一、官员违法违纪现象偶有发生 /126
二、司法监管机制有待完善 /126
三、公民政治参与度略显不足 /127
第三节 引发大学生公正观偏差的社会环境因素 /128
一、生存压力攀升引致心态失衡 /128
二、社会阶层固化形成身份差异 /129
三、舆论引导失当激化非理性行为 /130
第四节 引发大学生公正观偏差的文化因素 /131
一、传统文化窠臼残存 /131
二、错误社会思潮侵袭 /134
三、劣质文化产品供给 /137

第五节 引发大学生公正观偏差的高校教育因素 /138
一、大学生公正观教育的定位不清 /139
二、大学生公正观教育的主体不明 /139
三、大学生公正观教育的内容陈旧、方法单一 /140
四、高校自身公正环境缺场 /141
五、高校思想政治教育缺乏人文关怀 /143
第六节 引发大学生公正观偏差的个体因素 /144
一、对网络高度依赖致使大学生缺乏理性思考 /144
二、生活条件大幅改善导致大学生欠缺奋斗精神 /146
三、家庭环境缺乏公正理念影响大学生公正观初始养成 /146

第五章 当代大学生公正观教育的原则与目标 ………………………… 149

第一节 大学生公正观教育的原则解析 /149
一、坚持政治性与科学性相统一 /149
二、坚持理论传授与实践感悟相统一 /151
三、坚持知识性与价值性相统一 /152
四、坚持学校教育、社会教化、家庭教养相统一 /153
第二节 大学生公正观教育的目标导引 /155
一、端正公正认知 /155
二、培育公正情感与公正意识 /157
三、养成公正行为 /159
四、改进公正感受 /161

第六章 当代大学生公正观教育的内容选择………………………… 163

第一节 理论基石：马克思主义公正观 /163
一、把握历史唯物主义方法论 /164
二、正确理解人的自由与全面发展的价值追求 /165
三、以发展的眼光看待马克思主义公正观 /166
第二节 道德指引：公正伦理观 /167
一、平等观教育 /168
二、义利观教育 /169
三、“应得”观教育 /172

第三节 国情依据：中国特色社会主义的公正之维 /174
一、全面理解中国特色社会主义制度的公正所向 /174
二、准确把握新时代历史方位下对社会公正的理论创新 /176
第四节 现实延伸：具体场域下的公正观 /178
一、经济公正观教育 /178
二、政治公正观教育 /180
三、法治公正观教育 /182
四、网络公正观教育 /183

第七章 当代大学生公正观教育的实践指向……………………………… 186

第一节 搭建大学生公正教育的主要渠道 /187
一、夯实认知基础，建设大学生公正观教育的课程体系 /187
二、强化情感认同，推动公正观教育融入大学生日常教育之中 /190
三、紧贴生活场域，打造大学生公正观教育的网络阵地 /192
四、倡导知行合一，丰富大学生公正观教育的实践感悟 /195
五、平复失调心态，加强大学生消极公正观的心理调适 /197
第二节 丰富大学生公正观教育的方式方法 /199
一、以知识讲授巩固公正观教育的理论基础 /199
二、以思想灌输提升公正观教育的话语公信 /200
三、以隐性教育推动公正观教育的资源整合 /201
四、以情境构建强化公正观教育的情感体验 /202
第三节 强化大学生公正观教育的文化附着 /204
一、打造具有公正价值导向的文化载体 /204
二、开展具有“仪式感”的主题文化活动 /206
三、树立公道正派的先进典型 /208
第四节 优化大学生公正观教育的社会环境 /210
一、营造公平竞争的经济环境 /211
二、营造共享共创的民生环境 /213
三、营造良法善治的法治环境 /217
四、营造风清气正的文化环境 /219
第五节 增强大学生公正观教育的家庭熏陶 /223
一、转变基本教养方式 /223

二、树立良好家风家训 /225
三、提升父母教育能力 /228

第八章 结论与展望 …… 230

附 录 …… 233

参考文献 …… 240

后 记 …… 261

绪 论

一、选题背景与研究意义

（一）选题背景

公正是人类永恒的价值追求，是社会制度的首要原则，是调节社会关系的伦理依据。改革开放 40 多年来，我国经济迅猛发展，国内生产总值已位居世界第二，广大人民的生活水平得到了显著提高；然而，一些因市场经济改革和社会结构转型而引发的社会弊病也逐步显现出来。社会两极分化现象加剧，人们面临着较大的生存压力，相继出现了“看病难”“上学难”“养老难”“住房难”等民生问题。由于市场化意识厘革了社会传统道德观念，许多人陷入盲目的逐利意识当中，公民的社会心态发生了很大转变。以权谋私、贪污腐败、假冒伪劣等违背社会公正的现象时有发生。同时，居民应对社会公正问题的态度与行为也引人担忧。由于收入差距逐步拉大而产生的“仇富”心态，因个别官员的贪污腐败而产生的“仇官”心态以及互联网上层出不穷的“网络暴力”事件充分表明当前各阶层居民对社会不公问题存在消极情绪泛化与非理性反馈。这些尖锐的现实问题凸显了改善社会公正环境，加强个人公正观培育的紧迫性与艰巨性。随着中国特色社会主义进入新时代，我国社会主要矛盾已经转化为人民日益增长的美好生活需要和不平衡不充分的发展之间的矛盾。切实维护社会公正，正是广大人民群众追求美好生活的迫切需要。

大学生是中国特色社会主义的建设者和接班人，是建设社会主义现代化强国的中坚力量，他们的价值取向决定了未来整个社会的价值取向。大学阶段是个人道德水平发展与价值观生成的重要阶段，在这个阶段，个人的公正价值取向逐渐成为道德判断的主要方面。大学生对社会公正问题具有敏锐的洞察力，维护个人利益的诉求比较强烈，对各种不公正现象具有较强的批判意识；然而，由于大学生的个人心智尚未成熟，其公正观又受到社会转型、经济市场化、文化多样化等外部环境的影响，与主流公正观之间容易出现阶段性偏离。虽然当前我国大学生群体公正观主流是健康向上的，但也存在不少消极表现，广大思想政治教育工作者应予以高度警惕。部分大学生存在公正认知障碍，曲解公正的真实含义，将一切不平等问题全部纳入社会不公的范畴，进而仇视精英，抱怨社会；个别大学生受到不良风气的侵蚀，公正意识淡漠，价值观扭曲，将个人发展寄希望于“托关系”“走后门”“搭便车”等有失公允的方式与途径，破坏了应有的制度与规则；一些学生将道德规范背得滚瓜烂熟，但在利益面前却知行不一、内外有别，一方面坚决维护个人利益，另一方面却视他人利益于不顾；部分学生在面对社会不公正现象时缺乏理性思辨，在个别导向偏的网络舆论影响下盲目泛化义愤，争当“键盘侠”与网络世界的“道德审判者”，对各种舆论事件口诛笔伐，对事件当事人进行“道德绑架”；部分学生崇尚“佛系”生活，以“围观者”和“吃瓜群众”的心态看待现实存在的公正问题，对于不涉及自身利益的事件完全不予理会，将正义感与社会责任抛之脑后。

作为社会主义核心价值观的基本理念与价值交集，公正观的生成关系到社会主义核心价值观的整体认同。大学生公正观领域的种种问题充分说明了培育践行社会主义核心价值观的工作依然任重道远。对此，必须从错综复杂的社会环境中找寻影响大学生公正观的现实诱因，持续深入开展大学生公正观教育。

高校思想政治工作关系到培养什么样的人、如何培养人以及为谁培养人这个根本问题。加强和改进高校思想政治工作，是坚持社会主义办学方向的重要体现。党和国家历来十分重视大学生思想政治教育工作，先后出台了《关于进一步加强和改进大学生思想政治教育工作的意见》《关于进一步加强和改进新形势下高校宣传思想工作的意见》《关于加强和改进新形势下高校思想政治工作的意见》等指导性文件。2019 年 3 月，习近平总书记主持召开了全国学校思想政治理论课教师座谈会，对加强改进学校思想政治工作指明了新的方向，提供了新的思路，灌输了新的理念。培育与践行社会主义核心价值观是新时代高校思想政治教育的重要课题，在社会主义核心价值观的体系当中，公正是各个维度的价值交集与价值基础，与其他维度之间有着很大关联，是社会主义核心价值观的基本理念。然而，当前大学生公正观教育尚未引起高校的足够重视。一些高校的公正观教育仅仅停留在宣教层面，既缺少理论层面的深入探究，也没有实践层面的深度探索。此外，从目前的学术研究领域来看，针对大学生公正观以及公正观教育的高质量的研究成果十分稀缺，公正观研究同社会主义核心价值观研究严重脱节，这也从侧面阻碍了大学生公正观教育的进一步发展。大学生如何正确理解公正、自觉信仰公正、努力践行公正、客观评价公正？大学生公正观教育应当建立何种指导思想？依托何种载体进行？这些都是当前高校思想政治教育工作需要思考和解决的现实问题。

（二）研究意义

本研究包含公正思想理论研究、大学生公正观实证研究以及大学生公正观教育研究三个方面内容，具有较强的理论意义与现实意义。

1. 理论意义

第一，开展公正思想理论研究能够进一步巩固马克思主义公正观的指导地位。从当前公正理论研究的文献来看，以罗尔斯为代表的当代西方自由主义公正理论在世界范围内影响十分深远，并备受国内理论界推崇。近几年，国内针对罗尔斯正义论的研究成果颇为丰富；与之相比，由于受到西方马克思主义研究热点的影响，国内对马克思主义公正思想、公正观的研究多集中在“马克思有无公正思想”“马克思对公正的陈述是事实陈述还是价值陈述”“是规范性还是描述性”等纯粹理论研究领域，而针对马克思主义公正思想的基本内容以及如何巩固马克思主义公正思想对当代社会公正观的话语主导等根本性问题的高质量成果数量比较有限。这一现状弱化了马克思主义公正观对推动当代中国公平正义建设的指导地位。因此，有必要对马克思主义公正思想进行系统梳理，进一步彰显马克思主义公正观的科学性与在场性，巩固马克思主义公正观对我国社会发展的指导作用，并以之作为大学生公正观教育的指导思想。

第二，开展公正与公正观研究能够进一步丰富社会公正理论。公正为社会发展的关键范畴，具有多重含义，涉及社会制度、个人道德乃至社会心态等多个方面，在国家经济建设、政治建设、文化建设、社会建设、生态文明建设以及公民道德建设等多个领域发挥着至关重要的作用。然而，目前国内针对社会公正、公正观等问题的研究视角相对单一，研究成果内容较为抽象，对公正观所衍生出的道德、正义感、社会责任以及社会心态等相关领域的涉猎也明显不足。除此之外，官方语境下的公正观研究则主要聚焦公平与效率的权衡关系，与学术语境下的公正观研究之间存在话语差异。这些问题使得当前对社会公正的研究成果要么抽象晦涩，不接地气；要么宣教意味浓厚而缺乏学理高度。基于此，有必要对各种语境下的公正思想、公正观进行必要的归纳与整合，进一步明确公正的内涵，全面展现社会公正的各种现实表现与具体形态。

第三，开展大学生公正观及其教育研究有助于丰富社会主义核心价值观其他领域的研究方法与手段。公正是社会主义核心价值观的基本理念，与核心价值观其他维度内容之间具有十分密切的关联，“充当着指导和牵动其他核心价值观原则的指南针和牛鼻子”。① 通过公正观问题研究，可以促使学术界将社会主义核心价值观研究从整体层面转向具体层次、具体维度，有助于凝练出具有共性的研究范式，并将其运用到核心价值观其他维度的研究中去。这对推进社会主义核心价值观研究向纵深发展打下坚实基础。

2. 现实意义

第一，开展大学生公正观研究是引导大学生树立公正意识与正义感的必要前提。当前，大学生的公正观主流是健康向上的，但也存在一些问题。一方面，大学生群体中违反公正原则的行为时有发生。部分大学生存在公正认知障碍，曲解公正的真实含义；一些大学生逐利意识强烈，公正意识淡漠，将个人发展寄希望于“托关系”“走后门”“搭便车”等有失公允的方式与途径，严重损害了他人、集体与社会的利益。另一方面，部分学生在面对社会不公现象时出现言语过激、仇恨泛化等非理性行为。例如，面对日益明显的校园分层现象，以“仇富”思想为主导的“仇二代”群体在大学生中有逐步扩大的趋势；随着新媒体的不断发展，部分学生将微博、微信等新媒体作为宣泄个人情绪，对抗社会不公的主要渠道。这些现象严重影响大学生健康成长与社会的和谐稳定。对当前大学生公正观的现状进行调查与剖析，找出引发大学生公正观偏差的现实诱因，大力开展大学生公正观教育与引导，有助于帮助大学生树立正确的公正认知与公正意识，规范自身言行，建立理性、客观的评价标准，积极向社会传播公平正义的正能量。

第二，大学生公正观教育是培育与践行社会主义核心价值观的有效途径。公正作为社会主义核心价值观的基本理念，在社会主义核心价值观内容体系中居于主导地位，与社会主义核心价值观其他维度之间存在紧密的联系。从国家层面看，公正是国家富强、政治民主的制度保障与伦理依据，是追求精神文明、实现社会和谐的信念支撑。从社会层面看，公正的社会环境能够为整个社会的民主与法制建设提供深厚土壤，促使社会成员树立良好的平等观、民主观与法治观，有利于消解日益凸显的各类社会矛盾，化解社会摩擦与对抗，促进社会

① 钱广荣．论以公正为社会主义核心价值观的基本理念［J］．学校党建与思想教育，2018（1）：10-15.

各个阶层、各个区域、各个行业之间和谐发展。从个体层面看，公正观作为一种伦理依据与道德规范，能够正确调节个人与个人之间、个人与公共利益之间的关系，有助于培养良好的公民素养，激发人们的爱国热情与敬业精神。因此，开展大学生公正观教育，能够激发大学生对社会主义核心价值观其他层面的理解与感悟，催生对社会主义核心价值观的整体性认同，是培育与践行社会主义核心价值观的有效途径。

第三，大学生公正观教育研究能够为高校思想政治工作提供丰富的时代语料。大学生公正观教育是高校思想政治工作的重要组成。习近平总书记在全国高校思想政治工作会议上指出，“做好高校思想政治工作，要因事而化、因时而进、因势而新”。① 这就要求当下的高校思想政治工作者必须根据不断变化的时代趋势与学生成长环境，“提升高校思想政治教育亲和力与针对性，满足学生成长发展需求和期待”②。公正观教育具有隐性教育的显著特征，是通过思想感化、环境熏陶与实践体验等手段的协同推进使主流公正观在大学生心中实现认知到认同的进化，从而实现个人公正观与社会主流公正观相统一的过程。公正观教育不同于一般意义的理论教育，它既蕴含着深刻的理论知识，又彰显出现实的道德指向，具有理论与实践相结合的天然属性。公正观教育又不同于一般意义的道德教育，它指导学生全面认识现实社会，体验、参与社会活动，倡导义利并举，客观、公正地看待现实各种经济、政治、社会、文化现象，引导学生树立理性的分析与辨识能力，是大学生认识社会、适应社会环境，快速实现“学校人”到“社会人”的角色转变的重要手段。同时，公正观教育还能有效推动校园文化的重塑、各种利益诉求的反馈与学校制度的自我完善。公正观教育在内容上具有整体性与全局性，涵盖了道德教育、价值观引导、实践育人等多个维度，又涉及了国家国情、优秀传统文化以及经典哲学思想等范畴。相比于思想政治教育中其他领域，公正观教育所具有的宏大叙述特点能够有效提升思想政治教育的学科交叉性，并促使教育者由校内走向校外，在直面社会公正问题的过程中准确把握社会发展的基本规律，全面认识国家各个领域的发展现状，并引导大学生以马克思主义方法论思考发展问题。可见，通过开展大学生公正观教育，能够进一步丰富思想政治教育的话语体系，增强针对性与有效性，有助于加快高校思想政治工作体系的自我循环，推动高校思想政治工作者不断

①② 习近平在全国高校思想政治工作会议上强调：把思想政治工作贯穿教育教学全过程　开创我国高等教育事业发展新局面［N］. 人民日报，2016-12-09（1）.

关注、思考现实问题，及时更新思想政治教育的语料体系。

二、研究综述

（一）国外相关研究综述

社会公正问题研究一直以来都是西方思想界的学术兴奋点。西方的社会公正思想可追述至古希腊时期。苏格拉底、柏拉图、亚里士多德针对当时城邦政治结构提出的正义原则对西方世界伦理道德思想的发展产生了深远影响。进入中世纪，公正同神权捆绑在一起，成为一种上天赋予的道德追求，蒙上一层宗教神秘色彩。启蒙运动之后，公正体现为通过“社会契约”重建社会秩序。进入 20 世纪，西方学界对于公正问题的争论愈演愈烈，其中论战最为激烈的两种思想是以罗尔斯、诺奇克为代表的自由主义公正思想，以及以桑德尔、麦金太尔为代表的社群主义公正思想。除此之外，公正、正义、公平、平等关键词还广泛出现在西方法学家的研究视野当中。

1. 自由主义公正思想

在当代西方自由主义学者当中，美国学者约翰·罗尔斯的公正思想影响最为深远，他的代表性著作《正义论》在西方政治学界具有较高的地位。罗尔斯充分吸收了卢梭的权利平等思想，结合 19 世纪资本主义国家社会发展的实际情况，阐述了社会正义的基本原则。罗尔斯将公正视为“社会主要制度分配基本权利和义务，决定由社会合作产生的利益之划分的方式”①，因此，他的正义思想的主题是社会基本分配结构与分配方式的制度设计。具体而言，罗尔斯的正义思想总体上可以概括为两部分内容：一是对“原初状态”“无知之幕”假设的解释，二是其建立在两种假设前提下的“两个正义原则”。其中，“原初状态”的假设是罗尔斯正义理论的逻辑起点，是其区别于当代西方其他正义思想的根本所在。两大正义原则（平等原则与差别原则）是罗尔斯正义思想的核心组成，也是其对西方世界影响最为深远，意义最为深刻的思想精髓。第一个原则是社会平等本源的根本性规定，又称为平等原则；第二个原则适用于人们在收入和财富分配以及使用等方面的不平等领域，故称为差别原则；第一个原则应优先于第二原则。可以看出，罗尔斯的公正思想以形式上的平等为核心，同

---

① ［美］约翰·罗尔斯．正义论［M］．何怀宏等译．北京：中国社会科学出版社，1988：5.

时又承认实质上的个体差异，可以理解为以“机会平等”与“权利平等”为核心的程序正义。

另一个著名美国学者罗伯特·诺奇克与罗尔斯同属自由主义阵营，但他的公正思想与罗尔斯截然不同。关于社会公正，诺奇克积极主张“最小权利的国家”与“最大限度的个人自由”。他极力反对罗尔斯制定的“补偿原则”。他认为，个人的自由高于一切，国家不应对个人权利进行过多干预，只要个人财富来路正当，任何他人，哪怕是政府都无权剥夺其持有该财产的权利。他指出，政府应该扮演“守夜人”的角色，任何国家通过强制手段让一部分人帮助另一部分人实现利益的行为均是非道德、非正义的。诺奇克坚持把公正落脚于个人分配领域，即个人持有以及转让某项财产的正义性判断。他极力主张以“个人权利和自由不可侵犯”为核心的“持有公正观”。根据他的论述，“如果一个人依照获取和转让的正义原则或依照对不正义的矫正原则（这种不正义是由前两个原则确认的）对其持有是有权利的，那么他的持有就是正义的；如果每一个人的持有都是正义的，那么持有的总体（分配）就是正义的”。[①] 相比于罗尔斯而言，诺奇克属于自由主义领域的自由至上主义者，他和罗尔斯的主要分歧在于：“自由先于平等”，还是“平等先于自由”。

当代自由主义之父哈耶克极力倡导一种基于市场法则的“程序正义”。他认为，市场规则是最大限度的公正，任何程序，只要符合市场规则，便是合法的，是公正的。市场规则下，经济运行的结果可能导致的贫困与富裕，都是无可指责的。可见，哈耶克也反对所谓的实质正义。在他看来，社会公正只关注特定社会结构与社会机制，是特定制定运行的结果，追求所谓的社会公正并不能保证个人权力不受强制力量的干预，不能确保每个人都实现个人的利益与幸福。然而，哈耶克并不坚决反对社会补偿。他认为，社会福利等补偿措施不是获得更大的公正，而是防止社会动荡的手段。可见，与罗尔斯相同之处在于，哈耶克坚持的公正也是一种程序与制度上的公正；或者说，是设计一种既符合市场规则，又能体现人人平等的程序，而不是从市场竞争结果层面去要求每个人的经济状况完全一致。哈耶克的程序正义理论带有明显的实用主义色彩。

2. 社群主义公正思想

在西方世界关于公正问题的思想论战中，社群主义是同自由主义截然对立

---

① ［美］罗伯特·诺奇克．无政府、国家和乌托邦［M］．姚大志译．北京：中国社会科学出版社，2008：183-184.

的学术阵营。社群主义从整体利益、公共利益的角度出发，对自由主义所倡导的基于个体自由与平等的公正观进行了猛烈的抨击。社群主义代表人物，哈佛大学教授迈克尔·桑德尔是近几年来西方公正思想领域颇有影响力的学者之一，他主讲的公开课《公正：该如何做是好?》在网络上拥有很高的关注度。桑德尔强烈反对罗尔斯关于“权利优先于善”的观点，认为罗尔斯的正义观是基于个人原子式的自我意识，脱离了当今社会广泛存在的“共同体”，是一种“离群索居的主体”。桑德尔极力倡导解决“共同体”中的正义，他的研究着眼于调节各类共同体之间以及共同体内部的“相互冲突的利益和目标”。

社群主义的另一位代表人物麦金太尔也对自由主义公正思想进行批判。他认为，自由主义公正思想企图将正义公正变成一种预设的制度准则，忽视了公正对个人道德领域的指导，脱离了个人的实践生活。对此，应当从个人的道德实践中审视正义。麦金太尔指出，如果将正义仅仅看成一种制度或规则的话，那些严格遵守规则与制度的人，“也可能是一个不正义的人，因为他可能只是因为惧怕惩罚而遵守正义规则”。[①] 根据他的观点，人们的价值观和公正的概念都来自于特定的社会共同体（社群），不存在普遍绝对的公正。麦金太尔还指出，公正原则是与社群成员的道德观念紧密联系在一起的，不同的道德观念会得出不同的公正观，实现个人德性公正的目的是为了实现“共同体”中的“共同的善”。对此，他建议恢复亚里士多德时期的城邦正义思想，构建一个充满德性与善的“道德共同体”。

3. 西方法学界公正思想

除了政治学与道德哲学领域，西方的法学界对公正、公平与正义的研究成果也十分丰富。例如，奥地利法学家汉斯·凯尔森提出了相对公正论。他认为，公正是具有相对性与主观性的，不同的人有着截然不同的公正观念，任何对公正的绝对化定义最终都会导致公正最终变成为难以捉摸的事物。比利时法学家佩雷尔曼的形式公正论试图从各种具体性、差异性公正内涵概念中抽象出一种普遍性的公正形式，为公正研究提供了崭新的思路。美国法理学家博登海默的制度公正论则在罗尔斯公正论基础上进一步阐明了各种制度、法律的正当性，侧重从公正的目标和对人类的有用性角度分析公正的价值。可以说，西方法学界从不同的视角阐述了区别于传统政治哲学与道德哲学的公正思想，为研究公

---

① ［美］阿拉斯戴尔·麦金太尔．谁之正义？何种合理性？［M］．万俊人等译．北京：当代中国出版社，1996：16.

正、正义问题提供了全新的思路与模式。

综上可见，不同流派的学者从不同的视角诠释了社会公正，为我们系统、全面地理解社会公正建立了丰硕的思想宝库。然而，当前西方学术界关于公正问题的论述仍然存在一些不足之处。

（1）忽略了公正的历史性与阶级性。正如上文所述，西方学者对公正的探索是以抽象人性论为基础的，缺乏对公正本质及其发展规律的历史分析。不论他们如何批判资本主义制度的缺陷，提出怎样的对策，均是从资本主义法权观念出发，反映了资产阶级的阶级意识。在他们看来，改进社会公正的最终目的是对资本主义制度进行维护与修补，以确保其永久存续下去。诸如社群主义者虽然引入了“共同体”概念，但其所谓的“共同体”只不过是资产阶级生活群体的进一步细分，并非指向整个人类社会的“共同体”。同时，西方学者所传达的公正理念还具有一定程度的道德普遍主义，是西方普世价值的重要组成部分。根据马克思主义公正思想，公正具有历史性与阶级性的特点，永恒的公正理念是不存在的，不同历史时期、不同社会形态和不同阶级的公正观各不相同。西方学者所阐述的一元论公正论也许适用于西方某些发达资本主义国家，但未必适用于社会主义国家或发展中国家。因此，他们的公正理论无法有效解决当前一些国家普遍存在的社会问题。

（2）对一些重要概念的释义与界说较为模糊。当代西方学者在研究公正问题的过程中，并没有对公正与公平、正义、平等关联概念之间的区分加以阐述。个别学者将公正与平等混为一谈，从而可能影响人们对社会公正的准确理解。

（3）忽视了权利与责任对等的原则。罗尔斯、诺奇克等自由主义学者都提到了个人权利的重要性，其论证基本上围绕个人权利保护而展开的，对社会成员、社会群体的义务、责任等方面极少提及。这种盲目强调个人权利，忽视社会责任的观点不利于社会整合与协作精神的提升。

（4）忽视了其他变量对公正的影响。多数学者将公正问题作为一切社会的共性问题来探讨，忽略了民族传统、文化环境以及政治环境等外部因素对社会公正的影响及各自影响的差异性，这显然不利于公正问题实践研究的深入开展。

（二）国内相关研究综述

随着我国进入社会转型期，社会公正问题逐渐成为国内学界的研究热点。涉及到社会公正、正义、平等、公平等关键词的著作与论文数量不断增加，不论是在理论研究领域还是现实研究领域，都呈现出向纵深发展的态势。归纳当前国内相关研究成果，主要分为以下几类：

1. 社会公正的基础理论研究

我国学者对公正问题的研究始于20世纪90年代。来自伦理学、政治学、哲学等领域的学者都逐步涉猎社会公正理论研究。王海明教授在其2010年出版的《公正与人道——国家治理道德原则体系》一书中，对公正的内涵、类型、原则进行了较为详尽的论述。他将公正原则视为以德治国的最重要的道德原则，并提出了“完全平等原则”和“比例平等原则”两个具有创新意义的公正准则。① 王海明教授还对当前社会公正问题进行了明确的划分，将公正分为积极公正和消极公正、根本公正和非根本公正、个人公正和社会公正、制度公正和行为公正、程序公正和实体公正等具体类别。② 吴忠民教授在《中国社会公正的现状与趋势》一文中分析了改革开放以来我国在推动社会公正建设方面取得的阶段性进展，并以贫富分化为重点，分析当前我国社会公正中存在的突出问题。在他的专著《公正新论》中，他把社会公正的主要内容定义为基本权利的保证、机会平等、按照贡献分配、进行一次分配后的再调剂四个方面，为当前研究社会公正问题提供了基础性分析视角。此外，桑学成教授主编的《社会主义核心价值观研究丛书：公正篇》一书系统梳理了国内外公正理论的主要研究成果，从“基本公正与矫正公正”“制度公正与行为公正”“程序公正与实质公正”“代内公正与代际公正”四个维度阐述了公正的类型，并提出“条件性公正”“过程性公正”“补偿性公正”与“基础性公正”四个公正原则。③ 这些成果对当前公正问题的深入研究提供了必要的理论依据。

2. 马克思主义公正思想研究

20世纪70年代，西方学界在“马克思是否批判资本主义非正义”④ 这个问题上聚讼纷纭。随着相关的学术成果不断传入我国，国内学者也开始关注马克思主义公平正义思想。来自伦理学、哲学、社会学等领域的学者从不同的视角对马克思主义公正思想进行了挖掘。例如，袁贵仁教授在1992年发表的论文《论马克思主义的公正观》从道德哲学视角阐述了马克思的公正思想，认为马

---

① 王海明．公正与人道：以德治国的道德原则体系［J］．苏州铁道师范学院学报（社会科学版），2002（2）：36-46.

② 王海明．公正类型论［J］．东南大学学报（哲学社会科学版），2006（6）：14-19.

③ 桑学成．社会主义核心价值观研究丛书：公正篇［M］．南京：江苏人民出版社，2015：28-34.

④ 美国学者 A. 伍德与 Z. 胡萨米在“马克思是否批判资本主义非正义”这个问题上的争论是当代英美马克思主义研究的一个焦点，在我国学术界被称为“伍胡之争”。

克思的公正观主要论述的是“个人与个人之间，个人和社会之间所得与应得、所付与应付之间的‘相称’的关系”。[①] 李佃来教授通过批判西方马克思学者对马克思主义公正思想的误读，以青年马克思向成熟马克思发展的逻辑进路为依据，提出了马克思主义公正思想经历了“从道德正义到历史正义”“从法权正义到制度正义”“从分配正义向生产正义”[②] 三次重要的历史转向，并揭示了“历史唯物主义科学方法论与作为道德伦理领域的正义之间的兼容性”[③]；贺来教授也从马克思主义理论的整体性、系统性视角出发，对马克思主义公正思想的理论结构、理论视角与伦理特质进行了详细的论述，并以此回应西方马克思主义学者错误观点。[④] 此外，还有相当数量的学者对马克思主义公正思想进行更加细致的研究，深入到马克思主义公正思想的具体的细分领域，其理论基础都是历史唯物主义方法论，在此不一一列举。

3. 针对居民公正观的实证研究

此类研究通过考察特定时期、特定地域、特定阶层与群体公正观的现实状况，分析国人公正观的历史嬗变、内在特点与形成原因。吴泌芳教授的《从“平均”到“公正”的嬗变——中国公正观的价值维度转换》一文梳理了国人公正观从“平均主义”到“公平正义”的历史演变及其诱致性因素，并论证了公平正义价值观的时代价值。[⑤] 范晓光、周纲等人在《阶层分化与居民社会公正观——对浙江温州的考察》一文中以阶层分化为视角，系统分析了温州社会结构，并运用统计学方法对温州各阶层人士社会公正观进行了量化分析，查找影响国人公正观的内生变量。张媛在《中国青少年社会公平感的结构与测量》一文中提出公平在社会学中所体现的意义，并以“分配公平”“弱势公平”“制度公平”“权利公平”和“互动公平”为维度建立青少年公正观的测评体系，认为“当代青少年在互动公平与权利公平方面的得分显著低于分配、弱势、制度公平”。[⑥] 以上研究注重统计学方法的运用，归纳了公正观的影响因子，并厘

① 袁贵仁. 论马克思主义的公正观 [J]. 求索，1992 (4)：33-38.

② 李佃来. 历史唯物主义与马克思正义观的三个转向 [J]. 南京大学学报（哲学·人文科学·社会科学版），2015，52 (6)：5-14.

③ 李佃来. 关于历史唯物主义与正义兼容的三重辩护 [J]. 华中师范大学学报（人文社会科学版），2013，52 (5)：66-74.

④ 贺来，葛宇宁. 马克思正义理论的四个基本问题 [J]. 学术交流，2015 (7)：42-48.

⑤ 吴沁芳. 从“平均”到“公正”的嬗变——中国公正观的价值维度转换 [J]. 道德与文明，2007 (4)：26-30.

⑥ 张媛. 中国青少年社会公平感的结构与测量 [D]. 武汉：华中师范大学，2009：48.

清了它们之间的相关关系。

4. 针对大学生公正观的相关研究

随着社会主义核心价值观的提出，国内近几年出现了一批针对大学生公正观的研究成果。此类研究特别注重大学生公正观的实证调查，努力找寻了影响大学生公正观的现实诱因，并提出了培育大学生公正观的具体路径。例如，余玉花教授所带领的课题组对华东地区部分高校学生进行了深入细致的调查，从“对公正的理解”“对社会公正的主观评价”“对校园公正的评价”三个方面考察了大学生公正观现状，分析了存在的主要问题，并提出了可操作的对策建议。① 张晓飞博士的博士学位论文《社会矛盾凸显期大学生公正观教育研究》是当前立足大学生公正观研究领域较为成熟的成果之一，文章对大学生公正观教育进行全方位构建，许多观点具有较强的指导意义。廖运生博士的博士学位论文《大、中学生正义感培育的困境与出路》注重探讨了大学生、中学生正义感的现实状况、存在的困境以及对策。这些文章与本书具有相同的研究对象，给予了本书一定的启发。

当前我国学者对于公正和公正观理论的研究给本研究提供了可靠的理论与现实依据。然而，综观这些研究成果，还存在以下问题：

（1）公正观的释义较为含糊。国内的研究成果对公正观的概念界定存在较大差异。多数学者将公正观等同于“公正意识”，这种界定割裂了公正观的内涵与外延之间的关系。还有一部分学者将公正观定义为“公正感”，认为公正观就是特定群体对社会是否公正的主观评价与感受。此类研究主要运用了心理学与统计学的研究方法，与思想政治教育视角下的公正观研究有很大区别，不能等同；还有一部分学者虽然坚持马克思主义公正观，但忽视了马克思主义公正观与我国国情以及具体社会阶层、社会群体公正观的有效衔接，以至于现实指导意义不强。

（2）与社会主义核心价值观研究脱节。国内目前关于公正观的研究文献中较少涉及社会主义核心价值观。通过文献梳理发现，不少学者对公正观的研究脱离了社会主义核心价值观研究的范畴。有一些研究成果将公正观作为一种心理特征，侧重心理分析，忽视了公正的道德意义与价值指向。个别学者无视马克思主义公正思想，用西方道德思想作为公正观教育的指导理论。

（3）公正观的理论来源存在争议。由于对社会公正问题的理论研究肇始于

① 余玉花，刘梦慈，杨礼．大学生公正观状况调查与思考［J］．思想教育研究，2012（12）：58-62.

西方，根植于西方道德哲学、政治学、法学等学科领域，容易造成我国不同领域学者在研究社会公正以及公正观问题时禁锢在西方学者的话语体系当中。不少学者奉行罗尔斯的公正理论，将其作为解决我国社会公正问题的灵丹妙药。由于社会公正本身具有的相对性、阶级性的特质，这决定了研究社会公正问题绝不能脱离本国的具体实际。因此，对社会公正与公正观的研究还是必须立足于我国社会的深厚土壤。

三、研究思路与研究方法

（一）研究思路

本研究包含了公正思想理论研究、大学生公正观实证研究以及大学生公正观教育研究三个主体部分。首先，本研究通过对已有文献的回顾与分析，厘定了马克思主义经典作家公正思想的基本内容和内在逻辑，梳理了中西公正思想的精华部分，回顾中华人民共和国成立以来党和国家领导推动社会公正的生动实践。在此基础上，本研究系统阐述了公正、公正观的内涵，阐明了引导大学生树立正确公正观的现实意义。其次，本研究设计了调查问卷，对福建省15所高校部分大学生进行了实证调查，了解了当代大学生公正观的具体状况，针对其中存在的偏差与消极表现，从社会环境、高校教育环境以及学生个人生长环境三个方面分析问题诱因。本研究的最终落脚点是大学生公正观教育。研究从思想政治教育的本质出发，探寻大学生公正观教育的根本原则、目标导引与内容体系，明确了大学生公正观教育的主体职能，从高校教育、社会教化和家庭教养三个层面设计了大学生公正观教育的现实路径。

（二）研究方法

（1）历史与逻辑相统一的方法。文章运用历史的方法梳理了马克思主义公正思想与中西方公正思想，在公正思想发展沿革的历史回顾中对中西方不同历史时代公正思想进行总结、归纳与评价。文章以马克思主义公正思想为指导，从唯物史观角度考察社会公正的本质与特征。在考察马克思主义经典作家公正思想及其中国化发展的基础上，自觉站在历史与逻辑的视角，把握马克思主义公正思想在具体实践中的深化与发展。

（2）理论与实践相结合的方法。本研究系统阐述了马克思主义公正思想的主要内容，梳理了中西方历史轨迹中关于社会公正的经典论述，结合当前的历史方位，构建符合中国特色社会主义的公正价值观，在此基础上形成大学生公正观教育的思想理论依据。本研究充分审视了当代大学生公正观中存在的具体问题、消极表现，并积极运用思想政治教育的基本理论、基本方法，结合当前高校开展思想政治教育工作典型经验、典型案例，对大学生公正观教育给出了具有可操作性的对策建议。

（3）多学科综合研究法。通过文献梳理发现，社会公正与公正观涉及多个学科。本研究全面借鉴了伦理学、政治学、思想政治教育学、哲学、经济学、社会学、心理学等学科的经典理论，充分体现了研究的学科交叉性。

（4）社会调查法。社会调查法是思想政治教育研究领域常用的研究方法之一。为了解大学生公正观状况，本研究设计了《当代大学生公正观调查问卷》，选择福建省内具有代表性的 15 所本专科高校，面向部分在校大学生进行问卷调查，并对调查收集到的资料与数据进行汇总、分析、比较与归纳，全面审视了当代大学生公正观的现状特征，从中归纳积极表现与消极表现，为进一步加强大学生公正观教育提供一手资料。

四、创新之处与有待解决的问题

（一）创新之处

（1）对公正观的理论基础进行了与时俱进的挖掘。文章从古、今、中、外四个维度审视了公正观的理论渊源，对中国古代公正思想和西方公正思想进行了科学总结与合理批判，进一步强化了马克思主义公正思想在大学生公正观教育中的指导地位。同时，文章聚焦于马克思主义公正思想中国化成果的归纳与整理，立足新时代中国特色社会主义历史方位，从经济、政治、法治、民生、生态与外交六个方面对十八大以来习近平同志关于社会公正的重要论述以及党和国家维护社会公平正义的生动实践进行了提炼与总结，这是目前理论界较少涉及的。

（2）对公正观的具体呈现形式进行细致阐述。解析公正观的呈现形式是研究大学生公正观的重点与难点。目前，国内学者针对公正观的研究成果不在少数，但对公正观及其表现形式界定却难以统一。在现有的研究成果中，先后出现了公正观、正义感、公正意识、公正感等多个相似概念。这些概念之间存在某种内在联系，又具有一定区别。本书将公正观的呈现形式分解为公正认知、公正情感、公正意识、公正行为与公正感受五个维度，并以此为依据，对当代大学生公正观状况进行实证调查，了解大学生在以上五个方面的具体表现。相比其他相关研究，本书对公正观呈现形式的理解更加全面，对大学生公正观状况的实证研究内容更加丰富。

（3）丰富了大学生公正观教育的主体职能。目前国内针对大学生公正观教育的研究成果更强调发挥高校教育作用，忽视了社会环境与家庭教育的作用。本书坚持全员育人、全程育人、全方位育人原则，将大学生公正观教育贯穿于高校教育全过程，与思想政治教育的各个方面相衔接。同时，本书也充分论述了社会环境与家庭环境对大学生公正观的影响，将政府与家庭纳入大学生公正观教育的主体当中。本书提出，应当将学校教育、社会教化与家庭教养三者有机结合，通过课堂教学、日常教育、心理辅导、网络宣传、实践锻炼、文化滋养、社会制度保障与家庭熏陶等综合手段开展大学生公正观教育；使大学生公正观教育的主体职能更加丰富，既突出了高校的主导作用，又明确了政府的制度保障作用与家庭的环境熏陶作用。

（二）有待加强的方面

当前各高校开展的大学生公正观教育工作还比较零散且缺乏系统性，相关领域高质量研究成果匮乏，造成了本研究可借鉴的直接理论以及实践经验不够充足。本研究涉及学科交叉，涵盖了政治学、社会学、哲学、教育学、心理学与管理学等诸多领域，在开展大学生公正观现状调查中还需运用统计学方法。由于本人学科与专业背景所限，对部分学科的涉猎还不够深入，在研究的某些方面还有待进一步完善。

第一章

公正观的思想渊源

对经典公正思想的考察是研究大学生公正观、开展大学生公正观教育的理论前提。作为一个亘古持久的话题，古今中外的公正理论千姿百态、差别千万，其内容与形式随着社会的发展不断变化与丰富。在众多公正思想当中，马克思主义公正思想是研究公正问题、开展大学生公正观教育的指导思想。牢牢把握马克思主义公正思想的指导地位，对古今中外各个时期具有代表性的公正思想进行详尽梳理，有助于进一步厘清公正与公正观的思想理论渊源，确立公正观研究与公正观教育的基本思路与基本内容。

第一节　我国传统文化视域下的公正思想

中华民族自古以来始终向往公平正义的社会环境。在我国传统文化宝库中，蕴含着丰富的公正思想。各个时期思想家对公正提出了具有预见性和创造性的主张。尤其在先秦诸子百家的思想体系中，涉及社会公正的论述尤为丰富。这其中，有一些是对君主提高个人品格，改进执政理念的建议；有一些重在对社会制度与个人行为进行合理规范；还有一些则将公正作为标榜高尚品德的道德依据。

一、以规范君主执政理念为中心的公正思想

在中国古代思想家眼中，公正首先表现为君主执政的基本原则以及对君主个人道德品质的基本要求。先秦时期的诸子百家关于君主执政理念的建设性意见多与公正有关。其中，儒家公正思想在中国古代历史发展过程中占据核心地

位。在儒家看来，公正是一种“不偏”、“不私”、合乎天、合乎道的，具有开放性和包容性的价值取向，是君王必备的个人品德与执政理念。就“公”而言，其对应的是“私”，是反对偏私的体现。《礼记·礼运篇》谈到，“大道之行也，与三代之英，丘未之逮也，而有志焉。大道之行也，天下为公，选贤与能，讲信修睦”。① 正如《尚书·洪范》所言：“无偏无陂，遵王之义……无偏无党，王道荡荡；无党无偏，王道平平；无反无侧，王道正直。”② 充分体现了知人善任、礼贤下士，反对任人唯亲的用人理念，成为约束君王个人好恶，规范个人行为的重要标尺。就“正”而言，是对君主秉持正义，行为正当的要求。在《论语》中，孔子提出，“政者，正也。子帅以正，孰敢不正……其身正，不令而行；其身不正，虽令不从”③，将“正”作为最基础的治国之道以及君主必备的个人美德。一旦君主“不正”，就会失去治理国家的必要基础，则天下没有人会服从他。孔子还认为君王必须做到“惠而不费，劳而不怨，欲而不贪，泰而不骄，威而不猛”④，并将之视为五种“美政”，以此坚决反对君主滥用手中的权力扰乱民生。

关于社会公正，道家提出了“天道治国”的思想，以“道”作为君主个人品德基础与行为规范。在《道德经》当中，老子指出：“人法地，地法天，天法道，道法自然。”⑤ 这其中，“道”是万事万物的本原，可以生万物；同时，“道”又是最公正无私的，主持着天下人间正义。正所谓“天地所以能长且久者，以其不自生，故能长生。是以圣人后其身而身先，外其身而身存。非以其无私邪？故能成其私”。⑥ 可见，老子向往的是“小国寡民”“无为而治”的社会状态。他相信天下万物循道而行，不必多加干预。他坚决反对君主通过加强对人民的控制来治理天下，反对权力的过分集中，主张让百姓自治。这也正是老子“无为”思想的体现。“无为”不是什么都不做，而是国君以“道”执政，将自己置之度外，不追求私利，让大众各尽所能。

除此之外，墨子提出了“兼爱交利”的公正思想，倡导人人平等，反对等级制度与礼教制度，认为“让利于民”是社会最大的公平公正。法家则认为君

---

① 尚书·礼记［M］. 高山译注. 北京：中国文联出版社，2016：187.
② 尚书·礼记［M］. 高山译注. 北京：中国文联出版社，2016：60.
③ 朱熹. 四书章句集注［M］. 北京：中华书局，2011：130.
④ 朱熹. 四书章句集注［M］. 北京：中华书局，2011：181.
⑤ 李耳. 老子译注［M］. 崔仲平，崔为注译. 长春：吉林文史出版社，1996：90.
⑥ 李耳. 老子译注［M］. 崔仲平，崔为注译. 长春：吉林文史出版社，1996：24.

主对待他人不能因地位高低而有所区别，应当赏罚分明、不偏不倚，一视同仁，不应因人的地位不同而区别对待，充分体现了法律面前人人平等。

先秦之后，我国逐渐形成尊儒的文化氛围，这对巩固和稳定封建阶级的统治起到了重要作用，使得儒家思想成为了封建社会的正统思想。宋朝理学家朱熹明确提出“惟公然后能正”，认为“公者心之平也；正者理之得也。一言之中，体用备矣”。[①] 他认为：“‘公’与‘正’的关系是体用关系，‘公’是追求‘正’的前提条件，而‘正’则是‘公’所预期达到的目标与结果。”[②] 明末清初学者黄宗羲认为“公天下”才是治国理政的价值目标，君主如果认为“天下利害之权皆出于我，我以天下之利尽归于己，以天下之害尽归于人”[③]，那这样的君主便是昏君；社会公正并非取决于君主的个人品格，而是取决于人民对君主是否能够形成有效监督。换言之，君主的权力过大才是导致社会不公的根本原因。因此，黄宗羲主张限制君主的权力，并对中央及地方各级各类官员加强监督管理。可见，在这个阶段，封建君权思想一统天下的局面已经被打破，“以君为主”的传统思想正向着“以天下为主”的进步思想转变。这种公正观将矛头直接对准了封建专制制度，充分体现了中国古代公正思想的发展与进步。

二、以构建良好社会制度为中心的公正思想

中国古代的公正思想还表现为理想社会的制度设计。先秦时期，以儒家为代表的思想家们将大同社会视为最高理想社会或人类社会的最高阶段。在大同社会里，人人都能获得整个社会的关爱，人人都能各尽其力，安居乐业。《礼记·礼运》记载：“人不独亲其亲，不独子其子，使老有所终，壮有所用，幼有所长，矜、寡、孤、独、废疾者，皆有所养，男有分，女有归。货恶其弃于地也，不必藏于己；力恶其不出于身也，不必为己。是故谋闭而不兴，盗窃乱贼而不作，故外户而不闭，是谓大同。”[④] 在大同社会里，每个人除了照料自己父母与子女外，还要照料他人的父母与子女。每个人都为了他人与社会的幸福而努力工作，所获得的财富由全社会所共享。大家彼此相互信任，不再有为非作歹之事。先秦思想家们通过大同社会的详细阐述将社会公正建立在博爱的基

---

① 朱维铮．传世藏书子库诸子［M］．海口：海南国际新闻出版中心，1996：272.

② 桑学成．社会主义核心价值观研究丛书：公正篇［M］．南京：江苏人民出版社，2015：52.

③ 黄宗羲．明夷待访录［M］．段志强注．北京：中华书局，2011：2.

④ 尚书·礼记［M］．高山译注．北京：中国文联出版社，2016：187.

础之上，体现中国古代社会所倡导的高尚的道德情操。

财产分配方式是社会最为关心的制度设计，合理的财产分配方式正是社会公正在制度层面的根本体现。长期以来，中国古代社会一直将“均平”视为一种“公正”的分配方式。孔子在《论语·季氏》中曾讲道：“有国有家者，不患寡而患不均，不患贫而患不安。”① 这种观点一直被视为中国数千年来贫富观的高度概括。孟子也十分重视个人收入分配、道德水平与社会稳定之间的关系，在《孟子·梁惠王（上）》中，他谈道：“无恒产而有恒心者，惟士为能。若民，则无恒产，因无恒心。苟无恒心，放辟邪侈，无不为已。及陷于罪，然后从而刑之，是罔民也。……是故明君制民之产，必使仰足以事父母，俯足以畜妻子，乐岁终身饱，凶年免于死亡。然后驱而之善，故民之从之也轻。”② 以此告诫君主必须充分重视百姓的产业与收入，否则就无法形成良好的社会道德，甚至会危及社会稳定。墨家则提出了“全民同利”的分配思想，在经济上提倡“有财相分，有利相交”的平等分配观，认为“分配不敢不均”“有财者勉以分人”。综观先秦诸子关于分配制度的论述可以发现，先秦思想家们普遍认为反对贫富差距，确保老百姓的收入所得是良好社会制度的前提条件。不少人认为这种“不患贫而患不均”的观念正是长久以来我国平均主义思想集中体现。事实上，封建社会中的“均平”并不能完全理解为“平均主义”。其主张“均贫富”的目标是希望做到“使富者足以示贵而不至于骄，贫者足以养生而不至于忧”。③ 即希望每个人得到符合自己天性的权利，尽好自己的义务。

三、以实现个人高尚品德为中心的公正思想

中国古代思想家们都普遍意识到，社会公正不仅取决于统治者的个人品格与正确的社会制度，还依赖于良好的社会道德基础。因此，古代统治阶级普遍将公正作为个人的道德准则与行为准则加以确认。在传统道德观的影响下，古代思想家们认为，要构建良好个人道德品德，首先必须处理好“利”与“义”之间的关系。

在义利关系方面，儒家向来主张“义大于利”。在《论语·里仁》中，孔

① 朱熹．四书章句集注［M］．北京：中华书局，2011：159.

② 朱熹．四书章句集注［M］．北京：中华书局，2011：196-197.

③ 邵龙宝．中西比较视域中的儒学公正思想及其现代转化［J］．上海师范大学学报（哲学社会科学版），2012，41（5）：29-36.

子指出："君子喻于义，小人喻于利"①，突出了"君子看重的是道义，小人看重的是利益"的观点。孟子也曾在答梁惠王时讲到："王何必曰利？亦有仁义而已矣。"② 可见，在儒家思想体系当中，义利关系乃"鱼与熊掌不可兼得"之关系，具有公正品格的人应当舍生而取义，取义而舍利，进而有"正其谊不谋其利"与"存天理灭人欲"。儒家的义利观为中国封建社会奠定了道德基础，一直以来都被看作封建社会的个人行为准则。

墨家关于个人道德主张的核心是"兼相爱、交相利"。墨子生活在以血缘为基础，以氏族世袭、分封、等级制为特征的战国时期，他深刻感悟到社会一切动乱，灾祸、罪恶都源于人与人之间的不平等，不兼爱。因此，墨子极力倡导人与人之间做到相互关爱。他认为："是故诸侯相爱则不野战，家主相爱则不相篡，人与人相爱则不相贼，君臣相爱则惠忠，父子相爱则慈孝，兄弟相爱则和调。"③ 治世的良法就在于人与人"兼相爱、交相利"，这既是人际交往的总则，也是促进社会和谐的最佳途径。所谓"兼相爱"就是不分等级、远近、亲疏，爱所有人，让每个人都不受等级地位的限制而自由平等、有尊严地生活，营造一个"天下人皆相爱"的和谐世界。所谓"交相利"是指人与人交往时要做到"互惠互利"。这里所指的"利"不仅局限于物质上的满足，还包括精神层面的满足。"兼爱"和"交利"在情感层面和利益层面都提出了处理人与人的关系，人与社会、国家关系的原则。它呼唤的正是人间的平等和谐、社会的公平正义，对当下公正观的构建也具有积极意义。

如果说先秦思想家对于义利关系的厘清是为了对春秋时期社会无序与诸侯乱象的矫正，那么先秦之后的思想家则是在此基础上"矫枉过正"。宋朝儒家直接将私利视为一种违背"天理"的行为。"宋代程颢、程颐则提出'存天理，灭人欲'的观点，将天理之公与人欲之私之间对立起来。"④ 当然，其所说的"人欲"并非指向个人的全部欲望，而主要指超出个人基本需要的欲望，包括了贪欲、淫欲等被法礼所不容的行为，并不包括制度所容许的、合理合法的欲望。然而所谓的"私欲净尽"也不过是倡导人们将"人欲"控制在一定范围之内。虽说宋朝儒学并没有完全否定个人的正当利益和欲望，但总体而言，是将

① 朱熹．四书章句集注［M］．北京：中华书局，2011：72.
② 朱熹．四书章句集注［M］．北京：中华书局，2011：187.
③ 墨翟．墨子［M］．李小龙译注．北京：中华书局，2016：70.
④ 桑学成．社会主义核心价值观研究丛书：公正篇［M］．南京：江苏人民出版社，2015：55.

“义”与“利”完全对立起来的。这种极端的道德至上主义情节湮灭了公正的应有之义，也直接导致了中国古代商品经济发展的滞后。

第二节　马克思主义经典作家的公正思想

习近平总书记在纪念马克思诞辰200周年大会上的讲话中指出：“在人类思想史上，没有一种思想理论像马克思主义那样对人类产生了如此广泛而深刻的影响。”① 在讨论社会公正问题，确立大学生公正观研究与公正观教育的指导思想时，马克思主义公正思想绝对不能缺席。马克思主义公正思想是马克思主义理论的重要组成部分，是我们科学理解社会公正，分析、厘清、辨析古今中外各种公正思想的重要立足点。它为开展大学生公正观研究，推进大学生公正观教育提供了最根本的理论依据。马克思主义作为无产阶级实现自身解放的世界观和方法论基础，是科学分析与价值分析相统一的理论体系。因此，必须从科学维度、价值维度以及制度维度等多个方面进行解读，才能准确领会马克思主义公正思想的真实含义。

一、唯物史观是马克思主义公正思想的方法论原则

虽然马克思、恩格斯并没有专门研究社会公正问题的著作，也没有在任何著作中给公正赋予比较准确的定义，但公正、正义等词眼时常出现在马克思、恩格斯一些著作的字里行间，蕴含在唯物主义历史辩证法思想体系当中，是马克思、恩格斯批判资本主义、构建未来理想社会形态的理论依据。马克思主义反对纯粹的道德说教，因此马克思、恩格斯没有单纯从道德层面去给公正一个确切的定义，或是对某些具体的公正问题进行实证研究。在他们看来，“重要的不是指出这是不公正的，它应该变成公正，而是要指出一定的、具体的、历史的不公正现象在历史过程中是如何产生的，并且还要找到解决这种不公正问题

① 习近平．在纪念马克思诞辰200周年大会上的讲话［M］．北京：人民出版社，2018：10.

的具体道路”。[①] 马克思、恩格斯着重从唯物史观的视角找寻各种公正、不公正现象产生的起源以及解决不公正问题的应然之道，这是马克思主义公正思想与中西方其他公正思想最显著的区别。

(一) 作为一种社会意识，公正具有历史性与阶级性

马克思、恩格斯认为，公正作为一种社会意识并不是永恒的，而是由特定社会形态以及社会生产关系所决定的；在不同历史发展阶段，人们对公正及其实现方式的理解有所不同。正如恩格斯所说：“希腊人和罗马人的公平认为奴隶制度是公平的；1789 年资产者的公平则要求废除封建制度，因为据说它不公平……所以，关于公平的观念不仅因时因地而变，甚至也因人而异。”[②] 可见，随着历史的发展和社会形态的演变，人们对公正的理解以及那些作为具有社会形态属性的公正观念也随之发生变化。在某些历史条件下被认定是公正的观念，随着生产力的发展，在生产关系发生变化的情况下，可能会变得不合理，不公正。因此，社会公正绝不是永恒不变的，而是在历史发展过程中不断变化的。正所谓“平等的观念，无论以资产阶级的形式出现，还是以无产阶级的形式出现，本身都是一种历史的产物，这一观念的形成，需要一定的历史条件，而这种历史条件本身又以长期的以往的历史为前提”。[③] 随着生产力的发展和生产关系的变革，社会形态将随之发生改变。每一个社会形态下具有“公正”特质的事物相比于之前的社会形态而言，一定是更加适应当前的生产力与生产关系的发展的。可见，在马克思、恩格斯的历史辩证法体系当中，公正能够随着生产力的发展和生产关系的演变而不断实现自我完善。

作为一种社会意识的公正，还具有鲜明阶级性特征。马克思、恩格斯认为，阶级矛盾是推动阶级社会前进的内在动力。公正不仅在不同社会形态下有不同的表现，即便是在同一社会形态下，由于阶级属性不同，人们对公正的理解也各不相同。马克思、恩格斯在《共产党宣言》中指出：“在过去的各个历史时代，我们几乎到处都可以看到社会完全划分为各个不同的等级，看到社会地位分成多种多样的层次。”[④] 在原始社会，由于没有等级制度，生产力也极度低

---

① 唐正东．马克思公正观的历史唯物主义方法论基础［J］．武汉大学学报（人文社会科学版），2013，66（6）：58-62.

② 马克思，恩格斯．马克思恩格斯文集（第 3 卷）［M］．北京：人民出版社，2009：323.

③ 马克思，恩格斯．马克思恩格斯文集（第 9 卷）［M］．北京：人民出版社，2009：113.

④ 马克思，恩格斯．马克思恩格斯文集（第 2 卷）［M］．北京：人民出版社，2009：31.

下，缺乏必要的剩余产品，人与人之间没有明显的利益关系可言，自然没有所谓的公正问题。随着生产力的发展，产生了阶级，继而出现了阶级矛盾。公正正是各个阶级为了实现自身利益诉求所形成的一种调节社会关系与人的行为的观念。它藏身于各种阶级的社会意识当中，是人们对现实社会关系是否合乎自身阶级利益的价值判断和观念。正所谓“人们总是会从他们阶级地位所依据的实际关系中——从他们进行生产和交换的经济关系中，获得自己的伦理观念”①。只要阶级社会没有消亡，作为阶级意识的“公正”就不可能在不同阶级之间形成统一，它一定是某个阶级自身意识的现实反映。

（二）作为一种价值标准，公正的相对性与绝对性是相统一的

众所周知，公正是社会制度的重要原则，是指导人与人、人与社会之间相互关系的价值标准。在马克思、恩格斯看来，作为价值标准或价值观念的公正包含两部分内容：一是作为特定社会形态下具有社会规定性的价值标准；二是作为人类社会发展过程中具有必然性的价值追求。在某一特定社会形态下，公正同社会生产力、生产关系、生产方式高度相关。在《资本论》第三卷中，马克思曾指出，“只要与生产方式相适应，相一致，就是正义的；只要与生产方式相矛盾，就是非正义的。在资本主义生产方式的基础上，奴隶制是非正义的；在商品质量上弄虚作假也是非正义的”。② 可以看出，马克思将“能否与生产方式相适应”作为衡量社会公正的根本标准。当然，这并不意味着马克思认为资本主义社会的公正就是公正的最终形式。在马克思看来，资本主义生产关系及其所附着的生产方式相比于资本主义社会之前的社会形态而言，是更加有利于促进生产力发展的，从历史辩证法的角度来说，是更加公正的；然而，资本主义制度所表现出的公正性，相对于整个人类社会发展的必然性而言，又只能是相对的、形式上的，而不是实质上的。资本主义社会存在的各种剥削、异化，人的“类本质”的丢失等反映劳动者与资本家之间的不平等关系的现象，充分体现了资本主义制度实质上的不平等、不公正。只有变革资本主义社会，才能真正实现社会公正。

虽然马克思、恩格斯明确指出社会公正只是相对而言的，但他们在这种相对性之外又构建了一个具有绝对性的、超越现实的、高度公正的社会形态——共产主义社会。在马克思、恩格斯看来，公正实质上是一种超越现实性的终极

① 马克思，恩格斯．马克思恩格斯文集（第9卷）［M］．北京：人民出版社，2009：99.

② 马克思，恩格斯．马克思恩格斯文集（第7卷）［M］．北京：人民出版社，2009：379.

价值，共产主义社会作为这种终极价值追求，不可能在短时间内实现，但也不是绝对不能实现。作为一种超越性的终极价值的共产主义形态，它并非凭空而来，并不是虚无的乌托邦；恰恰相反，它同样来自过去的历史形态，是历史形态演变发展的产物，是“从过去生长起来的现实东西在未来时间中的继续生长，因此是一种现实的可能性”。[①] 是建立在历史分析基础上对过去历史发展做出符合规律性但又超越具体现实性的目标设定。要达到这个目标，还必须经历一些必要的历史发展阶段。

可以看出，在马克思、恩格斯的理论体系当中，作为价值标准的公正存在“高位阶”和“低位阶”[②] 两种视角。所谓的“高位阶”的公正主要是指“从人类社会或社会化的人类出发，对国民经济学批判来完成对各类先前正义原则的扬弃”[③]，而“低位阶”的公正则是从人类社会发展过程的某个特定历史阶段与社会形态出发，表征为“与现实经济关系和权利关系相联系的评价标准”。[④] 如果站在人类社会与社会化的人类视角，公正可以看作是人的全面解放与共产主义的实现；然而若是站在人类社会发展的局部阶段与个别社会形态的视角上，公正则根植于社会特有的生产关系与生产方式，表现为与特定生产方式相适应的社会准则与社会制度。

（三）作为人类社会永恒的价值追求，公正的一般性和特殊性是相统一的

马克思、恩格斯虽然没有对公正进行比较详细的划分，但是如果借助辩证唯物主义与历史唯物主义理论体系仔细审视公正的基本特质，便可以看出，任何涉及公正范畴的事物都具有一般性与特殊性相统一的特点。

一方面，作为具体社会形态下的价值标准，公正具有特殊性，是由社会的物质生产条件所决定，是根植于特定社会生产力与生产关系的。不同社会形态下人们对于公正的理解不同，同一社会形态下的不同阶级、不同社会领域也都有相应的衡量社会公正的标准。这一点在上文已经做了具体介绍，此处不再赘述。

另一方面，公正作为个人道德的重要组成部分，还包含了那些作为人类社会发展过程中所共同认可的，具有一般性的道德标准。诸如平等、自由、博爱、

---

① 王新生．马克思正义理论的四重辩护［J］．中国社会科学，2014（4）：26-44.

②③ 孙亮．重审《资本论》中的“正义”概念——基于“事物化”与“物化”界划的视角［J］．学术月刊，2015，47（3）：55-61.

④ 马俊峰．马克思主义公正观的基本向度及方法论原则［J］．中国社会科学，2010（6）：44-57，221.

守法等价值追求以及权责统一、善恶分明、奖惩分明等基本行为规范，虽然在不同的社会形态下具有不同的表现形式，但却是各个时期人们追求自由解放过程中形成的价值交集与共同追求。虽然马克思、恩格斯并非人道主义者，他们甚至强烈反对任何形式的道德说教，但这并不意味着马克思主义关于社会公正的方法论体系当中完全寻觅不到一丝道德的痕迹。在马克思主义当中，道德伦理维度与科学维度是高度融合的。正如著名伦理学家李奇所说："由于唯物辩证法在历史领域里的运用，道德的科学实质才被揭示出来。"① 只要仔细研读马克思在各个阶段的著作便会发现，除了道德批判之外，马克思主义公正思想中还呈现了一种游离于历史分析法之外的，反映人的本性的道德诉求。如果仅仅在历史分析的框架之内解读马克思主义的道德思想，则犯了将马克思主义机械化与世俗化的错误。这样做无疑"遮蔽了马克思的浪漫主义情怀和高尚的道德情操，把马克思、恩格斯描述成冷酷无情的理论家"。②

事实上，马克思、恩格斯曾经高度关注那些作为基本人性的道德特征。例如，马克思在批判功利主义学者边沁时曾经说过："如果我们想把这一原则运用到人身上来，想根据效用原则来评价人的一切行为、运动和关系等等，就首先要研究人的一般本性，然后要研究在每个时代历史地发生了变化的人的本性。"③ 这里的一般本性正是人的天然的道德，以及包含在这当中的关于善与恶、是与非、利与义等超越社会形态与历史性的永恒判断。可见，马克思并未完全否定人的本性特征。又比如，马克思、恩格斯都认为，平等是人类社会永恒追求。对此，马克思曾指出："一切团体和个人，承认真理、正义和道德是他们彼此间和对一切人的关系的基础，而不分肤色、信仰或民族"④；"工人阶级的解放斗争不是要争取阶级特权和垄断权，而是要争取平等的权利和义务"⑤。恩格斯也曾说过："一切人，作为人来说……他们是平等的……一个国家的一切公民，或一个社会的一切成员，都应当有平等的政治地位和社会地位。"⑥ 可见，马克思、恩格斯所主张的平等正是那种全世界劳动人民所追求的，在个人

---

① 转引自鲁芳．新中国马克思主义伦理学的重要奠基者——庆贺李奇同志九十诞辰［J］．道德与文明，2002（6）：70-75.

② 武铁传．马克思主义兼容道德、正义的三个理由［J］．道德与文明，2016（6）：102-111.

③ 马克思，恩格斯．马克思恩格斯文集（第5卷）［M］．北京：人民出版社，2009：704.

④ 马克思，恩格斯．马克思恩格斯文集（第3卷）［M］．北京：人民出版社，2009：227.

⑤ 马克思，恩格斯．马克思恩格斯文集（第3卷）［M］．北京：人民出版社，2009：226.

⑥ 马克思，恩格斯．马克思恩格斯文集（第9卷）［M］．北京：人民出版社，2009：109.

经济、政治权利、个人尊严等方面超越阶级性的人人平等。此外，马克思还高度认可个人追求自身利益的动机以及权利与义务之间的对等关系。马克思认为，人的奋斗所争取的一切，都同他们的利益有关。但正所谓“没有无义务的权利，也没有无权利的义务”①，过分强调个人权利不符合社会公正的基本要求。可见，马克思对于具有道德普遍性的平等、权利、义务等伦理范畴并非持否定的态度。以上这些道德规范与价值信念并不隶属于某个特定的社会形态，也不为哪个阶级所特有。它们既可以是社会主义的道德，也可以是资本主义的道德；既可以是统治阶级的道德，也可以是非统治阶级的道德。故而，马克思主义所阐述的社会公正具有一般性与特殊性相统一的特征。唯物主义视角下的历史辩证法告诉我们：“‘公正’这种观念性的东西的历史变化与物质社会的历史变化相一致，不同社会条件下的正义原则虽各不相同但却绝非彼此隔绝和互不相干，而是同一道义规范在社会演变过程中表现出的历史差异”②，以及同一道义规范在同一社会形态下表现出的阶级差异。

二、对资本主义形式公正的批判是马克思主义公正思想的立论依据

纵观马克思的一生，他从未停止对资本逻辑及资产阶级法权观念的鞭挞与谴责。虽然马克思曾经承认资本主义生产方式相比于之前的社会形态下的生产方式而言，是更加公正的，但他同时也认为这种所谓的“公正”，依然具有虚伪性与欺骗性，是属于资本主义统治阶级的“公正”，而非在其他处所论述的作为实现人类解放与全面发展的公正。对资本主义社会非公正的批判构成了马克思主义公正思想的立论依据。

（一）异化现象是资本主义非公正的外在呈现

马克思认为，作为一种建立在私有财产制度上的社会联合方式，资本主义社会——所谓的“市民社会”实质上是一种建立在工具化、理性化思维基础上的“伪联合体”。在市民社会里，由于生产资料私有制的存在，劳动者与劳动对象分离开来。劳动者满足自身需要的生产活动演化为一种异化劳动。这一异化现象深刻暴露出资本主义所谓“公正”的虚伪性与阶级性。在《1844年经济

① 马克思，恩格斯．马克思恩格斯文集（第3卷）[M]．北京：人民出版社，2009：227.

② 王新生．马克思正义理论的四重辩护 [J]．中国社会科学，2014（4）：26-44.

学哲学手稿》中，马克思深刻揭露了资本主义生产对人的基本人性的毁灭。在马克思看来，从人类社会的发展进程来看，物质生产劳动是人类区别于其他一切动物的根本，是人类满足自身需要的，自由自觉的实践活动。然而，资本主义生产方式下的劳动过程并非指向人的现实需要，它只不过是资本家实现价值增殖的一种手段而已。在这个过程中，由于私有财产的存在和劳动者根本权利、自由的缺失，满足自身发展需要的劳动成为了“一种异己的、不属于他的活动”①。“工人生产的财富越多，他的产品的力量和数量越大，他就越贫穷。工人创造的商品越多，他就越变成廉价的商品。物的世界的增值同人的世界的贬值成正比。”② 在资本主义生产方式下，劳动者难以获得更多的自由时间以满足自身发展的需要，高强度的生产劳动以及资本家为提高利润量而采取的各种提高社会劳动时间的手段让工人的生产劳动与个人的发展完全对立起来，工人劳动的时间越多，体力与智力上的荒废程度越高，用于实现自身发展的时间越少，因此出现了人与自身劳动、劳动产品的异化，引发了人与其自身以及其他社会的人的异化。异化现象是资本主义社会非公正的现实表现，其根源是资本主义私有制。

（二）生产资料私有制是资本主义非公正的内在实质

马克思穷其毕生精力探索资本主义生产的一般规律，在此过程中洞察了资本主义社会的种种非公正现象，深刻揭露了生产资料私有制是人类社会不公现象的总根源，作为对资本主义形式公正的有力回击。马克思、恩格斯认为，资产阶级的公正观及其衍生出来的一系列反映主体间际关系的价值准则都是建立在私有财产制度基础上。这种“公正”本质上是私有财产者的“公正”，是为私有者拥有私有财产进行合理辩护的虚伪的价值准则。“马克思通过否定私有制和私有财产，颠覆了资产阶级正义理论的立论前提，也就从根本上否定了私有者与私有财产之间应得关系的正义性。”③ 马克思认为，正是私有制引发了劳动者和生产资料相剥离的现象，并使得生产资料的占有情况成为决定生产地位乃至社会地位的决定性因素。劳动者除了自己的劳动以外一无所有，他们就不得不去为生产资料的占有者劳动，成为资本家的可变资本。劳动者“不得不为另一些已经成了劳动的物质条件的所有者的人做奴隶……只有得到他们的允许才

① 马克思，恩格斯．马克思恩格斯文集（第1卷）[M]．北京：人民出版社，2009：160.
② 马克思，恩格斯．马克思恩格斯文集（第1卷）[M]．北京：人民出版社，2009：156.
③ 王新生．马克思正义理论的四重辩护 [J]．中国社会科学，2014（4）：26-44.

能劳动，因而只有得到他们的允许才能生存”。[①] 作为资本家的可变资本，劳动者必须在必要劳动时间之外，追加超额的劳动时间来创造更多剩余价值，这些剩余价值被生产资料的所有者所占有。“资本主义生产——实质上就是剩余价值的生产，就是剩余劳动的吮吸——通过延长劳动日，不仅使人的劳动力由于被夺去了道德上和身体上正常的发展和活动的条件而处于萎缩状态，而且使劳动力本身未老先衰和过早死亡。”[②] 这种生产是“在一种不是物质财富为工人的发展需要而存在，相反是工人为现有价值的增殖需要而存在的生产方式下，事情也不可能是别的样子”。[③] 因此，在资本主义社会，生产什么，生产多少，如何生产完全由资本能否实现增殖，即能否创造更多的剩余价值这个目的所决定。在这样的生产目的作用下，资产阶级所鼓吹的一切平等、自由、权利均只是一张白纸，最广大人民的自由与全面发展是难以实现的。

（三）资产阶级的公正观具有虚伪性和欺骗性

马克思、恩格斯认为，资本主义社会的公正具有强烈的欺骗性，只是形式上的公正，而非实质上的公正。在无产阶级看来，资产阶级哲学与政治经济学标榜的公正是“完全偏在资本一边”的公正。在经济领域，交换价值的交换是一切平等和自由的基础，工人和资本家之间的交换在流通领域是以等价交换的形式完成，这种关系看似十分平等，但是一旦进入生产领域，资本家和工人之间的社会联系就从互相尊重的私有者之间的关系，变成了雇佣劳动关系。此时，雇佣劳动者不再是独立的人，而是可变资本的组成部分，成为了资本家榨取剩余价值的工具。故而，在资本主义社会，只要一离开商品交换领域，人与人之间的表面平等就消失了，资产阶级“公平交换”口号背后的实质是“平等地剥削劳动力”[④]。经济上的不平等决定了资本主义社会政治上的不平等。在政治领域，那些被资产阶级称为民主、平等与自由的政治权利实质上被资产阶级的特权所取代。占统治地位的阶级总是凭借自己的意志，强化对被统治阶级的奴役。资本主义制度下的公正观只不过是资产阶级通过“将自己的利益说成普遍的利益”这种欺骗手法而建构起来的，资本主义社会这种以“牺牲一些人的利益来

① 马克思，恩格斯．马克思恩格斯文集（第3卷）［M］．北京：人民出版社，2009：428.
② 马克思，恩格斯．马克思恩格斯文集（第5卷）［M］．北京：人民出版社，2009：307.
③ 马克思，恩格斯．马克思恩格斯文集（第5卷）［M］．北京：人民出版社，2009：716-717.
④ 马克思，恩格斯．马克思恩格斯文集（第5卷）［M］．北京：人民出版社，2009：338.

满足另一些人的需要的状况”[①]，只能是一种虚假的公正。列宁进一步肯定了马克思、恩格斯关于资本主义社会仅有形式公正而无实质公正的观点。在列宁看来，资本主义制度之所以缺乏公正，正是因为它只追求形式与程序上的公正与平等，而不是实质的公正。“一旦社会全体成员在占有生产资料方面的平等即劳动平等、工资平等实现以后，在人类面前不可避免地立即就会产生一个问题：要更进一步，从形式上的平等进到事实上的平等，即实现‘各尽所能，按需分配的原则’，也就是要达到结果上的平等。”[②] 他认为，应当实现更广泛意义的民主，赋予公民决定国家制度的权利；在经济方面，要给予全体劳动者平等的经济地位；在文化方面，要通过加强全民教育，提高公民的文化水平。

三、人的自由全面发展是社会公正的价值旨归

马克思、恩格斯将历史唯物主义作为其剖析社会公正问题的基本理论立场与方法论依据，这并不意味着马克思、恩格斯对社会公正的阐释仅仅是一种具有科学意蕴的“事实陈述”。历史唯物主义并非仅有科学性这个单一向度，它同时还高度重视人的主体作用与能动作用。历史的发展应当以人的现实物质利益为基础，“顺应人民群众的基本愿望和利益诉求，也就是顺应历史发展的潮流，违背人民群众的基本愿望和利益诉求，就违背了历史发展的趋势，必将遭到应有的惩罚”。[③] 公正问题源于人与人之间因自身生存发展需要而产生的利益关系，这决定了社会公正也必须在人自身的自由全面发展中得以实现。实现人的自由全面发展是人类孜孜以求的终极目标，同时也是马克思主义公正观的价值追求。

（一）大力发展生产力是实现人的自由全面发展的前提条件

马克思、恩格斯认为，生产力是最活跃、最革命的因素，是社会发展的最终决定力量，人类社会的发展就是先进生产力不断取代落后生产力的过程。生产力决定生产关系，进而决定整个社会的一切经济关系、政治关系，影响整个社会的制度安排，生产力的发展方向决定人类社会发展的历史进程。社会公正是与特定社会形态相联系的，同样也与社会生产力水平高度关联。生产力的发

① 马克思，恩格斯．马克思恩格斯文集（第1卷）［M］．北京：人民出版社，2009：689.
② 列宁．列宁选集（第1卷）［M］．北京：人民出版社，1995：390.
③ 马陆艳．马克思恩格斯社会公平理论及其发展研究［D］．成都：电子科技大学，2013：35.

展水平决定了社会公正实现的可能性、实现的程度大小以及实现的范围大小。缺乏生产力高度发达这个必要条件，共产主义社会是无法实现的。正如恩格斯所说："自从资本主义生产方式在历史上出现以来，由社会占有全部生产资料，常常作为未来的理想隐隐约约地浮现在个别人物和整个的派别的脑海中。但是，这种占有只有在实现它的实际条件已经具备的时候，才能成为可能，才能成为历史的必然性。"① 19世纪中后期，马克思、恩格斯也看到了资本主义生产方式的变化进一步促进了生产力的发展。对此，恩格斯曾指出："只有在社会生产力发展到一定程度，发展到甚至对我们现代条件来说也是很高阶段，才有可能把生产提高到这样的水平，以致使得阶级差别的消除成为真正的进步，使得这种消除可以持续下去……但是生产力只有在资产阶级手中才达到了这样的发展程度。"② 也就是说，无产阶级要获得超越资本主义社会的，更高阶位和更大程度的公正，实现自由的、全面的发展，就必须依托资本主义所创造的一切生产力基础。列宁进一步继承了马克思、恩格斯关于以发展生产力促进社会公正的思想。十月革命胜利之后，列宁清醒地认识到，实现高度发达的生产力水平是实现共产主义的前提条件，在达到这个前提条件之前，尤其对于百废待兴的新生国家而言，一切能够提升生产力水平的生产方式都可视为"公正"。对此，列宁不主张在没有一定生产力基础的前提下直接过渡到公有制社会和计划经济，而是强调通过新经济政策，在一定限度内发挥资本主义生产方式对生产力发展的积极作用。

（二）人的自由全面发展只有在共产主义社会才能够实现

在马克思看来，人类社会发展存在三种阶段，即人的依赖关系位居统领地位的第一阶段，人独立于物的依赖关系基础之上的第二阶段以及人的无拘无束、全面发展的第三阶段——共产主义。马克思通过历史发展的辩证比较，剖析了资本主义的某些制度相比于以往的社会形态中那种以动物界"自然法则"为基础的社会形态而言，具有一定合理性。同时，马克思又从道德层面猛烈抨击了资本主义的非公正性。他指出，资本主义的非公正主要体现在资本逻辑主导下的物奴役人的现象。资本逻辑隐藏在资本主义社会生活中，无形主宰了社会生产与人们的生活方式。人被物所束缚，进而出现了异化、拜物教等物奴役人的社会现象。这种现象与人自身的全面发展显然是相违背的，是非公正的。马克

① 马克思，恩格斯．马克思恩格斯文集（第9卷）［M］．北京：人民出版社，2009：298.
② 马克思，恩格斯．马克思恩格斯文集（第3卷）［M］．北京：人民出版社，2009：389-390.

思认为，人的自身自由发展需要与生产劳动不应当是对立的关系，物质生产劳动原本就应当作为个人自我实现与自身发展的重要组成部分；不仅如此，人与人之间的社会关系也不应当是截然对立的，而是相互依存、相互统一的。对社会公正的向往在现实中表现为每个人对实现自身自由全面发展的价值追求。这种价值追求，只有在共产主义社会中才能得以实现。在共产主义社会中，生产劳动造就的不再是被社会关系所奴役的偶然的个人，而是有个性的、自由全面发展的个人。人摆脱一切剥削与异化现象，能够主动地占有社会关系，并完全按照个人的意志自由进行生产劳动，根据个人的喜好自由变换职业。每一个成员个人的自由与发展和其他成员的发展不是矛盾的、对抗的，而是相互促进、相互协调的，是一切人的自由发展的条件。只有在这样的社会条件下，人的自由全面发展才能成为可能。

（三）消灭私有制是实现人的自由全面发展的必要途径

马克思指出："共产党人可以把自己的理论概括为一句话：消灭私有制。"①生产资料私有制是人类社会不公现象的总根源，而资产阶级经济学家们对资本主义公正性的种种辩护也是建立在私有制的基础之上，换句话说，就是对私有财产制度合理性的辩护。资本主义社会所谓的"公正性"体现在资本家对生产资料的无偿占有上，体现在维护资产阶级统治的各种经济、政治以及法律制度上，这种所谓的"公正"实质上是为资产阶级合理化剥削辩护的社会准则，是一种虚假的"公正"，其根源在于私有财产制度。正是私有制的存在，让劳动者"不得不为另一些已经成了劳动的物质条件的所有者的人做奴隶"②。因此，只有废除生产资料私有制，才能从根本上解决社会不公问题，这也是共产主义革命之所以是共产主义革命而不是其他性质革命的原因。在马克思、恩格斯看来，"无产阶级革命，矛盾的解决：无产阶级将取得公共权力，并且利用这个权力把脱离资产阶级掌握的社会生产资料变为公共财产"。③ 也就是"夺取资产阶级的全部资本，把一切生产工具集中在国家即组织成为统治阶级的无产阶级手里"④，为此，"首先必须对所有权和资产阶级生产关系实行强制性的干涉"。⑤列宁进一步肯定了马克思、恩格斯关于消灭私有制的思想。列宁指出："资产阶

① 马克思，恩格斯．马克思恩格斯文集（第2卷）[M]．北京：人民出版社，2009：45.
② 马克思，恩格斯．马克思恩格斯文集（第3卷）[M]．北京：人民出版社，2009：428.
③ 马克思，恩格斯．马克思恩格斯文集（第3卷）[M]．北京：人民出版社，2009：566.
④⑤ 马克思，恩格斯．马克思恩格斯文集（第2卷）[M]．北京：人民出版社，2009：52.

级的教授们企图用平等这个概念来证明我们想使一个人同其他的人平等。他们企图用他们自己捏造的这种无稽之谈来责备社会主义者。但是他们由于自己无知，竟不知道，社会主义者，即现代科学社会主义的创始人马克思和恩格斯曾经说过，如果不把平等理解为消灭阶级，平等就是一句空话。”① 他进一步指出，阶级的存在正是造成社会不公正、不平等的根源所在，实现社会公正的首要条件是消灭阶级。

四、公正的社会制度是共产主义的题中之义

在马克思、恩格斯看来，公正不能只是抽象的价值观念，还必须体现在具体的制度当中。因此，马克思主义公正思想同样蕴含着对人类美好社会的制度设计。在马克思，恩格斯看来，共产主义社会的实现包含了第一阶段——社会主义社会和高级阶段两个阶段。在共产主义的高级阶段，由于消灭了阶级和私有制，人与人之间的社会关系不再是市民社会那种以物奴役人为基础的物象化关系，人可以自由自在地根据个人的兴趣从事生产劳动，劳动成果在整个社会范围内实现按需分配。随着人与人之间利益关系的消亡与阶级的消亡，社会公正问题便不复存在了。这并不是说共产主义社会不是公正的社会，而指的是社会公正所蕴含的人的终极价值目标在共产主义社会已经得以实现，人与人之间的利益关系已不再凸显，故而，不再需要一个所谓的共同认可的、具有正当性的社会关系准则去约束个人的社会行为。然而，共产主义社会是建立在生产力高度发达，社会产品极大丰富的基础之上的，在实现共产主义社会之前，必须经历共产主义的第一阶段——社会主义阶段。在这个阶段，依然需要具有公正价值指向的社会制度对整个社会进行管理。因此，马克思关于社会公正应然性下的制度设计主要集中在共产主义第一阶段这个环节。

（一）建立合理的分配方式是社会公正的根本保障

分配是衡量社会公正的重要标尺。马克思通过对《哥达纲领》的批判，阐述了共产主义社会第一阶段的分配思想及其具体制度主张。首先，马克思认为，在共产主义的低级阶段，要实现分配公正，并不是将“不折不扣的劳动所得”予以全部分配下去，社会总产品必须进行必要的扣除，这包括了：“用来补偿消

① 列宁．列宁选集（第3卷）［M］．北京：人民出版社，1995：816.

耗掉的生产资料的部分”“用来扩大生产的追加部分”“后备基金或保险基金”①；剩余的总产品是作为个人消费资料的，在分配之前还必须从中进行过扣除，这部分就包括了：“同生产没有直接关系的一般管理费用”“用来满足共同需要的部分，如学校、保健设施等”“为丧失劳动能力的人等等设立的基金”②。这些扣除并不是对劳动产品的剥夺，而是整个共同体社会能够正常运转所必要的资金来源。如果不进行这些扣除，社会的存续和进一步发展就会遭到阻碍，社会公正更加无从谈起。

其次，马克思还指出：在共产主义的第一阶段，依然无法实现绝对的公正。由于共产主义社会的一阶段——社会主义社会“是刚刚从资本主义社会中产生出来的，因此它的各方面，在经济、道德和精神方面都还带着它脱胎出来的那个旧社会的痕迹”。③ 社会主义社会经济、道德和精神方面的状况决定了其所能够实现的社会公正的内容和程度。正所谓，“权利决不能超出社会的经济结构以及由经济结构制约的社会的文化发展”。④ 社会主义社会虽然实行按劳分配，但由于个人天赋、工作能力等自然禀赋原因，实质性的公正依然无法实现，公正仍然只能是相对而言的。正如恩格斯所说：“在国和国、省和省，甚至地方和地方之间总会有生活条件方面的某种不平等存在，这种不平等可以减少到最低限度，但是永远不可能完全消除。”⑤ 真正意义的公正只有在共产主义的高级阶段才能实现。在这个阶段，由于生产力高度发达，资源不再具有稀缺性，劳动不再是谋生的手段，阶级也随之消亡，一切异化现象也不复存在，真正的实质公正，即人人平等的状态才能实现。

（二）进行社会调节是实现社会公正的有力补充

马克思、恩格斯认为，在无产阶级取得政权之后，考虑到共产主义的第一阶段社会公正仍然具有相对性，因此必须通过一系列具体措施对弱势群体给予必要的社会补偿，缩小社会差距，以彰显社会公正。首先，通过税收调解贫富差距。马克思、恩格斯提出，可以面向富人征收高额累进税，减少穷人和富人的差距。可以通过“用累进税、高额遗产税、取消旁系亲属（兄弟、侄甥等）

① 马克思，恩格斯．马克思恩格斯文集（第3卷）［M］．北京：人民出版社，2009：432.
② 马克思，恩格斯．马克思恩格斯文集（第3卷）［M］．北京：人民出版社，2009：433.
③ 马克思，恩格斯．马克思恩格斯文集（第3卷）［M］．北京：人民出版社，2009：434.
④ 马克思，恩格斯．马克思恩格斯文集（第3卷）［M］．北京：人民出版社，2009：435.
⑤ 马克思，恩格斯．马克思恩格斯文集（第3卷）［M］．北京：人民出版社，2009：415.

继承权、强制公债”[1] 等方式限制私有制对社会公正的影响，减缓因为家庭出身的不同而造成的社会不公，推进社会公平。其次，应当加强社会公共事业，提高人民福祉。马克思、恩格斯认为，共产主义社会应主动设立公共基金项目，为那些弱势群体提供必要的公共服务。例如，“通过一个拥有国家资本和独享垄断权的国家银行，把信贷集中在国家手中”[2]；“对所有儿童实行公共的和免费的教育，取消现在这种形式的儿童工厂劳动”。[3] 最后，要努力消除城乡对立。马克思、恩格斯主张把农村和工业结合起来，促使城乡对立逐步消灭。恩格斯提出要“将把城市和农村生活方式的优点结合起来，避免二者的片面性和缺点”。[4]这些现实政策主张是共产主义第一阶段促进社会公正的具体表现。

第三节　马克思主义公正思想中国化的创新发展

习近平总书记在纪念马克思诞辰200周年大会上的讲话中指出：“马克思主义不仅深刻改变了世界，也深刻改变了中国。”[5] 中国共产党始终以马克思主义作为指导思想和行动指南，将马克思主义同中国的具体实际相结合，在生产力与生产关系的矛盾运动中不断探索实现社会公正现实形式，为当前培育良好的公正观奠定了制度基础与物质基础。

一、中国革命和社会主义建设时期中国共产党对社会公正的不懈追求

党的第一代领导人在革命时期亲眼目睹了中华人民共和国成立以前的传统文化习俗对实现自由、平等、公正的阻碍，见证了旧社会人民饱受帝国主义、封建主义以及官僚资本主义摧残与压迫的悲惨命运。毛泽东曾谈道：“由于日本帝国主义的大举进攻，中国的广大人民，尤其是农民，日益贫困化以至大批地破产，他们过着饥寒交迫的和毫无政治权利的生活。中国人民的贫困和不自由

---

①②④　马克思，恩格斯．马克思恩格斯文集（第1卷）［M］．北京：人民出版社，2009：686.

③　马克思，恩格斯．马克思恩格斯文集（第2卷）［M］．北京：人民出版社，2009：53.

⑤　习近平．在纪念马克思诞辰200周年大会上的讲话［M］．北京：人民出版社，2018：11.

的程度，是世界所少见的。”① 面对这样的景象，以毛泽东同志为核心的党的第一代领导集体深刻认识到，要想实现社会公正就必须破除一切剥削与压迫，推翻压在人民头上的“三座大山”，并对社会制度以及人们的旧观念进行全面变革。中华人民共和国成立后，国家颁布的《中华人民共和国土地改革法》，彻底废除封建性及半封建性的土地制度，真正实现了“耕者有其田”，帮助广大受压迫的农民获得了土地，确保了实质意义上的人人平等。在政治方面，毛泽东认为：“中国缺少的东西固然很多，但是主要的就是少了两件东西：一件是独立，一件是民主。这两件东西少了一件，中国的事情就办不好。”② 对此，他积极倡导政治上的公正，在革命根据地大力推动民主政治，在陕甘宁边区开展直接民主选举，“让劳动人民享有言论、集会、参政等广泛的民主权利，在政治上真正做到翻了身，真正做了主人”。③ 毛泽东还高度重视男女平等，在苏区时期先后颁布了《中华苏维埃共和国宪法大纲》《中华苏维埃共和国婚姻法》《中华苏维埃共和国劳动法》等法规，初步实现了根据地男女平等。“1943 年，中共中央发布了‘四三决定’，首次提出了妇女工作‘以生产为中心’的方针，从战略上抓住了妇女解放的命脉。”④

随着中华人民共和国的成立，中国进入了新民主主义社会。在新民主主义社会阶段，中国共产党以马克思主义公正思想为指导，从生产力与生产关系的矛盾运动视角出发，破除了中华人民共和国成立前种种阻碍生产力发展的掣肘，在新的社会发展阶段进一步丰富和发展了马克思主义公正思想，实现了中国历史上最为深刻的社会变革，从政治、经济等方面逐步实现社会公正。早在中华人民共和国成立之前，毛泽东对新民主主义的政治制度就进行了详细的阐述。他认为：“中国现在可以采取全国人民代表大会、省人民代表大会、县人民代表大会、区人民代表大会直到乡人民代表大会的系统，并由各级代表大会选举政府。”⑤ 中华人民共和国成立后，在国家性质上，新民主主义社会实行工人阶级领导的、以工农联盟为基础的、团结各民主阶级和国内各民族的人民民主专政即各民主阶级联合专政的共和国；将人民民主专政确立为中华人民共和国的国体，同时确立了人民代表大会制度这个根本政体，以及政治协商会议制度这个

---

① 毛泽东．毛泽东选集（第 2 卷）［M］．北京：人民出版社，1991：631.

② 毛泽东．毛泽东选集（第 2 卷）［M］．北京：人民出版社，1991：731.

③ 郜志刚．改革开放以来中国共产党社会公正思想研究［D］．南昌：江西师范大学，2012：37.

④ 任映红，戴海东．中国共产党的社会公正观研究［M］．北京：人民出版社，2009：76.

⑤ 毛泽东．毛泽东选集（第 2 卷）［M］．北京：人民出版社，1991：677.

基本政治制度，这些基本政治制度一直延续至今。1954 年制定的《中华人民共和国宪法》进一步规定了公民的基本权利。在经济上，新民主主义社会完成了对农业、手工业和资本主义工商业的三大改造，基本上消灭了几千年来的封建社会财产私有制度，初步建立社会主义公有制；通过坚持不让“少数人所得而私”的原则，走“节制资本”和“平均地权”的路径，对资本主义工商业与民族资本主义实行社会主义改造，以“和平赎买”的形式改造资本主义经济，形成了国营经济、合作社经济、农民和手工业者的个体经济、私人资本主义经济和国家资本主义经济五种经济成分相对平等、不分厚薄的局面。

通过中华人民共和国成立初期的社会主义改造，农民、手工劳动者、小资产阶级与民族资产阶级的地位发生了很大变化。原有的民族资产阶级通过和平赎买的形式转变为国营经济；原先的私有制企业职工摆脱了受剥削的地位，成为了国营企业的工人，也成为了企业的主人；原先的私有企业主成为了自食其力的劳动者；占中国绝大多数人口的广大农民摆脱了几千年以来自给自足的小农经济掣肘，实现了农业的合作化。社会主义基本政治制度、经济制度的确立，从根本上消除了旧社会长期存在的剥削与两极分化，确保了全体人民基本权利的平等，为维护社会公正确立了必要的制度前提。由于我国的社会主义改造是分阶段进行的，充分考虑了当时我国社会发展的基本情况，也就确保了我国在过渡阶段的社会稳定。它没有引发社会动荡，破坏生产力发展，而是在一定程度上促进了生产力的发展，调动了广大人民群众的劳动积极性，对中华人民共和国经济、社会的恢复起到了良好的效果。

二、改革开放后中国共产党推动社会公正的生动实践

“文化大革命”结束后，以邓小平为核心的第二代中央领导集体及时破除了“两个凡是”的错误思想，对极左时期平均主义的公正观念进行了及时的修正，对“什么是社会主义，怎样建设社会主义”进行了思考，明确提出了建设有中国特色社会主义事业，对经济体制、政治体制、社会民生等方面都进行了大刀阔斧的改革，切实保障了社会公正的实现。

（一）社会主义本质的提出为推动社会公正提供了理论依据

改革开放后，以邓小平为核心的中央领导集体，打破平均主义“大锅饭”模式，实行生产责任制，极大地调动起人民群众的劳动积极性，使得生产力有

了飞速发展。邓小平认为："落后国家建设社会主义，在开始的一段很长时间内生产力水平不如发达的资本主义国家，不可能完全消灭贫穷。所以，社会主义必须大力发展生产力，逐步消灭贫穷，不断提高人民的生活水平。"① 1992 年初，邓小平同志在"南方谈话"中正式提出："社会主义的本质，是解放发展生产力，消灭剥削，消除两极分化，最终达到共同富裕。"② 社会主义本质理论是马克思关于生产力与生产关系理论的重要发展，为实现社会公正奠定了物质基础。其中，解放和发展生产力是社会主义的根本任务，只有大力发展生产力才能解决我国社会存在的一些突出矛盾，才能使广大人民群众的基本诉求得到满足；消灭剥削，消除两极分化是缩小社会贫富差距，实现社会公正的重要途径；实现共同富裕是社会公正的最终目标。

江泽民同志进一步坚持和巩固了社会主义本质理论，将解放和发展生产力作为衡量社会公正的重要标准，并进一步明确了共同富裕的基本目标。他指出："从理论上讲，以平等权利为基础的社会公平要受到社会经济文化发展的制约。在不同发展阶段，社会公平的内涵也会不同。衡量社会公平的标准，必须看是否有利于社会生产力发展和社会进步……允许和鼓励一部分地区、一部分人通过诚实劳动和合法经营先富起来，带动全国人民走共同富裕的道路。这是符合按劳分配原则的。实行这一政策，能力和贡献不同的人的收入会拉开差距，在致富的路上会有先有后，这是公平的。"③ 江泽民同志对共同富裕思想的进一步深化，是对马克思主义公正思想的继承与发展，充分体现了马克思主义公正思想的历史唯物主义特质。

（二）经济体制改革为实现社会公正提供了物质保障

改革开放以来，党和国家领导人根据我国社会主义初级阶段的基本国情，提出了社会主义初级阶段的基本纲领，明确了以经济建设为中心，对过去不适应生产力发展的经济体制及其生产关系进行了彻底变革。根本上消除了经济领域的传统思想，推动了社会主义市场经济发展。通过社会主义经济体制改革，真正实现了生产力的快速发展与人民生活水平、收入水平的显著提升，为实现社会公正奠定了制度保障。邓小平同志继承并发展了马克思、恩格斯关于生产方式与社会公正之间相互关系的重要思想。他认为："说市场经济只存在于资本

① 邓小平．邓小平文选（第三卷）［M］．北京：人民出版社，1993：377.

② 邓小平．邓小平文选（第三卷）［M］．北京：人民出版社，1993：373.

③ 江泽民．江泽民文选（第一卷）［M］．北京：人民出版社，2006：48.

主义社会，只有资本主义的市场经济，这肯定是不正确的……社会主义也可以搞市场经济。”[①] 随着市场经济改革的逐步发展，我国建立了以公有制为主体，多种所有制共同发展的基本经济制度以及坚持按劳分配为主体，多种分配方式并存的基本分配制度，在坚持社会主义道路的前提下极大程度地发展了社会生产力。社会主义基本分配制度不仅充分考虑了劳动者劳动量的付出，也全面依据劳动质的高低以及其他各种生产要素的贡献大小进行分配，这种分配方式充分体现了劳动的质与量的统一，相比于过去单纯依据劳动量的多少，是更加公正的制度安排。基本经济制度与基本分配制度对解放和发展生产力，调动全体劳动者的积极性具有决定性的作用。它彻底破除了经济关系中不适应生产力发展的因素，成为了中国特色社会主义制度体系中一以贯之的坚定经济基础。

江泽民同志进一步完善和发展了中国特色社会主义经济制度，把按劳分配同允许和鼓励资本、技术等生产要素与收益分配结合起来，在防止社会出现两极分化的前提下努力提高广大人民的整体收入水平。江泽民指出：“平均主义不是社会主义，两极分化也不是社会主义”[②]，“坚持效率优先，兼顾公平，既要提倡奉献精神，又要落实分配政策，既要反对平均主义，又要防止收入悬殊”[③]，“初次分配注重效率发挥市场的作用，鼓励一部分人通过诚实劳动，合法经营先富起来，再次分配注重公平，加强政府对收入分配的调节职能，调节差距过大的收入”[④]。这是对邓小平分配公正思想的进一步深化，也是对马克思主义公正思想的创新发展。

（三）建设和谐社会为实现社会公正创造了良好的内部环境

随着改革开放的不断发展，党和国家领导人深刻认识到解决民生问题，提高人民福祉的重要意义，并通过一系列政策措施，切实提高了人民群众的幸福感，对维护社会公正有着重要意义。

江泽民同志深刻认识到社会收入分配差距过大的严重后果，对此，他努力推动社会财富的再分配，依托对社会福利、医疗保险、公共服务、教育政策等领域的改革，集中解决养老、医疗、教育、就业等社会问题，进一步缓解收入分配差距扩大化趋势。同时，他还提出了“依法治国”的战略思想，将法律和国家治理结合起来，进一步发扬了政治生活中的自由、民主与公正。

---

① 邓小平．邓小平文选（第二卷）［M］．北京：人民出版社，1994：236.

② 江泽民．江泽民文选（第二卷）［M］．北京：人民出版社，2006：256.

③④ 江泽民．江泽民文选（第三卷）［M］．北京：人民出版社，2006：550.

胡锦涛同志提出了科学发展观与构建社会主义和谐社会的重要战略思想，为全面推动社会公正建设提供了必要的理论依据与环境支撑。胡锦涛同志还进一步明确了社会公正的本质内涵，将社会公正与切实保障广大人民群众的基本权利相结合，尽最大努力实现广大人民的根本利益诉求，协调处置各种社会矛盾。在十八大报告中，胡锦涛同志指出："公平正义是中国特色社会主义的内在要求。要在全体人民共同奋斗、经济社会发展的基础上，加紧建设对保障社会公平正义具有重大作用的制度，逐步建立以权利公平、机会公平、规则公平为主要内容的社会公平保障体系，努力营造公平的社会环境，保证人民平等参与、平等发展权利。"① 十八大报告从权利公平、机会公平、规则公平三个维度构建中国特色社会主义公正思想的基本内涵，为是构建当代社会公正观的重要理论来源。

三、新时代历史方位下中国共产党对社会公正的创新解读

党的十八大以来，以习近平同志为核心的党中央站在新的历史起点，坚持以人民为中心，对中国特色社会主义事业发展历程进行了全面总结，并结合中国特色社会主义的发展实际，形成了习近平新时代中国特色社会主义思想。习近平同志在当选总书记后的首次公开讲话中便提出："人民对美好生活的向往，就是我们的奋斗目标。"② 社会公正是人民实现美好生活的重要前提，是新时代中国特色社会主义的本质要求。十八大以来，党和国家就推动社会公正进行了一系列伟大实践，切实解决了改革开放以来到十八大之前积累下来的，阻碍社会公正的现实障碍，"解决了许多长期想解决而没有解决的难题，办成了许多过去想办而没有办成的大事"③。习近平总书记关于社会公正的重要论述与党和国家的具体实践是中国特色社会主义公正理论的不断深化与发展，进一步丰富了马克思主义公正思想中国化的时代内涵。

（一）以共享共创为核心推动经济公正

改革开放40多年来，我国经济发展取得了殷实的成果，经济总量已跃居世

---

① 中共中央文献研究室．十八大以来重要文献选编（上）［M］．北京：中央文献出版社，2014：11.

② 习近平．习近平谈治国理政［M］．北京：外文出版社，2014：3.

③ 习近平．决胜全面建成小康社会　夺取新时代中国特色社会主义伟大胜利——在中国共产党第十九次全国代表大会上的报告［M］．北京：人民出版社，2017：8.

界第二，但在缩小贫富差距、实现共同富裕等方面还有很大的提升空间。党的十八大以来，以习近平同志为核心的党中央坚持以人民为中心，创造性提出了“共享”这个全新的发展理念，确保了广大人民共同享有社会发展的成果。党的十八届五中全会正式将“共享”与创新、绿色、开放、协调共同纳入“五大发展理念”，成为指导中国特色社会主义经济发展的新理念，并强调“共享发展注重的是解决社会公平正义问题”①，明确共享发展理念在推动社会公正过程中的指导地位。党的十九大报告指出：“必须多谋民生之利、多解民生之忧，在发展中补齐民生短板、促进社会公平正义，在幼有所育、学有所教、劳有所得、病有所医、老有所养、住有所居、弱有所扶上不断取得新进展，深入开展脱贫攻坚，保证全体人民在共建共享发展中有更多获得感”②，进一步诠释了“共享”与公正之间的内在联系。“共享”发展理念不仅在宏观层面为经济发展提供了指导思想，也在微观层面挖掘了区别于以往盈利模式的经济增长点，为经济增长注入了活力。党的十九大报告提出：“在中高端消费、创新引领、绿色低碳、共享经济、现代供应链、人力资本服务等领域培育新增长点、形成新动能”③，将“共享”作为微观经济当中的全新业态加以阐述。可以看出，“共享”不仅成为了经济领域实现公正的重要原则，更成为了经济实体运营过程中的一个具有前瞻性的盈利模式。

（二）以精准扶贫为核心推动民生公正

“消除贫困，自古以来就是人类梦寐以求的理想，是各国人民追求幸福生活的基本权利。”④ 让老百姓摆脱贫困是实现社会公正的关键环节。党的十八大以来，习近平总书记以马克思主义贫困治理理论为基础，结合党的历代领导人以及国外反贫困的相关理论与实践，总结其在福建工作期间的扶贫经验，针对改善人民生活水平，逐步缩小地区差异，帮助贫困地区脱贫致富提出了许多富有针对性的解决方案，构筑了新时代我国扶贫开发战略思想。从 2013 年到 2017

① 中共中央文献研究室．十八大以来重要文献选编（中）［M］．北京：中央文献出版社，2016：827.

② 习近平．决胜全面建成小康社会　夺取新时代中国特色社会主义伟大胜利——在中国共产党第十九次全国代表大会上的报告［M］．北京：人民出版社，2017：23.

③ 习近平．决胜全面建成小康社会　夺取新时代中国特色社会主义伟大胜利——在中国共产党第十九次全国代表大会上的报告［M］．北京：人民出版社，2017：30.

④ 中共中央文献研究室．十八大以来重要文献选编（中）［M］．北京：中央文献出版社，2016：717.

年，我国累积6000多万人摆脱贫困，年均脱贫1300多万人，缔造了世界扶贫史上的奇迹。2013年11月，习近平总书记在湖南湘西考察农村扶贫工作时指出："扶贫要实事求是，因地制宜。要精准扶贫，切忌喊口号，也不要定好高骛远的目标。"首次提出了"精准扶贫"的重大时代课题。习近平总书记认为，精准扶贫思想要以尊重贫困地区人民群众的主体地位为旨归，以表达贫困地区人民群众的根本利益作为推进扶贫开发工作的出发点和落脚点。他在许多重要场合的讲话不断丰富精准扶贫的具体思想内涵，并最终将"精准扶贫"工作细化为"六个精准"和"五个一批"①。这些论述从把握精准扶贫思想的深刻内涵，识别贫困地区扶贫开发的精准度，提升贫困群体的增收脱贫能力等方面指明了正确的扶贫路径，是进一步缩小贫富差距，切实维护社会公正的良策。

（三）以反腐败斗争为核心推动政治公正

腐败是社会的一大毒瘤，严重损害了人民利益，破坏了社会公正。随着改革开放的不断深化，党员干部贪污腐败的现象时有发生。党的十八大以来，以习近平同志为核心的党中央高举反腐败利剑，深入推进全面从严治党与反腐败斗争，以"零容忍"态度严厉惩治腐败，营造了风清气正的政治环境，切实维护了政治领域的公平正义。通过"打老虎""拍苍蝇"，加强巡视工作与党的自身建设，党中央有效提升了反腐败工作的震慑力，切实完善了党内法规与制度建设，形成了"不敢腐的惩戒机制、不能腐的防范机制、不易腐的保障机制"②，反腐败斗争取得压倒性胜利。同时，针对党员干部个人工作生活中出现了严重阻碍社会公正的"四风"问题，习近平总书记提出要"健全改进作风常态化制度""规范并严格执行领导干部工作和生活保障制度""探索实行官邸制"③等举措，有效净化了党内风气，规范了党员干部权力，提升了党和政府的公信力。全面从严治党与反腐败斗争是以习近平同志为核心的党中央推动政治公正的强有力举措，是对中国共产党长久以来反对特权、倡导平等的公正思想的继承与发展，也是对整个社会公正观的重塑，有效提升了人民群众对社会

① "六个精准"和"五个一批"包括"扶持对象精准、项目安排精准、资金使用精准、措施到户精准、因村派人精准、脱贫成效精准"和"发展生产脱贫一批、易地扶贫搬迁脱贫一批、生态补偿脱贫一批、发展教育脱贫一批、社会保障兜底一批"。

② 中共中央文献研究室．十八大以来重要文献选编（上）[M]．北京：中央文献出版社，2014：136.

③ 中共中央文献研究室．十八大以来重要文献选编（上）[M]．北京：中央文献出版社，2014：532.

公正的评价水平与公平感。

（四）以司法改革为核心推动法治公正

法治是保证社会公正的制度基础，事关党和国家长治久安。党的十八大以来，以习近平同志为核心的党中央立足新的历史方位，从保证党和国家长治久安的战略视野出发，开辟全面依法治国的理论和实践新境界。十八届四中全会将“全面依法治国”作为“四个全面”战略布局的重要组成部分，明确指出“坚定不移走中国特色社会主义法治道路，坚决维护宪法法律权威，依法维护人民权益、维护社会公平正义”①。司法是法治的核心环节。习近平总书记高度重视司法工作，积极推动司法改革与个案重审，努力让广大人民群众在个别案件过程中充分感受到公平正义。党的十九大报告指出：“深化司法体制综合配套改革，全面落实司法责任制，努力让人民群众在每一个司法案件中感受到公平正义”②，深刻阐述了个案公正的重要意义。在具体工作当中，习近平总书记要求各级司法机关着力解决影响司法公正和制约司法能力的深层次问题，不断改进司法工作作风，通过热情服务，切实解决好老百姓打官司难的问题，加大对困难群众维护合法权益的法律援助。党的十八大以来，在党中央的有力推动下，我国司法体制改革不断深入，司法人员分类管理得以实施，实现了85%以上法院人员向办案一线集中，这使司法系统人员结构与法律资源配置更加合理，审判质效持续提升，社会公正得以进一步彰显，一些过往的冤假错案被重新审查并予以纠正，许多被错判的受害者得以平反，这一切都彰显了以习近平同志为核心的党中央全面推动依法治国的路线引领。

（五）以污染治理为核心推动生态公正

党的十九大报告指出：“人与自然是生命共同体，人类必须尊重自然、顺应自然、保护自然。”③ 生态公正是当今社会公正研究领域的崭新课题，它充分彰显人类在享有自然权利的同时承担保护自然的对应责任的长远使命，是一种处理社会、经济与环境之间相互关系的科学理念。生态公正既包含了人与自然之间的和谐统一，也体现了同一时代的人与人之间以及这一代人与下一代人之间

---

① 中共中央文献研究室．十八大以来重要文献选编（中）［M］．北京：中央文献出版社，2016：157.

② 习近平．决胜全面建成小康社会 夺取新时代中国特色社会主义伟大胜利——在中国共产党第十九次全国代表大会上的报告［M］．北京：人民出版社，2017：39.

③ 习近平．决胜全面建成小康社会 夺取新时代中国特色社会主义伟大胜利——在中国共产党第十九次全国代表大会上的报告［M］．北京：人民出版社，2017：50.

在自然资源的使用与开发方面的和谐关系。党的十八大以来，以习近平同志为核心的党中央高度重视生态工作，将良好的生态环境作为提升民生福祉的重要内容，创新性地提出了“绿色发展”“美丽中国”“绿水青山就是金山”等新理念，推动传统发展理念向绿色经济转型。十八届五中全会将“绿色”发展作为“五大发展理念”之一，将“美丽中国”纳入国家“十三五”规划。2015 年颁布的《关于加快推进生态文明建设的意见》，成为今后一个时期内指导我国生态文明建设的指导性意见。在党的十九大报告中，习近平总书记进一步强调：“必须树立和践行绿水青山就是金山银山的理念，坚持节约资源和保护环境的基本国策，像对待生命一样对待生态环境”①，对新时代生态公正思想做出了高度概况。同时，十九大将“美丽”二字写入党章，作为党的基本路线，为人民群众描绘出了未来中国人与自然和谐发展的美好蓝图。

（六）以构建“人类命运共同体”为核心推动国际公正

在全球发展进程中，国与国之间的利益冲突，大国对小国的利益侵占与主权干预，是破坏国际间公正环境的重要原因。对此，习近平总书记创造性提出了构建人类命运共同体的战略思想，对国际关系与国际交往战略进行了新的诠释。习近平总书记在出席第七十届联合国大会一般性辩论时指出：“大国之间相处，要不冲突、不对抗、相互尊重、合作共赢。大国与小国相处，要平等相待，践行正确义利观，义利相兼，义重于利……世界的前途命运必须由各国共同掌握。世界各国一律平等，不能以大压小、以强凌弱、以富欺贫。”② 党的十九大报告中指出：“坚持和平发展道路，推动构建人类命运共同体。中国共产党始终把为人类作出新的更大的贡献作为自己的使命。中国将高举和平、发展、合作、共赢的旗帜，恪守维护世界和平、促进共同发展的外交政策宗旨，坚定不移在和平共处五项原则基础上发展同各国的友好合作，推动建设相互尊重、公平正义、合作共赢的新型国际关系。”③ 这一系列论述生动诠释了人类命运共同体的内涵。“人类命运共同体”以互利共赢——这一中华民族优秀传统文化中的思想精髓为起点，从政治、安全、发展、文明、生态等多个领域对当今世界国际

① 习近平．决胜全面建成小康社会　夺取新时代中国特色社会主义伟大胜利——在中国共产党第十九次全国代表大会上的报告［M］．北京：人民出版社，2017：50.

② 中共中央文献研究室．十八大以来重要文献选编（中）［M］．北京：中央文献出版社，2016：696.

③ 习近平．决胜全面建成小康社会　夺取新时代中国特色社会主义伟大胜利——在中国共产党第十九次全国代表大会上的报告［M］．北京：人民出版社，2017：58.

关系进行了新的诠释，表达了中国维护世界和平，与其他国家共同开展合作、共赢发展的良好愿望，是社会公正思想在外交领域的运用与实践。

以共享共创为核心的经济公正观，以反腐败为核心的政治公正观、以精准扶贫为核心的民生公正观、以推动司法改革为核心的法治公正观、以污染治理为核心的生态公正观以及以打造“人类命运共同体”为核心的国际公正观从经济社会发展、国际国内发展的各个角度，全方位审视了社会公正，为推动社会公正提供了科学、持续的理论指导。

第四节　国外学术界具有代表性的公正思想

公正是西方世界哲学与伦理学发展进路中被讨论次数最多的问题之一。在不同的历史发展阶段，公正被学者们赋予了截然不同的意蕴。正如美国著名法理学家博登海默所说：“在先后不同的人那里，正义被赋予的内涵并非全然相同。”[①] 在古希腊思想先哲那里，公正属于道德哲学范畴，是个人德性的重要标准；在现代西方自由主义学者眼中，公正是制度的首要准则，是制定、执行规则与政策的根本依据；现代社群主义者则极力主张重新彰显公正的道德价值，倡导个人实践领域的公正表现。对当前国外学界具有代表性公正思想的梳理，能够进一步丰富对社会公正的理解，为构建科学合理的公正观提供必要的理论补充。

一、亚里士多德的“应得”公正论

对公正的研究最早可以追溯到古希腊时期。雅典城邦的第一任执政官梭伦将公正视为个人欲望的压制，并希望通过一种不分贵贱、一视同仁的制度体系使当时的贵族阶级与平民阶级能够保持适当的平衡。米利都派将古希腊神话中的正义女神视为公正的象征，认为公正就是“彼此互相补足”[②]。而后，苏格拉

① ［美］埃德加·博登海默．法理学：法律哲学与法律方法［M］．邓正来译．北京：中国政法大学出版社，1999：255.

② 邓晓芒．中西正义观之比较［J］．华中科技大学学报（社会科学版），2015，29（1）：60-69.

底正式确立了公正与个人德性的关系，并认为个体行为是否公正，主要取决于个体能否遏制住内心贪欲。柏拉图则将公正视为城邦生活中“四种美德”① 的核心和整个城邦社会的道德基础，认为正义国家就是理想国。亚里士多德是古希腊公正思想的集大成者，其关于“应得”的正义原则设计对西方世界有着极其深远的影响。亚里士多德延续了苏格拉底与柏拉图的德性正义与界域正义思想，他认为：“公正不是德性的一个部分，而是整个德性；相反，不公正也不是邪恶的一部分，而是整个的邪恶。”② 公正在其广义上，就是所有德性的他向方面的总和。亚里士多德将公正德性视为一种“适度”的德性。他认为，世间存在三种品质：过度，不及和适度，“过度与不及是恶的特点，而适度是德性的特点”③。只有处于中间的“适度”才是具有公正的德性依据。不论作为个人的道德行为，还是社会财富的分配，都必须遵守“适度”这个基本原则。这里的“适度”与“中道”并非折中主义，而是倡导理性的分析、判断和选择的道德品质，是整个社会能够实现得其应得的道德基础。

亚里士多德还把公正分为普遍公正与个别公正。普遍公正的作用在于规范社会成员的具体行为，是具有适度性的行为规范。个别的公正又分为分配公正与矫正公正。其中，分配公正是调节人与人之间社会关系的一种基本性准则，规定了每个人“应得”的部分，即每个社会成员根据自身的身份地位、天赋等差异性因素来进行财产与物资的分配。他认为：“正义包含两个因素——事物和应该接受事物的人；大家认为相等的人就该配给到相等的事物。”④ 这里所提到的“相等的人就该配给到相等的事物”便是被西方世界奉为经典的“应得性公正”。自此以后，“应得”成为西方世界关于社会公正，尤其是关于社会财产分配的核心原则。虽然“应得”在不同阶段也呈现出不同的内容，但总体而言，都是依照亚里士多德最初设计的公正原则发展演化而来。除了体现“应得”的分配公正原则外，亚里士多德还规定了具有平等原则的矫正公正，包含了针对弱势群体和受侵害人员的补偿观念。他特别规定了当城邦中的某个社会成员侵犯了他人的利益时，就必须依照平均正义的原则偿还原本属于受害者的那部分

---

① 柏拉图认为，一个好的城邦应该具有智慧、勇敢、节制、正义这四种美德，其中，智慧、勇敢、节制是分别属于统治者、军人和劳动者三个阶层的美德，正义是整个城邦社会的道德基础。

② ［古希腊］亚里士多德．亚里士多德全集（第8卷）［M］．苗力田编译．北京：中国人民大学出版社，1992：97.

③ ［古希腊］亚里士多德．尼各马可伦理学［M］．廖申白译．北京：商务印书馆，2003：47.

④ ［古希腊］亚里士多德．政治学（节选本）［M］．吴寿彭译．北京：商务印书馆，1965：148.

利益。这也充分体现了亚里士多德正义思想的平等向度。

可以看出，在以亚里士多德为代表的古希腊先哲眼中，公正是一种关乎个人德性的规范与标准。公正的目的在于，通过调节人们的关系，使城邦社会达到一种“公共的善”。然而，古希腊时期的奴隶社会性质决定了其公正思想中内含着各式各样的不平等与歧视。首先，以亚里士多德为代表的古希腊公正思想表现出对个人自由的限制。比如，亚里士多德曾明确指出公民不得私有其本身，认为任何公民都应当成为城邦的一部分，应当绝对服从城邦的利益。“最高的幸福在于参与城邦本身的生活和活动，而家庭和财产，只有作为这种最高幸福的组成部分才能充分发挥作用而使人享有乐趣。”① 其次，亚里士多德所倡导的德性是局限于维护城邦利益的界限之内的。公民只有真正关心城邦的政治，尽自己最大努力维护城邦的利益，才能被视为一种美德。显然，这种美德具有狭隘性与虚伪性，是服务于以奴隶主为代表的统治阶级利益的道德。最后，古希腊的公正思想将公民的范围划定在特定的社会阶层范围内，完全否认奴隶、外邦人士、妇女以及从事所谓低贱劳动的人士的政治权利，亚里士多德曾经极力为奴隶制辩护，认为他们不应享有公民权。

二、康德的义务公正论

在近代西方社会，公正同自由、民主、平等等概念相伴而生，成为西方启蒙思想的重要组成。例如，霍布斯与洛克分别从国家立场和平民立场论证的社会契约的公正价值，以边沁、密尔为代表的功利主义者则将“最大多数人的最大幸福”和“尊重个体自由会带来人类的最大幸福”作为公正的根本原则。在众多理论当中，康德提出的以个人义务为中心的公正思想具有一定的现实意义。

作为德国古典哲学创始人，康德虽然没有明确阐述过公正，但通过其著名的“道德律令”可以大致勾勒出其关于个人道德公正的基本主张。康德强烈反对功利主义者的道德主张，提出了“普遍立法”“人是目的”“意志自律”三条“道德律令”。他让人们认识到个人义务的重要性。康德认为，道德行为是个人对于自己的行为的“立法”，一项行为是否具有道德价值，是否是公正的，不应该看行为的结果，而应当考察行为的动机。同时，这种动机不能是“他律”，

① ［美］乔治·霍兰·萨拜因．政治学说史（上册）［M］．盛葵阳，崔妙因译．北京：商务印书馆，1986：32.

而应当是“自律的”，即“根据自己所立的法则而行动”[1]。功利主义者所强调的工具理性不能作为行为正当性的依据，当功利成为个人行为的目的时，这种行为是缺乏道德价值的，只有当行为动机成为目的时，当个人完全基于一种绝对命令下的义务而行动时，他的行为才具有道德价值，或者说，才具有公正性。也就是说，只有以履行义务的动机才能赋予一个行为以道德价值。因此，康德的公正观被看作是一种极其“苛刻”的公正观，也可以说是一种绝对“利他”的公正观。

康德的义务公正论对于当下倡导人们树立“无私奉献”“毫不利己、专门利他”的高尚道德品质，具有一定现实意义。然而，虽然康德的义务公正论具备强大的道德价值，但从本体上看，是一种一元伦理学立场的道德普遍主义。他是从抽象的人性的角度来考量道德行动的，这种义务公正论视角下的人是抛开历史与阶级属性的人，是完全与任何制度、文化、生产关系相割裂的人。这种苛刻的道德立场本质上是道德的形而上学。可见，康德“试图通过自我立法及其普遍化的分析来探索适合于一切社会条件的道德规范”。[2] 然而，在历史唯物主义的视角下，任何一种道德规范和道德判断都是在一定的社会历史条件下做出的，都是受到历史条件制约的，都具有历史性、阶级性的特点。因此，康德所阐述的这种具有普适性、非历史性的道德，用历史唯物主义的视角来看，也仅仅是一定社会历史条件的产物，而并非真正具有普适性、永恒性的道德。

三、现代自由主义制度公正论

（一）罗尔斯的公正理论

在现代西方世界，美国学者约翰·罗尔斯的公正思想影响力最大，传播最为广泛。在他享誉全球的著作——《正义论》的开篇就明确提出“正义是社会制度的首要价值，正像真理是思想体系的首要价值一样”。[3] 在他看来，任何社会制度都不能违背正义原则，都必须对公民的基本权利与义务以及公民的利益分配给予公正的决断；如果不能达到这一点，这项制度就必须废止。要实现社

---

① ［美］迈克尔·桑德尔．公正：该如何做是好？（新版）［M］．朱慧玲译．北京：中信出版社，2012：122.

② 王晓升．马克思是反（或非）道德主义者吗？［J］．伦理学研究，2012（1）：108-115.

③ ［美］约翰·罗尔斯．正义论［M］．何怀宏等译．北京：中国社会科学出版社，1988：3.

会公正，就必须在制度领域进行合理组织安排。罗尔斯认为，公正的本质就是平等与自由，“每个人都拥有一种基于正义的不可侵犯性，这种不可侵犯性即使是以社会整体利益之名也不能逾越”。[①] 公正的目的是维护平等权利，“在一个公正的社会里，平等的公民自由是确定不移的，由正义所保障的权利绝不受制于政治的交易或社会利益的权衡。”[②] 因此，可以将罗尔斯的公正理论归为现代自由主义制度公正论。

为了具体论证他的正义理论，罗尔斯在经典契约论的基础上增加了两个概念：“原初状态”和“无知之幕”。“原初状态”作为一种假设的前提条件，它意味着社会生产资料和生活资料的“适度匮乏”，人与人之间的关系比较冷漠。在这种外部条件下，人与人之间的利益的分配存在着矛盾，而这恰好为正义的出场创造了适当的环境。“无知之幕”则是这样一种社会状态，它假设人们并不知道个人在社会组织里扮演怎样的角色，既不了解自身的出身、天赋、性格等因素，也不了解外部的社会环境。罗尔斯认为，只有在这两个前提下，人们才能对正义做出正确的选择。

在具体的制度设计层面，罗尔斯提出了著名的两大正义原则。“第一个原则：每个人对与所有人所拥有的最广泛平等的基本自由体系相容的类似自由体系都应有一种平等的权利。第二个原则：社会和经济的不平等应这样安排，使它们：①在与正义的储存原则一致的情况下，适合于最少受惠者的最大利益，②并且依系于在机会公平平等的条件下职务和地位向所有人开放。”[③] 第一原则又被称为自由原则，它要求每个公民都必须同等地享有一切权利与自由，这种权利与自由不仅仅体现在财产以及分配方面，还表现在言论、出版、信仰以及政治参与等各个领域。这种权利的平等是无差异的，是人人平等的，任何人都不能对人的这种平等的自由加以损害，是作为社会的“首要善”。“第二原则又分为差异原则和机会平等原则。它适用于调适处于最不利地位的人们的利益，为他们提供最大可能的利益，确保机会平等。罗尔斯特别指出，第一个原则应优先于第二原则。”[④] 可以看出，罗尔斯的公正思想以形式上的平等为核心，同时又承认实质上的个体差异。用当下关于社会公正的语境进行解读，可以理解为以“机会平等”与“权利平等”为核心的程序正义。

---

① ［美］约翰·罗尔斯．正义论［M］．何怀宏等译．北京：中国社会科学出版社，1988：3-4.
② ［美］约翰·罗尔斯．正义论［M］．何怀宏等译．北京：中国社会科学出版社，1988：4.
③ ［美］约翰·罗尔斯．正义论［M］．何怀宏等译．北京：中国社会科学出版社，1988：60-61.
④ 戴茂堂，黄妍．论西方公正思想的逻辑进程［J］．唐都学刊，2013，29（4）：1-5.

总体上，罗尔斯所阐述的正义可以看作一种“大同小异的公正”①。“大同”表现在平等原则的无条件性上，即公平正义应当是一种人人皆相同且均等的自由选择与权利。“小异”则表现在差异原则与机会平等原则上，可以理解为对先赋性差异的承认与矫正。罗尔斯在坚持各种职务与地位的机会平等地向全体社会成员开放的同时，又希望用不平等的分配方式解决社会成员之间自然禀赋的不平等问题。这种制度设计反映出罗尔斯正义思想中的形式正义与实质正义相统一的特点。他的制度正义论除了表现为程序上的规范性外，还直接指向了一种经由程序而导出的理想结果。在他看来，正义的目的是建立一个以机会平等为旨趣的社会契约。然而，罗尔斯的正义两个原则之间存在着一定内在矛盾，即自由与平等之间的矛盾。第一正义原则作为自由原则，表现为一种天然的权利平等与机会平等，同时也包含了这种平等可能带来的不平等。然后再通过正义的第二原则调和第一原则可能带来的不平等。这种方式看似可行，但在资本主义私有制以及这个框架下的按资分配原则前提下，即便通过第二原则实现了对不平等的自我调节，真正的平等也是难以实现的。罗尔斯只是就分配谈分配，就制度谈制度，而没有触碰到这种分配制度背后的社会属性，从而无法给不平等现象开出根治病灶的良药。

（二）诺奇克的公正理论

自由主义公正思想的另一重要代表人物诺奇克则站在罗尔斯的对立面上，对罗尔斯的正义思想进行了批判。由于在自由主义领域，诺奇克属于自由至上主义，他的自由主义正义观表现出以下几个特点：第一，他极度强调个人自由的重要性。他认为，“并不存在拥有善并为了自身的善而愿意承担某些牺牲的社会实体。存在的仅仅是独立的人，不同的是具有他们自己独立生命的独立人”②。只有个人的利益是唯一真实的利益，正义的本质就是个人利益的确认与获得，任何个人或组织不能以任何名义侵犯。第二，在诺奇克看来，政府的位置应当回归到古典经济学当中的“最低限度国家”的角色，即政府仅仅扮演服务者与仲裁者的角色，不得对私人领域，尤其是私人的合法性财产获得予以任何形式的干预。作为“最低限度国家”，国家与政府职能限制在“仅仅承担制

① 孙君恒．分配正义的两种当代模式——罗尔斯的公平论与诺奇克的权利论［J］．河南师范大学学报（哲学社会科学版），2003（5）：26-29.

② ［美］罗伯特·诺奇克．无政府、国家和乌托邦［M］．何怀宏译．北京：中国社会科学出版社，1991：32-33.

止暴力、盗窃、诈骗和契约的履行等十分有限的职能”①。诺奇克认为，政府一旦拥有较多的权力，就必然会对个人领域进行过多干预，最终一定会对公民的个人权利造成侵犯，进而引发社会不公。第三，诺奇克极力反对罗尔斯式的平等主义正义论。他认为平等与自由是不可兼得，平等在任何时候都应该受到自由与权利的约束，一旦过分强调平等必然会对某些人的权利带来损害。对此，他提出了“持有正义”原则，以区别于罗尔斯的差异原则。“持有正义原则”包括三个主要论点：首先，“获取的正义原则”。如果这个持有完全是通过“合法”手段实现的，那么这个持有就是正义的。其次，“转让正义原则”。如果个人之间的转让是通过合法的自愿交换、馈赠等方式完成的，那么，这种转让就是正义或正当的。最后，“矫正正义原则”。现实中通过非法或不正当手段（如偷窃、欺诈、强夺、腐败性的受贿等）而获取或转让的持有，则是非正义的，必须对这种非正义的持有进行矫正。基于三个原则，诺奇克最终得出这样的结论：“如果一个人依照获取和转让的正义原则或依照对不正义的矫正原则（这种不正义是有前两个原则确认的）对其持有的是有权利的，那么他的持有就是正义的；如果每一个人的持有都是正义的，那么持有的总体（分配）就是正义的。”② 可见，与罗尔斯的区别在于，诺奇克的公正思想是建立在绝对的个人主义与市场论的基础上的，是一种市场秩序下的自然状态的公正与平等，其核心差异主要集中在对弱势群体的补偿与差别政策方面。

四、现代社群主义者的“共同体”公正论

20世纪70年代末，西方社会陷入了“滞涨”危机当中，许多新的社会学派与思想孕育而生。越来越多的学者认识到，仅从社会制度层面思考正义问题是远远不够的，正义的实现还必须依赖于良好的公共道德秩序。对此，不少学者因此主张回归亚里士多德时期的德性正义。其中，社群主义的主张尤为引人注目。

阿拉斯戴尔·麦金太尔是社群主义阵营中最重要的代表人物。他的德性正

① ［美］罗伯特·诺奇克．无政府、国家和乌托邦［M］．何怀宏译．北京：中国社会科学出版社，1991：26.

② ［美］罗伯特·诺奇克．无政府、国家和乌托邦［M］．何怀宏译．北京：中国社会科学出版社，1991：152.

义论开辟了一条回归古希腊德性正义的思想路径。在《德性之后》《谁之正义？何种合理性？》等著作中，麦金太尔通过考察古希腊时期的正义思想，重新建立了以个人德性为基础的公正思想。麦金太尔认为，按照亚里士多德的解释，公正分为个人德性与社会规范两个方面，“一个遵守正义规则的人也可能是一个不正义的人，因为他可能只是因为惧怕惩罚而遵守正义规则”①。社会规范由于具有强制性，难以真正实现对个人道德的调节。因此，对于个人而言，公正更大程度上应表现为一种内在品质或美德，而这种美德应当以“共同体”中“共同的善”为基础。换句话说，倡导个人德性的目的正是为了实现“共同体”中的“共同的善”。他认为，应当恢复亚里士多德时期的公正思想，构建一个充满德性与善的“道德共同体”。麦金太尔还十分强调实践对公正的作用，将公正与实践合理性联系在一起。在他看来，以罗尔斯为首的制度公正论过分强调公正的强制性与规范性，而对人的因素考虑不足。对此，他倡导认为“正义是实践合理性的一个前提条件”②，应当通过实践实现人的内在利益。他认为：“无论是在社会秩序中树立正义，还是在个体身上把正义作为一种美德树立起来，都要求人们实践各种美德，而不是实践正义。”③因此，公正说到底是个体内在美德的实践表现。

美国哈佛大学教授迈克尔·桑德尔是社群主义的另一代表人物。相比于其他社群主义者而言，桑德尔对共同体的理解更为深刻。在他看来，所谓“共同体”应当是一种实现了人与人之间互相依附的“构成性共同体”。它超越了以往的“情感共同体”，在道德上真正实现了人与人之间共享性的终极目的。他认为：“共同体不只描述一种感情，还描述一种自我理解的方式，这种方式成为主体成分的组成部分。”④ 对于社会成员来说，“共同体描述的，不只是他们作为公民拥有什么，而且还有他们是什么；不是他们所选择的一种关系（如同在一个志愿组织中），而且还是他们发现的依附；不只是一种属性，而且还是他们身份的构成成分”⑤。桑德尔批评自由主义热衷于单子式的自我概念，忽视了社

①③ ［美］阿拉斯戴尔·麦金太尔．谁之正义？何种合理性？［M］．万俊人等译．北京：当代中国出版社，1996：16.

② ［美］阿拉斯戴尔·麦金太尔．谁之正义？何种合理性？［M］．万俊人等译．北京：当代中国出版社，1996：181.

④ ［美］迈克尔·桑德尔．自由主义与正义的局限［M］．万俊人等译．南京：译林出版社，2001：181.

⑤ ［美］迈克尔·桑德尔．自由主义与正义的局限［M］．万俊人等译．南京：译林出版社，2001：181-182.

群与共同体的作用。他认为，真正的自我身份的确立只能立足于“共同体”，真正的正义原则是追求共同体的“公共善”。桑德尔还对公正的适用范围进行了论述。在他看来，公正也并非适用于任何群体当中，而是只存在于需要调节大量分歧与利益诉求的特定群体中。他认为：“正义是社会制度的首要美德，并非像真理之于理论那样绝对，而是有条件的，正如身体的勇敢之于战场。”① 例如家庭、宗教这类社群中，亲缘关系与宗教信仰是调节人与人关系首要旨意，这时就不再需要公正对个人关系进行调节。

社群主义和自由主义的交锋是当代西方学界的一场旷日持久的论战。不论二者论战如何激烈，它们的理论都是置于资本主义合法性的前提之下，是现代性社会语境下的思想博弈。不同的是，以罗尔斯为代表的自由主义主张正义优先于善，而社群主义主张德性优先于正义。由于他们都把资本主义现存制度当作绝对的正当性、合理性制度，故而，尽管两者彼此对立，但所持有的理论语境和制度前提是完全相同的。

五、阿马蒂亚·森的具体公正论

近年来，诺贝尔经济学奖获得者，印度经济学家、哲学家阿马蒂亚·森的正义思想越来越受到理论界的广泛关注。他将微观视角与全球视野相结合，对全球性正义问题进行了重新审视，将抽象的制度正义转换为具体的现实正义，并从现实中的具体问题出发，提出实现全球正义的途径。同社群主义一样，森也坚决反对以罗尔斯为代表的先验主义制度正义论，反对在全球范围内用一种统一的制度逻辑实现完美的绝对正义，而是主张通过对现实比较与协商的方式解决非正义问题。对此，他构建了一个全球范围内的具有包容性、中立性与开放性的正义路径，希望通过公共理性解决各种社会的非正义问题，而不是像倡导制度公正的先验主义者那样通过一个主权国家在全球范围内执行绝对化的社会契约。

森侧重于从具体群体、具体个案中实现正义主张，对弱势群体遭遇非正义境遇的审视是其正义思想的重要组成，也是其区别于罗尔斯制度正义论的方法论基础。他从伦理与道德视角审视了当今社会的非正义现象，将伦理与道德作为影响人们基本行为的重要依据，对现实中的不平等现象予以了高度关注。在

① ［美］迈克尔·桑德尔．自由主义与正义的局限［M］．万俊人等译．南京：译林出版社，2001：39.

众多弱势群体中，残障人士与妇女是他重点关注的对象。他指出："在发展中国家里，残障人群通常是收入最低的群体，他们对于收入的需求比健全人更为迫切，因为他们需要这些来过上正常的生活并克服生理上的障碍"①，"妇女在家庭之外寻求就业的自由，在许多第三世界国家中是一个重要问题。这种自由在很多文化中被系统地否定了，这种否定本身就是对妇女自由权和性别平等的严重侵犯。"② 关于正义的实现路径，森从改良资本主义制度的目的出发，提出了两个方面的主张，即"作为公共理性的民主和作为自由主张的人权"③。他认为，自由必须是一种实质性的自由，而不是仅仅关注财富与收入等福利方面的纯粹追求物质的自由。实质性自由包括了"免受困苦——诸如饥饿、营养不良、可避免的疾病、过早死亡之类——基本的可行能力，以及能够识字算术，享受政治参与等等的自由"④。获得实质自由必须让每个人都能享有"可行能力"，即每个人有可能实现的各种功能性的活动。森进一步强调，这种"可行能力"虽然与财富、收入有关，但财富并不是可行能力的全部。除了财富之外，更应当关注获得经济的各种条件与能力，以及每个人都应当享有的政治自由、社会自由以及保障性自由。由此看出，森将代表人的实质自由的可行能力范围的不断扩大作为实现公正的一个重要路径。然而，由于森并非唯物主义者，其正义思想始终没有跳出自由主义的窠臼。正因为如此，他无法深入到资本主义制度的本质当中思考正义的实现，这也在一定程度上导致了他在探讨正义的实现方式时所设计的公共理性的民主和作为自由主张的人权两条路径存在着自身理论结构无法克服的"二律背反"⑤。

---

① ［印］阿马蒂亚·森．正义的理念［M］．王磊，李航译．北京：人民大学出版社，2012：155.

② ［印］阿马蒂亚·森．以自由看待发展［M］．任赜，于真译．北京：中国人民大学出版社，2002：115.

③ ［印］阿马蒂亚·森．正义的理念［M］．王磊，李航译．北京：人民大学出版社，2012：13.

④ ［印］阿马蒂亚·森．以自由看待发展［M］．任赜，于真译．北京：中国人民大学出版社，2002：30.

⑤ 郑元凯．马克思与阿马蒂亚·森正义思想的耦合与分野——兼评阿马蒂亚·森正义思想的局限性［J］．华侨大学学报（哲学社会科学版），2018（4）：13.

第二章

公正与公正观的应有之义

维护社会公正，是人性的基本要求，是人类良知的共同愿景。全面正确理解公正的内涵，是研究大学生公正观，开展大学生公正观教育活动的根本性前提。十九大报告提出：“社会主义核心价值观是当代中国精神的集中体现，凝结着全体人民共同的价值追求”①，深刻阐述了社会主义核心价值观对实现中华民族伟大复兴，建设社会主义现代化强国的重要意义。公正是社会主义核心价值观的基本理念：“它居于社会主义核心价值观整体结构的主体地位，发挥着主导功能。”② 对公正思想内涵的深入挖掘，是将社会主义核心价值观融会贯通的必要手段。

第一节　公正的多重意蕴

作为一个亘古持久的话题，公正是人类社会永恒的价值追求。古往今来，各个阶段的思想家从不同的角度阐释公正，为我们呈现了一个波澜壮阔的思想谱系。在《现代汉语词典》当中，公正被解释为“公平正直、没有偏私”③，主要表现为对个人道德品质的正面评价。在《伦理学大辞典》中，公正被解释为“符合一定道德规范的行为和处理人际关系和利益分配的一种原则，即一视同仁

① 习近平．决胜全面建成小康社会　夺取新时代中国特色社会主义伟大胜利——在中国共产党第十九次全国代表大会上的报告［M］．北京：人民出版社，2017：42.

② 钱广荣．论以公正为社会主义核心价值观的基本理念［J］．学校党建与思想教育，2018（1）：10-15.

③ 中国社会科学院语言研究所词典编辑室．现代汉语词典（第7版）［M］．北京：商务印书馆，2016：453.

和得其所得”[①]。这主要是将公正视为处理社会关系的基本准则。在《辞海》当中，公正被赋予社会道德范畴和道德品质的含义，指的是“从一定原则和准则出发对人们行为和作用所做的相应评价”[②]；也指“一种平等的社会状况，即按同一原则和标准对待相同情况的人和事”[③]。这种解释不仅将公正理解为个人道德的评价标准，同时还将公正表征为一切社会活动的基本准则，可以看作对公正较为全面的阐释。

现实世界中，公正无处不在，它既可以看作一切社会活动过程中具有规定性与正当性的价值准则，又是每个社会个体自身善性与道德发展的基本评价。同时，公正作为又常常同社会制度联系起来，成为个体判断社会制度是否具有合理性的首要标准。作为社会主义核心价值观基本理念的公正，因其所涉及的主体不同，可分为三个层面，即个体层面、社会层面和国家层面。在个体层面，公正是个人德性的体现；在社会层面，公正表征为调节社会关系的伦理准则；在国家层面，公正是社会制度正当性与合理性的体现。三者当中，伦理准则是首要性的，它是人类在不断实践过程中形成对社会关系合乎规律性的观念，社会制度是强制化与规范化的伦理准则，个人德性则是上述二者在个人脑海中的价值反映与行为反馈。

一、公正是一定社会形态下具有正当性的伦理准则

作为伦理学的基本范畴，公正首先表现为一种不偏不倚、合理正当的社会准则。马克思认为：人的本质是一切社会关系的总和。公正的产生源于人与人之间利益关系的确认。由一个人组成的社会是不存在公正问题的；多人存在的社会，如果人与人之间不存在利益关系，也同样不会涉及公正与非公正。在原始社会，由于生产力水平极其低下，没有任何剩余产品，人与人之间不存在多少现实的利益关系，在这种阶段，自然不会产生所谓的公正问题。随着生产力的不断发展，伴随着私有制的产生与阶级的分化，人们之间的利益关系更加复杂多变。这时，便需要“公正”出场，来调节各种利益关系。因此，公正作为一种社会意识，其产生和存在的基础是私有制、阶级和国家。只要人类社会存在私有制、阶级与国家，公正作为一种根本性社会准则必然长期存续下去。

---

① 朱贻庭．伦理学大辞典［M］．上海：上海辞书出版社，2002：44.

②③ 夏征农．辞海（1999年版缩印本）（音序）［M］．上海：上海辞书出版社，2002：683.

公正不是存在于某个体意志中的伦理准则，作为调节社会关系的普遍规范，它应当具有普遍认同性。社会中的每个人都会不自觉将个人的付出与所得进行比较，同时，也会将个人的付出与所得同他人进行比较。由于个体的评判标准存在差异，任何人都不能以个人意志制定出一套适用于调节整个社会关系，且能够被全体社会所认可的准则。“在一个现实的社会中，不管整个社会共同确定的资源规则当初是由谁提出的主张，只要它最终成了全体社会成员共同确定的规则，那么在此之后，就只有按照它的规定处置资源才是公正的。”① 在确立公正作为伦理准则的具体内容时，必须遵循普遍性与正当性，一旦某种处理社会关系的标准不符合这个社会形态下普遍认同的“正当性”要求，人们就会产生不公正感，就会对实现这种社会关系的制度设计产生质疑。由是，公正的核心层面表现为一种得到社会上绝大多数人普遍认同的，体现了合理性、恰当性的社会关系伦理准则。在这种伦理准则的指引下，人们能够有效协调与他人、集体、社会的利益关系，使一切社会行为都能朝着社会所认可的方向发展。

（一）平等准则

平等是指社会主体在社会、政治、经济、法律等方面获得同等的地位，具有相同的发展机会，享有同等的权利，它是社会公正的首要性原则。在某些思想家那里，平等甚至被赋予了同公正相等的含义。恩格斯认为：“作为人来说，都有某种共同点，在这些共同点所及的范围内，他们是平等的。”② 平等是公正的最重要内涵，它贯穿于社会活动的全过程，在社会活动行为的制度设计、程序规则以及最终结果等方面得以全面体现。平等是公正的前提条件，反映了全体公民无差异享有某些必要的社会权利，并占有某些必要的社会资源。在现实生活中，一些基础性权利的分配与享有适用于平等原则，诸如人的生存发展的权利、受教育的权利以及其他国家依据宪法和法律无差别赋予个人的在政治、经济、文化、生活等领域的各种权利。这些权利不受个人先赋性因素，以及后天能力因素的影响，必须人人平等享有。这些基础性权利平等实现表征一个社会的底线公正，一旦突破这个底线，公正的其他原则也丧失意义。当然，平等并不是完全无差异的，对于一些触犯法律，被剥夺某些权利的人而言，平等原则无法适用，同时，某些不属于基础性权利范畴的权利也并非人人平等，它们在一定程度上受制于某些社会制度、文化的约束，且与个人贡献与付出高度关

① 韩东屏．“公正”新解［J］．马克思主义与现实，2016（6）：135-143.

② 马克思，恩格斯．马克思恩格斯文集（第9卷）［M］．北京：人民出版社，2009：109.

联，属于“应得”准则调节的范畴。平等也并非平均，作为公正准则的重要内涵，公正视域下的平等必须与“应得”等其他准则形成内在统一，即一旦平等被视为完全的无差异的平均主义，它就会与公正的其他价值准则相互冲突，从而破坏公正的基本价值体系，失去了在公正价值体系中的地位。

(二)“应得”准则

在许多思想家眼中，公正本质上是分配准则，是如何合理、正当地分配个人所得的社会准则，应当遵循一种普遍认同的“应得”规范。古罗马法学家乌尔庇安曾指出：“正义乃是使每个人获得其应得的东西的永恒不变的意志”。[①]亚里士多德认为分配应该遵循“大家认为相等的人就该配给到相等的事物”，马克思虽然没有明确提出“应得”的概念，但其按劳分配与按需分配的思想正是社会主义与共产主义形态下“应得”原则的应然体现。综合思想家们对“应得”的理解，它应当是一种衡量付出与回报、权利与义务、伤害与惩罚之间关系的准则。从社会交换的角度来说：“应得”准则可概括为“等利交换”与“等害交换”的统一。它既可以是一种积极的、肯定的公正形式，也可以是一种消极的、否定的公正形式。就“应得”的积极一面来看，包含了三个基本向度：一是按劳动大小应得，即根据劳动付出的多少进行分配，多劳多得；二是倡导按照人们对社会做出的贡献大小进行分配，对经济社会的发展贡献越大，收益应当越高，反之，对经济发展贡献较小，收益也就较低；三是应当考虑个人能力大小与应得之间的关系，即个人要根据自身能力的大小获得相应职位以及相应收入的机会。能力大小不像劳动与其他显性贡献那样表现为直观的投入与产出、贡献与回报。能力的生成不是一朝一夕实现的，而是在长期的实践摸索，以及前期巨大的物质投入的基础上逐步形成的。能力的大小与个人天赋、受教育水平以及知识储备、从事相关工作的经验有关，同时还与能力形成的难易程度、前期投入大小以及能力在社会范围内的稀缺性有关。受教育水平高的人所能够获得的职务、地位有可能高于受教育水平低的人员，那些学习起来具有较高难度的、前期较大投入的行业与职业，其所获得的回报也要高于大多数行业与职业。应得原则可以用以下等式进行概括：

$$\frac{\text{A 的个人获得}}{\text{A 的个人付出+个人天赋}}=\frac{\text{B 的个人获得}}{\text{B 的个人付出+个人天赋}}$$

① ［意］桑德罗·斯奇巴尼．正义与法［M］．黄风译．北京：中国政法大学出版社，1992：39.

（三）共享准则

根据马克思的“自由人联合体”思想，社会劳动产品应由全体人民共同享有。如果一种社会制度只是满足某些利益集团的个人利益而制定，最广大人民的利益得不到实现，那么这样的社会制度便不是公正的社会制度；如果一个社会发展的成果只被少数人享有，那么这样的社会发展便没有任何意义。因此，公正的社会必然是一个具有完善的共享机制的社会。具体而言，“共享是人类生存资源的共享，是社会成果的共享，即人人共享、普遍受益”①。在当代，共享是世界各个国家发展过程中形成的普遍意识，也是在新时代中国特色社会主义推动社会公正的具体实践。具体而言，共享原则应当包含三层含义：一是“全体社会成员的基本发展条件得到保障”②，也就是让全体成员都能够获得促进个人发展的基本条件，例如教育、居住、就业等方面。只有这些关系人们发展的基本条件得到公平的分配与对待，人才能够从中获得公正感，才能够获得必要的发展动力。二是全体社会成员都获得社会发展的成果，也就是确保经济的发展必须以人们生活水平的提高与幸福指数的提升为目标。三是社会成员生活水平的提升与社会发展进程基本同步，即个人的发展与社会的发展保持在基本相当的水平。如果社会发展速度仅仅靠少数财富集中者的发展而推动，占社会绝大多数的阶层无法享有与社会发展同样的速度，则难以实现实质性的社会公正。可以说，同步发展是共享原则的最终目标，也是共享原则的完整体现。

（四）补偿准则

补偿准则指的是对自然、历史、家庭等先赋性条件较差的社会成员给予特殊优惠的社会准则。人具有关怀、同情的本性，并可能在这种本性的驱使下将属于个人的利益让渡给弱者。一个公正、合理的社会不仅要承认他们之间的能力与素质的差距以及这种差距所导致的利益分化，还要尽可能承担缩小这种差距的社会责任。正如马克思主义公正思想所阐释的那样，公正具有相对性的特点，在同一社会，由于人的先赋条件不同，导致现实中，绝对程度的平等是难以实现的。对此，马克思曾就通过社会调剂提升弱势群体的社会地位提出了具体的主张。罗尔斯也十分重视弱势群体的补偿问题，对现实中的各种不平等的补偿进行了明确的制度设计，在他看来，“为了平等地对待所有人，提供真正的

---

① 徐惟诚．和谐社会与社会公正问题研究［M］．北京：人民出版社，2014：16.

② 徐惟诚．和谐社会与社会公正问题研究［M］．北京：人民出版社，2014：17.

同等的机会，社会必须更多地注意那些天赋比较低和出生于较不利的社会地位的人们……较大的资源可能要花费在智力较差而非较高的人们上面”①。这些主张都对准了社会弱势群体，试图通过再分配与国家调节的方式进行社会补偿与调剂。可以看出，公正所包含的平等原则与补偿原则是相互统一的，补偿是实现平等的必要手段，而平等又是进行补偿的根本目的。一个社会如果完全抛弃补偿原则，纯粹按照“应得”原则决定个人的所得，不仅不会促进社会公正，反而会因为两极分化的加剧而生产出更多的不公正。因此，要切实维护社会公正，应当给予弱势群体更多的优惠待遇。

二、公正是评价社会制度的基本依据

对于一定社会关系中的人而言，制度即现实人的生活世界，它调节着个体开展社会活动的行为，构成人们生存与发展的现实规范。从某种意义上说，任何人都是“一种制度里的公民”②。社会公正总是与一定的社会制度相联系。马克思将共产主义社会的制度视为最公正的制度设计，罗尔斯更是将正义作为社会制度的首要价值。国内著名学者王海明则认为：“公正，最终讲来，主要是衡量制度善恶的道德原则，主要是制度的美德而不是人的美德。”③ 可见，公正所蕴含的一切正当性伦理准则最终都必须通过现实世界的制度得以表征。良好的社会制度起到了规约个体的行为，确保个体平等，保障个体行为合理、合法的作用。从这个层面来说，公正可以看作是能够确保正当性伦理准则得以实现的制度集合，这种制度集合必须具备以下特征：

第一，符合社会生产力发展方向与生产关系的基本规定。作为社会制度的公正，受到特定历史阶段的生产力水平的制约，具有历史性与相对性。从历史发展的角度来说，绝对公正的制度显然是不存在的，制度总是随着社会形态的更替发生形式或者内涵上的变化。不同时期的社会阶层对制度的公正性有着不同的理解。因此，公正的制度在特定历史阶段表现为具有社会形态本质规定性的东西，是与符合生产力发展要求的生产关系与生产方式相适应的制度。同时，制度发展的历史运动又包含了人的主观的实践活动。对于特定历史阶段的制度

① ［美］约翰·罗尔斯．正义论［M］．何怀宏等译．北京：中国社会科学出版社，1988：96.
② ［美］约翰·罗杰斯·康芒斯．制度经济学（上）［M］．赵睿译．北京：商务印书馆，2009：93.
③ 王海明．公正类型论［J］．东南大学学报（哲学社会科学版），2006（6）：14-19.

公正，绝对不是一个孤立的、静止的状态，它会随着人对于自身自由全面发展的价值追求而不断创新发展，是人们在实践中所发生的对现存经济关系革命方面的观念化表现。一些原本符合社会发展规定性的，被认为是公正的制度，随着人类生产力的发展，生产关系变革需要的产生，也将会成为不适应生产力发展的不公正的制度而遭到废弃。

第二，能够有效调节社会关系。制度的功能还在于对社会关系的合理性与合法性调节，因此，只有符合上述提到的公正所具有的伦理准则，才能称之为公正的制度，才能够有效地协调个人与个人、个人与社会之间的关系，并最终指向个人的全面发展。良好的制度不仅能够促使个人实现自我利益，并且还能够推动自我利益与社会利益、他人利益得以共同实现、共同发展。人们可以根据普遍的道德与伦理标准对制度是否符合普遍认知的道德要求进行评价，以确定制度的公正性。制度设计中的伦理向度能够为制度公正提供价值标准，进而不断规范制度的设计，以求让制度满足绝大多数人的基本需要，实现人们的基本权利，并引导人们负担应有的社会责任。如果一种制度设计的初衷就是为了实现、维护某个特定社会阶级、群体的特定利益，存在歧视性，那么它必然是不公正，是应当被废止的。总而言之，公正的制度应当是既合规律性，又合目的性的，能够正确地解决个人与社会整体之间关系的，以维持人类社会存在发展为根本内容的制度，“是一种兼顾权利与义务（包括对个人、对保护自然环境、对社会的前途的义务）社会秩序和社会发展的制度”①。

第三，能够遏制各种非正义行为。具有公正指向的制度必须能够发挥对个人恶念与恶行的监督与约束作用。人的本性天然具有善性与恶性、理性与感性、理智与欲望等多重矛盾。“完美性与腐败性均等地包含在人之中。”② 由于人的基本人性中具有天然的贪婪与邪恶的一面，一旦没有外在的约束力量，人性恶的一面便会肆无忌惮地破坏社会的基本秩序。当个人自身的行为与社会公正所规定的准则相冲突时，就必须依赖于具有权威性与约束力的社会制度对社会公正予以维护。制度必须起到调节人性善恶，尤其是约束、威慑恶念的重要作用。一旦缺少了制度约束，人性便会失去平衡，社会便不能健康发展。因此，具有公正指向的制度还必须能够有效消除各种不公正现象，抑制人性中的恶念。

---

① 彭定光．论制度正义的两个层次［J］．道德与文明，2002（1）：26-30.

② ［德］米夏埃尔·兰德曼．哲学人类学［M］．张乐天译．上海：上海译文出版社，1988：45.

三、公正是个人美德的具体体现

公正的伦理向度不仅需要依仗制度权威，还依赖于每个个体的道德自觉。正所谓："公正需要美德与制度双重保证，制度是公正的体制保证，美德确保正义成为一个人内在的自觉要求。"[①] 人的道德状况是公正的个体化、具象化体现，是社会公正的最直观的外在表现。亚当·斯密在《道德情操论》中讲道："有另外一种美德……这种美德就是正义"[②]；《现代汉语词典》将公正解释为"公平正直"，正是将公正定义为一种个人道德表现；亚里士多德直接将正义道德对等起来，认为正义即个人德性；马克思、恩格斯更是站在道德的视角对资产阶级剥削工人剩余价值的行为进行批判。可见，公正不仅是一种伦理关系、一种制度规范，还是个人道德水平的具体表现。它以个人对公正伦理内涵的认知为基础，通过个人的品格、行为呈现出来，反映个人对公正所蕴含的伦理精神与社会制度的认同水平与遵循程度。

虽然公正可以看作个人道德水平的外在体现，但不能以此认为公正等同于全部的道德。同属社会伦理范畴的公正与道德既相互联系、互相包含，又有所区别。严格意义来说，公正属于道德领域的一个层次，是道德中的"中道"，是一种"基本的善"，而不是一种"最高的善"。与追求完全利他、牺牲自我、以德报怨等崇高道德品质的"大善"相比，"公正"这种"基本善"具有更高的现实价值。就保障社会合作的效用来说，人们利益的合理划分，达到正当、相称的社会状态所具备的整体社会意义要高于无私地"无偿给予"与"自我牺牲"。当然，公正并不是要求国家与社会用制度与法律的枷锁禁锢个人发展，它同样具备了一些其他道德境界的属性，诸如对弱势群体的主动让渡，在利益分配方面面向弱势群体适当倾斜，这些都属于公正的范畴。

个人的公正德性可以从其道德行为中得以判定。一个人的行为是否公正，至少应包含三个方面的内容：

第一，遵纪守法，表现为个人作为社会成员，遵守基本的社会制度与法律，履行个人义务的一种规范性行为。守法意识是个人是否具有公正道德品质的根本前提，也是对个人道德行为的底线要求。只有在遵守基本法律法规、基本社

---

① 戴茂堂，黄妍．论西方公正思想的逻辑进程［J］．唐都学刊，2013，29（4）：1-5.

② ［英］亚当·斯密．道德情操论［M］．谢宗林译．北京：中央编译出版社，2009：86.

会制度的前提下，个体才能够充分行使个人权利，实现“各尽所能、各司其职”。

第二，公道正派，表现为个人能够完整地将公正的基本原则运用于日常社会活动与社会交往当中，做到公私分明，处事公平、客观、合理。不会为了一己私利损害他人利益，也不因当事人与个人关系的远近亲疏给予区别对待。

第三，富有正义感与社会责任感。正义感与社会责任感是个人追求正义、伸张正义的道德意识和行为表现，是个人对他人、集体与社会所产生的伦理关怀和自觉义务，强烈的正义感能够激发个人不断开展矫正不公正，维护他人、集体与社会利益的实践行为，是良好道德的外在体现。

第二节　公正的具体类型

一直以来，国内外关于公正所包含的具体内容与类型存在多种理论构建。根据公正涉及的不同的社会活动领域，可以将其分为政治公正、经济公正、司法公正、教育公正、生态公正等方面。根据公正实施的主体，可将其分为社会公正与个体公正，其中社会公正又分为制度公正（权利公正、规则公正与结果公正）以及管理公正，个体公正分为个人行为公正与组织公正。根据社会行为的过程，可将其分为规则公正、权利公正、机会公正、程序公正以及结果公正。其中，权利公正和机会公正又称为起点公正，规则公正与程序公正称为过程性公正。

一、按照公正涉及的社会活动领域划分

（一）政治公正

政治公正是人类不懈追求的政治理想。在当代西方公正思想中，公正隶属于政治哲学的范畴当中。从古希腊开始，公正就被认为是规范公民政治生活的基本准则。亚里士多德认为，政治学上的善就是公正。孔子提出，“政者，正

也”，“其身正，不令而行；其身不正，虽令不从”①。公正成为了执政者的首要价值，也是一些正直的士大夫终身恪守的为官准则。“无论是在思想发展的历程还是在现实的政治进程中，人类追求政治公正的努力都在关于自由、平等的制度设计中反映出来。”② 从古巴比伦王的《汗漠拉比法典》到今日各个国家的《宪法》，经由古希腊君王的城邦制，从古代的“文策”到今日的“资政”，从古希腊的城邦政治到今日的民主与共和，政治公正在不同的历史背景下，在丰富的思想视界中，展现出多彩的画卷。不同立场的社会成员往往会持有不同的政治公正观念，其中包含着理想的公正社会图景，并据此对现存社会秩序作出评价。

“考察政治公正的问题主要是就权利和权力两大问题而展开。对个人来讲，就是社会制度如何保障个人权利得到实现；对社会来讲，就是公共权力资源如何合理分配。”③从各阶段学者的论述，政治公正可以理解为在特定的社会形态下，国家、政府合理、正当地使用社会赋予的权力，确保全体社会成员实现自由全面发展的各种权利的过程。它是以国家权力的使用与个人权利作为价值追求。因此，它的主体是国家、政府及其各个层次的社会管理者；客体包含了这种社会形态下的全体社会成员。其目标是实现全体社会成员的自由全面发展，而实现目标的条件则是国家、政府及其各层次管理者对于自身权力的合理性、正当性使用。从这个意义上讲，政治公正无非包含了针对公民个人的权利公正与针对国家与政府的权力公正两个方面的内容。其中，权利公正意味着对于全体公民而言，一切基本性权利实现人人平等，人人享有，没有任何人被排除在这种基本的权利之外，也没有任何人能够因为个人的利益而损害他人与社会的基本权利。也就是如罗尔斯所说的，“所有人都应平等地享有最广泛的基本自由，这种自由以不妨碍他人的同样自由为限”④。同时，权利公正也包含了权利与义务对等的社会准则。这一点在上文已做了详细论述，此处不再赘述。

政治公正的另一个重要命题是权力的使用问题。长久以来，如何更好地规范统治阶级的权力，确保统治阶级不会滥用自身的权力损害广大社会成员的根本利益，一直都是建构社会制度体系，维护社会秩序的重要内容。自文艺复兴之后，个人的自由与权利超越了君权与神权，在社会契约的照耀下，逐渐得以

---

① 朱熹．四书章句集注［M］．北京：中华书局，2011：130.

②③ 霍秀媚．制度公正与民主政治［J］．探求，2003（2）：29-33，80.

④ 何怀宏．公平的正义：解读罗尔斯《正义论》［M］．济南：山东人民出版社，2002：75.

彰显。洛克的契约论思想为个人监督政府提供必要的现实依据。因此，国家与政府的权力一定要置于社会的监督范围之下。著名学者麻宝斌认为“对政治权力的占有和行使以及它所提供的政治秩序是否正当的根本性追问就是政治公正问题”①。政治权力公正包含了三个内容：一是这种政治权力是否能够有效地维护良好的社会秩序，确保社会发展处在良性的轨道；二是这种政治权力支配下的各种政治制度安排能否有效保证全体社会成员的自由与发展，是否能够激励民心、振奋国力，持续推进社会创新与变革；三是这种政治权力的使用者和执行者是否能够合理正当地使用这种权力以及这种权力是否置于社会有效的监督范围之内，包括了国家政府工作人员是否清正廉洁，是否能够做到不徇私枉法，不谋求私利，工作态度、工作方式、工作成效是否能够得到人民的认可。

（二）经济公正

经济公正是经济伦理学的核心范畴。根据马克思历史唯物主义公正思想，经济公正又包含了价值理念与实践应用两个内容。从道德哲学角度来说，它是人类克服生产过程中一切异化现象，实现自身全面自由发展的价值追求。从实践层面来说，它是反映经济制度、各种经济主体的经济活动与个人经济行为具有正当性与合理性的一套实践规则与价值判断。它既包含了经济制度构建的价值准则，又囊括了个体在经济活动中依照既定的价值准则行使经济行为的状态。由于经济活动的各个环节如生产、交换、分配、消费中都存在公正问题，故生产公正、交换公正、消费公正、分配公正等都属于经济公正的范畴。

1. 生产公正

物质资料生产是人类社会存在和发展的基础，是人类最基本的实践活动。马克思认为，生产关系决定分配关系。因此，生产公正是经济公正的首要内容，它决定了经济运行中的交换、分配、消费等其他环节的公正状况，是经济行为的关键。实现生产公正就要体现生产力标准与公正尺度的统一，强化生产目的与发展的人民性，凸显可持续发展与人的自由全面发展的终极关怀，防止出现严重压榨劳动力的剥削现象。在整个经济公正体系中，生产公正是占据决定性地位的。生产决定了交换、消费与分配。一切流通领域的公正现象都必须经过生产领域的检验，才能视为整个经济体系的公正。判断生产公正应当从以下两个方面入手：第一，从“形而上”的思辨层面来说。生产过程中是否出现各种

---

① 麻宝斌．政治正义的历史演进与现实要求［J］．江苏社会科学，2003（1）：160-164.

异化现象，是否能够彰显人的主体性地位是评价生产公正的首要标准。马克思认为，由于私有制的存在，资本主义生产过程表现出明显的异化现象，劳动者同生产的劳动产品相对立，继而是劳动者与其类本质的异化以及人与人之间的异化。物质生产劳动作为人区别于其他一切动物的“类本质”，对实现人的自由全面发展具有决定性意义。然而各种异化现象让劳动者同物质生产对立起来，是对人的主体性与实践性的消解。只有在共产主义社会，劳动者才能克服劳动过程中的异化现象，使劳动成为实现自我发展的手段而非与自身相对立的“异己之物”。第二，就“形而下”的实践与应用而言，能否通过合理的管理创新与技术创新有效提升生产效率，有效降低生产成本，从而提高整个社会的生产力水平，是衡量生产公正的现实依据。实现稀缺资源的最佳配置是经济学研究的基本课题。生产是经济活动的起点，是实现资源配置的整合手段。因此，作为现实社会的生产领域，只有较好地承担起优化资源配置，提升生产效率的职能，才能被视为一种公正、有效的活动。当然，生产活动除了要注重内部效率，提升生产率之外，还必须重视生产的外部效应，有效降低生产过程中出现的“外部性”① 等问题，减少企业生产对社会带来的负面影响与不必要的额外成本。因此，本质上讲，生产公正是社会生产力的现实标准与人的自由全面发展价值追求的统一②。

2. 交换公正

交换公正是经济得以运行的道德基础，是商品的二重因素在交换过程中得以公正体现的一种经济状态。马克思认为，“交易发生在生产当事人之间，是具有正义性的，其正义性表现在：这种交易是生产关系自然而然的结果，是当事人的意志行为的表现……一定意义上说交易内容只有与生产方式相适应，相一致，才是正义的，只要与生产方式相矛盾，就是非正义的”③。可见，交换公正取决于生产公正，取决于交换方式与生产方式的契合程度。在现实当中，交换公正就是要在商品价值量的基础上实行等价交换原则，同时，还必须保证商品的功能符合商品本身的自然属性。当前，维护交换公正主要体现在防止企业发生不正当竞争行为，防止商品的价格与价值严重背离。许多商家对商品的价值与功能进行夸大，甚至进行不符合商品使用价值的虚假性宣传，一些不法商家

① 外部性是经济主体的经济活动对他人和社会造成的非市场化的影响，即经济主体从事经济活动时其成本与后果不完全由该行为人承担的现象，分为正外部性和负外部性。

② 何建华．经济正义论［D］．上海：复旦大学，2003：128.

③ 马克思，恩格斯．马克思恩格斯文集（第7卷）［M］．北京：人民出版社，2009：379.

销售假冒伪类商品，一些企业为了排挤竞争对手以远远低于商品价值的市场价格进行倾销，以求快速占领市场，这都不属于正当的竞争行为，破坏了交换的基本原则。实现交换公正就要弘扬等价交换的公正性，确保交易双方实现等利交换，防止交易出现不平等。同时也要注重买卖双方的权利意识与法律保障。

3. 消费公正

消费活动是经济活动的重要环节，是物质生产活动得以延续的保障与基础。对于经济活动主体以及个人而言，都具有重要意义。对于厂商而言，消费是回收成本、实现利润与价值增殖的重要环节，是实现企业扩大再生产，提升生产率的前提保障。对于个人而言，消费是基本的生存需要，是满足自身自由全面发展的物质保障。由于消费归根结底属于个人行为，在审视消费公正时，应当更多从个人消费的合理性与合乎目的性的方向出发，进行理性分析与道德评价。因此，消费公正应当视为一种个人的消费伦理准则，是个人消费行为合理性与正当性的道德判断。当前，西方工业文明所铸就的工具理性逐渐挑战人的主体性地位，使物成为主宰人的现实存在。进而产生了影响西方世界现代性社会的“物化意识”。“物化意识”在现实中表现为物的主体性的强化与人的主体性彰显，人越来越显著地受到物的支配而丧失主观能动性。在当下纷繁夺目的商品世界中，物又被赋予了超越其现实属性的神圣意义，成为了表征个人身份与地位的社会符号。这种强化了的“物化意识”在现实中表现为各种以身份炫耀、挥霍浪费以及体现肤浅与庸俗文化为主的不符合自身身份地位与个人自由全面发展的消费行为。要破解这种非公正的消费行为，人们就应当将个人发展、社会经济发展和生态可持续发展作为消费行为的出发点和归宿，通过和谐消费、绿色消费、适度消费和可持续消费，达到人与自身、人与自然、人与经济社会、人与他人的和谐的状态，从而实现人的全面自由发展。

4. 分配公正

分配公正是经济公正领域的最终目标，是关乎人们对社会公正程度评价水平的重要标尺。在不少学者看来，社会公正的根本问题就是财富与权利的分配。因此，正确认识分配公正，对于构建科学公正观具有极其重要的现实意义。马克思《哥达纲领批判》中详细论述了共产主义社会两个阶段的分配思想。他认为，共产主义社会的第一阶段，即社会主义阶段，生产者的权利是同他们所提供的劳动量成比例的，局限于生产力发展水平，此时的分配应当采取按劳分配的原则。在共产主义的第二阶段，随着生产力的快速发展，物质生活水平极其丰富，劳动不再只是人类实现自身基本生存的手段，而是人类作为区别于其他动物的第一需要。此时的分配原则应当是按需分配，即马克思关于社会分配的设计为实现分配公正与结果公正提供了重要的理论来源。因此，在现实当中，分配公正由生产公正决定，是生产公正乃至整个经济公正的现实表现形式，是人们判断经济运行是否公正、经济制度是否合理、经济主体是否存在剥削行为的基本依据。当前，中国特色社会主义进入新时代，人民生活水平显著提升，全面建成小康社会已进入决胜阶段，对于推动个人收入增长，实现共同富裕的愿望日益迫切。这也对构建公正的分配体系提出了更高的要求。因此，必须更加注重经济社会运行结果的公正。分配公正既表现为社会主义初级阶段的基本分配制度，即按劳分配为主体，多种分配方式并存的制度安排；还表现为全体人民的分配所得随着经济发展不断增长的基本趋势，表现为广大人民大众共享发展成果，共创美好发展未来的共同愿景。因此，分配公正既表现为静态的、横向的平衡状态，也表现为动态的纵向的发展趋势。

当前，越来越多的人开始注重结果公正，其基本判断标准便是个人的分配水平。因此，某种意义上说，分配公正又可以视为整个经济公正，乃至社会公正的最终状态，即结果公正。分配公正性的提高对于提升社会成员对社会公正的正面评价，具有积极的意义。一旦分配公正性无法保证，则会导致社会成员对整个经济体系的公正性乃至对社会的公正性产生质疑。要积极推动分配公正，就必须严格贯彻当前的社会分配制度，要坚持以按劳分配为主体，多种分配制度并存在基本制度；同时要注重社会调剂与补偿，建立完善的社会保障体系，并进行适当的社会调控，以缩小不同劳动、不同生产要素持有者之间的收入分配差距；并给予某些弱者群体政策优惠，防止弱势群体由于各种因素导致的权能丧失现象，把基本分配制度所导致的结果不平等控制在整个社会可以接受的范围之内。同时，实现分配公正还必须不断发展生产力，提升各个经济主体的创新能力，通过技术创新、模式创新推进经济保持稳定的增长速度，只有通过技术创新，才能提升劳动生产率，才能使单位劳动投入获得更大的产出，才能使老百姓的分配所得不断增加。

（三）法治公正

党的十八届四中全会将全面依法治国作为“四个全面”战略思想的重要组成。习总书记在第十八届中共中央政治局第三十七次集体学习上指出，“法律是成文的道德，道德是内心的法律”①，可见法律是道德的底线要求，是道德的具体化与现实化。法治公正对于实现社会公正具有不可替代的作用。如果连基本的法律都无法得到维护，人们漠视法律，随时发生违法行为，那么整个社会将陷入一片混乱之中，社会公正更加无从谈起。法律为调节社会道德、解决道德问题，尤其是维护社会公平正义起到了底线保障的作用。然而法律要发挥调节社会道德、维护社会公正的作用，就必须在法律的自身体系内做到公正。

法律公正包括了立法公正、守法公正与司法公正三个组成部分。立法公正也可视为法律公正中的制度公正，守法公正是一种个人行为公正，司法公正则是制度公正、程序公正以及个人行为公正的总体表现，是法律公正的关键所在。立法公正与司法公正是相互联系、密不可分的。立法公正是司法公正的前提和基础，立法一旦出现问题，一旦不符合基本的法治精神，与人民的愿望背道而驰，则司法公正更无从谈起。反之，司法公正是实现法律公正的具体环节，是立法公正得以实现的现实手段。当前，立法公正的核心是有法可依，司法公正的关键则在于司法执行过程中的程序设置与人的基本道德。

司法公正是法治公正的重要实现形式。司法公正既是普遍的、社会性的公正状态，也表现为针对个别案件、事件的公正实践。从现实角度来看，当前社会所期待的司法公正更趋向于后者，即个体公正，或者说个案公正。② 对于个案而言，司法公正包含了程序公正性、实体公正性以及司法人员个人道德公正性三个方面的内容。所谓程序公正性即司法程序的正当性，表现为司法运行过程中必须用一套令人信服的正当化司法程序作为直接手段，同时也表现程序执行过程的正当性。如果程序设计得不合理，不能够体现基本的宪法精神，不符合正当性，则会引发当事人以及社会公众的强烈不满，民众则会在具体个案中形成具有普遍性的不公正感。换言之，只要程序正当，司法裁决的结果即便可能引发某些个体的不满，也不会在大范围内滋生不公正感。实体公正性主要是指事实认定与量刑方面是正当的，即能够符合“应得”的基本原则，包括了等利交换与等害交换原则。在确保当事人合法权益的情况下，以证据、事实作为量刑与赔偿的基本标准，在尊重各方合法的权益的前提下，给予受害人公道的补偿，给予违法犯罪分子应有的惩罚。司法人员素质的高低，也是影响司法正

① 习近平在中共中央政治局第三十七次集体学习时强调：坚持依法治国和以德治国相结合，推进国家治理体系和治理能力现代化［N］. 人民日报，2016-12-11（1）.

② 何家弘. 司法公正论［J］. 中国法学，1999（2）：11-19.

义的重要内部因素之一。司法人员的个人品格、职业道德是司法公正的最后一道防线，也是决定司法公正与否的最终环节。离开法官的伦理道德奢谈司法公正，司法公正的实现永远只是空中楼阁。十八届四中全会以来，我国推动全面依法治国建设，深入开展了司法人员分类管理改革，对司法人员结构进行优化调整，合理确定检察官与其他人员的比例，制定相关配套措施，完善相应的管理制度，[①] 对我国司法公正的实现起到至关重要的作用。

法律公正的第三个内容是守法公正，即公民的个人行为必须遵守法律底线。"近代化的法不同于其他各个历史时期的所有法律，它尤其不可缺少的条件是一定的意识性、精神性的因素"[②]。"守法精神是公民基于对法律的价值合法化的认同而形成的自发的守法动机。[③]" 如果一个社会的公民缺乏基本的守法意识，视法律制度为一张白纸，任意否认司法结果，对法律缺乏必要的权威性认识，那么法律公正则变得空洞，没有任何实质意义。具体而言，守法意识包括了规则意识与公共理性两个方面。既要遵守法律，尊重司法结果，树立"守规矩、讲规则"的个人意识，又要不拘泥于个人利益，不再以一己之私利作为判断是非黑白的唯一标准，在社会化生活中形成彼此合作，彼此认同的公共理性基础。

（四）教育公正

"教育是实现人类平等的伟大工程，它的作用比任何其他人类发明都要大得多。"[④] 教育能改变一个人，甚至一个家庭的前途命运，是实现个人自由全面发展的必要途径。对于那些出身背景不佳的人而言，教育是他们缩小同其他阶层社会差距的最可靠的现实途径。因此，教育本身就带有促进社会平等，维护社会公正，逐步缩小社会差距的重要作用。教育本身的公正是教育发挥调节补偿功能的必要条件。当代大学生尚未走上社会，他们的成长过程实质上是接受不同阶段教育的过程，因此教育的公正水平是广大大学生对于教育的公正水平的主观感受，相较于经济、政治、生态环境等其他领域而言，更加深刻、更加具体、更加现实。

---

① 司法人员分类管理改革就是将检察人员划分为检察官、检察辅助人员和司法行政人员三类，合理确定检察官与其他人员的比例，制定相关配套措施，完善相应的管理制度。它是检察体制改革的一项重要内容，强调了检察官的职责，突出了检察官在整个检察工作中的主体地位，从而确保检察机关更好地履行法律监督职能。

② ［日］川岛武宜．现代化与法［M］．王志安等译．北京：中国政法大学出版社，1994：52.

③ 曹刚，周蓉．论守法的精神［J］．广西民族大学学报（哲学社会科学版），2007，29（1）：126-130.

④ ［美］约翰·S．布鲁贝克．高等教育哲学［M］．王承绪等译．杭州：浙江教育出版社，1998：71.

教育公正“既是指国家或社会应当公平、合理地分配教育权利、教育义务、教育利益、教育机会和教育条件；又是指教师和教育工作管理人员在教育、教学活动中用一样的原则和标准对待处于相同情况的人与事，做到恪守公心，秉持公义，人格平等，机会均衡，奖惩适宜，一视同仁”。[①] 具体而言，教育公正包含了教育机会均等原则、教育资源调节原则、教育应得原则三个组成部分。

第一，教育机会均等原则是教育公正的基础与前提，是评价一个国家的教育是否公正的最直接的标准。教育机会均等顾名思义意味着国家或政府对于不同的自然禀赋、家庭出身、社会地位的人获得受教育的机会是均等的，没有任何人被排除在受教育机会之外。

第二，教育资源调节原则是教育机会均等的延伸与补充。当前，在我国社会，广大人民受教育机会均等的状态已经基本实现。然而，不平衡、不充分发展仍然是我国社会发展过程中的一个重大难题。全国不同地区教育事业发展水平呈现很大的差异性，教育资源的分配还不能做到均衡平等。一些经济欠发达地区往往也是教育资源稀缺，教育水平比较低下的地区。对此，教育补偿原则就必须发挥应有作用。通过国家的合理调控，使优势教育资源向教育不发达地区合理流动，逐步缩小教育的区域差距。

第三，教育应得原则是社会公正理想状态在教育事业的体现。教育机会均等并不意味着受教育者拥有相同的前途命运，获得相同的人生发展结果。教育本身具有一定选拔性与淘汰率，教育公正既要防止一部分人因为自然禀赋、家庭出身、社会地位以及个人天赋等原因失去了获得基本教育的权利，也要防止在教育的最终结果上出现“平均主义”。教育应得原则本质上与社会公正的应得原则具有相同的指向，即教育的最终结果与受教育过程中的个人努力与贡献、个人天赋是密不可分的。不同的人在获得相同教育资源，接受同质的教育后能实现怎样的发展，与个人在教育过程中的投入程度、努力程度、个人的能力素质具有直接关系。

（五）生态公正

“生态”这一概念是伴随近代生物学的发展而产生的，其本意是指构成某种生物的个体种群或某个群落的各种生态因子的总和及其相互关系。党的十九大提出建设富强民主文明和谐美丽的社会主义现代化强国的目标，将生态文明

---

① 王正平．论教育公正［J］．伦理学研究，2016（6）：74-79.

建设作为五位一体总体布局的重要组成部分。从世界经济社会的发展历程来看，生态环境的恶化已经成为工业化与城市化过程中不可回避的重要问题。一些发达国家的富裕是建立在对发展中国家的资源掠夺的基础上的，发达国家通过产业的梯度转移，将落后产能、过剩产能以及对自然环境具有较大破坏力的重工业产能向发展中国家转移，将发展中国家、落后国家作为转嫁环境成本的“废物工厂”。同时，一些国家在自身工业化、现代化进程中不顾环境的承载能力，使得环境问题日益严重，危害了全人类的生存。因此，生态公正思想在近年来成为社会公正研究领域的一个新的学术兴奋点。

生态公正包含了两层含义：一是强调人类社会与自然界的公正平等，即提倡社会的发展不能以过分牺牲自然资源，过度破坏生态环境为代价。这种生态公正思想在现实中表现为人类社会普遍存在的环境保护意识，是一种狭义的生态公正观。二是强调人类彼此之间在获得、利用自然资源的权利方面的平等，即不同国家、种族、区域以及个体在自身生存发展方面的权利应当是平等的。没有任何一方可以因为自身的利益而牺牲其他一方的利益。后者又可以划分为“代内公正”与“代际公正”的双重内涵[①]，是一种比前者具有更加深远内涵的公正思想。它不仅强调生态实体的保护，而且将生态抽象为整个人类社会，强调不同国家、种族、区域以及不同文化形态之间应当保持一种平衡的状态。这一类型的生态公正观更大程度脱胎于生态哲学，是一种整体观、系统观的体现。

二、按实现公正的主体划分

公正包含制度与道德两个基本的维度。对于整个国家与社会而言，制度公正是首要的，是国家制定的用以调节社会经济、政治等活动的基本行为规范与准则。罗尔斯、诺奇克等人的公正思想都呈现出制度在整个社会公正体系当中具有首要地位的旨趣。当前国内多数公正研究也是将制度公正作为首要对象进行研究。然而，当代西方思想中，道德公正主导话语体系的趋势正日趋明显，回归亚里士多德的德性正义成为除了那些坚决秉持自由主义制度正义的学者以外的一种普遍共识。然而作为迄今为止最科学、最全面的马克思主义公正思想，则在历史分析的逻辑范畴中实现了制度与道德的天然融合。制度固然重要，但

① 代际公正与代内公正并非仅限于生态公正的话语范畴，代际公正还包含了消除代际特权性的“先赋优势”，创造有助于下一代之间机会平等的条件。

如果仅仅依赖于外在的制度，则容易将公正同一般性的法权观念等同起来，让公正变得更具有权威性与震慑力，显得“冷酷无情”，无法让公正思想触及人的灵魂。因此，不得不在制度体系公正的基础上进一步把公平正义内化为公民的个人德性与基本善，并在个人的德性实践过程中逐渐推动个人道德公正从对于公正的底线要求向更高层次的崇高道德发展。那么人们对于正义的行为则可以从一种强制性的制度约束转变为自愿、自觉的良知感召，让公正深入人心。本书结合制度与道德两个重要维度，从实现公正的主体出发，将公正分为社会制度公正与个人公正。

（一）社会制度公正

1. 制度公正的内涵

对于一定社会关系中的人而言，制度是一种既定的现实。它构成人们生存与发展的现实规范。任何人都是“一种制度里的公民”[①]。可以说，制度即现实人的生活世界，它调节个体开展社会活动的行为。在马克思看来，制度是个体交往的产物。人的交往活动形成了制度，制度安排源于人的存在和发展的需要，是人的自由自觉活动的产物。[②] 当代制度变迁理论的泰斗诺斯则认为，制度是人为设计的各种约束，体现为一种制度结构，“是人类设计的一种强制，用以把人与人之间的相互作用系统化。它是由正式强制（比如规则、法律、宪法），非正式强制（比如行为规范、社会惯例、施加于己的行为准则）以及它们的实施特征构成的”[③]。罗尔斯把“制度理解为一种公开的规范体系”[④]。总之，制度既是一种基本的社会结构，又是指导社会成员的具有强制性的行为规范体系。一定的制度体系是否拥有合理性与正义性，是评判其存在与否的根本标准。[⑤]

人的全面发展必须依赖于公正、科学、合理的制度构建。公正的制度能够塑造高素质、高技能的人才。与之相反，在混乱不堪，缺乏基本公正原则的社会制度下，即便是那些天赋异禀的人也无法得到全面的发展。因此，人是制度中的人，制度是人存在和发展的必要条件。同时，制度还对人起到约束的限制作用。人的本性天然具有善性与恶性、理性与感性、理智与欲望等多重矛盾，

---

① ［美］康芒斯．制度经济学（上）［M］．于树生译．北京：商务印书馆，1962：93.

② 宋增伟．马克思的制度分析方法与人的全面发展的实现路径［J］．吉首大学学报（社会科学版），2008（5）：30.

③ ［美］道格拉斯·诺斯．历史经济绩效［J］．经济译文，1994（6）：6.

④ ［美］约翰·罗尔斯．正义论［M］．何怀宏等译．北京：中国社会科学出版社，1998：50.

⑤ 程寿．制度正义与道德自觉［J］．探求，2002（6）：21-25.

“完美性与腐败性均等地包含在人之中”①，一旦没有外在的约束力量，人性恶的一面则会肆无忌惮地破坏社会的基本秩序。人的基本人性中具有天然的贪婪与邪恶的一面，“完美性与腐败性均等地包含在人性之中”②，这种负面的人性在某些时刻会成为阻碍人道德发展的桎梏。因此，“人在达到德性的完备时是一切动物中最出色的动物，但如果他一意孤行，目无法律和正义，他就成为一切禽兽中最恶劣的禽兽”③。制度就成为了调节人的基本行为的普遍规范，它起到了调节人性善恶的重要作用，一旦缺少了制度约束，人性便会失去平衡，社会便不能健康发展。

制度是先于人们的社会行为的存在。制度的公正性决定了社会运行与人的行为的价值指向。“社会公正归根到底是一种制度公正以及基于制度公正上的管理公正。”④“日常生活中，一个人事实上能做什么，不能做什么，应该做什么，不该做什么，拥有社会权利，承担怎样的义务与责任，做了某事，或某种行为就应该得到什么或者失去什么，都是由制度体系所规定的。”⑤制度作为现实性的社会存在天然具有公正的思想内核。换句话说，制度公正既体现为公正的社会制度，又体现为社会公正的制度化与规范化。正如在马克思看来，公正是一种具有社会本质规定性的制度体系，是在一定历史阶段上，与生产力要求相适应的生产关系的现实性的社会存在。具有公正指向的制度是与生产力与生产关系发展相适应的制度体系。某种意义上说，适应了生产关系与生产方式的制度即为公正的制度。只有当制度体系得以确立，人的价值交往活动才具有了合法性，从而，那些能够反映人与人之间关系的诸如权利与义务、机会与规则、分配与补偿原则才能具有合乎社会本质的规范意义。因此，制度公正是具有基础性的社会公正。只有当制度公正成为可能，权利公正、机会公正、规则公正以及结果公正才能被完整真实地派生出来。一旦社会的制度不具有公正性，即社会制度违反了社会生产力与生产关系的发展要求，则其余形式的社会公正将无从谈起。

2. 制度公正的衡量标准

制度公正的衡量标准包括两个方面：

---

①② ［德］米夏埃尔·兰德曼．哲学人类学［M］．张乐天译．上海：上海译文出版社，1988：45.

③ ［意］托马斯·阿奎纳．阿奎那政治著作选［M］．马清槐译．北京：商务印书馆，1997：115.

④ 王海明．公正类型论［J］．东南大学学报（哲学社会科学版），2006（6）：17.

⑤ 高兆明．制度公正论［M］．上海：上海文艺出版社，2001：29.

（1）由社会生产力与生产关系以及其发展决定。

制度公正受到特定历史阶段的生产力水平的制约，具有历史性与相对性。从历史发展的角度来说，绝对公正的制度显然是不存在的。制度总是随着社会形态的更替发生形式或者内涵上的变化。“希腊人和罗马人的公平认为奴隶制度是公平的；1789 年资产者的公平要求废除封建制度，因为据说它不公平。”① 不同时期的社会阶层对制度的公正性有着不同的理解。因此，公正的制度在特定历史阶段表现为具有社会形态本质规定性的东西，是与符合生产力发展要求的生产关系与生产方式相适应的制度。同时，制度发展的历史运动又包含了人的主观的实践活动。对于特定历史阶段的制度公正，绝对不是一个孤立的、静止的状态。它会随着人对于自身自由全面发展的价值追求而不断创新发展，即实践中所发生的对现存经济关系革命方面的观念化表现。一些原本符合社会发展规定性的公正的制度，随着人类生产力的发展，生产关系变革需要的产生，也将会成为不适应生产力发展的不公正的制度而遭到废弃。根据马克思的论述，在资本主义社会，由于商品经济的高度发达，人们摆脱了自然经济状态下的人身依附关系，进而推进了社会分工和生产力水平的提升，这也说明资本主义制度在资本主义社会中具有一定的合理性，在特定历史阶段是符合生产力发展需要的唯一的公正的制度。同时，也使得物的主体性得以强化，“物象关系”② 代替了人的依附关系成为了主宰人、控制人的存在物，形成了人对物的依赖关系。然而，从生产力与生产关系的发展运动来看，资本主义生产方式及其制度体系又不具备永恒的公正性。资本主义制度中存在非公正现象，其主要表现在资本主义的生产方式与分配方式上，集中表现为生产过程中的异化现象以及资本家对剩余价值的占有上。从这个角度来看，资本主义制度虽然相比于过去的制度而言具有一定公正性，但从生产力与生产关系发展方向上看，又是不公正的。因此，对于制度公正的理解仍然应当坚持科学解构与价值构建相结合的分析方法。在历史分析与描述中找寻特定历史阶段符合统治阶级意识的制度公正的科学性与合理性，同时在道德规范与价值评价中构建符合人全面发展的公正必然。

（2）由制度内涵的伦理向度决定。

制度虽然是由人制定的，但这种作为社会规范的制度并不应当只是冷酷无

---

① 马克思，恩格斯．马克思恩格斯选集（第 3 卷）[M]．北京：人民出版社，1995：212.

② 物象关系又称为“物象化”，是由日本马克思主义学者广松涉提出的，是对马克思“物化”“拜物教”等思想的深化与再认识。它反映了人与人之间的关系被物与物之间的关系所掩盖的社会现象。

情的统治工具。除了要符合现行社会形态下的生产方式，符合生产力与生产关系的发展方向外，制度还必须建立在一定社会伦理准则的基础之上。制度是否公正也必须在其所表达的协调人与社会之间的伦理关系向度中得以体现。因此，在现代西方公正研究领域，不论是罗尔斯所强调的平等原则与自由原则，还是诺奇克主张的持有正义原则，虽然从形式上说是纯粹的制度设计，但其中都包含了一般性的伦理内涵，都体现了制度应当具有的伦理向度。一切制度的设计、安排，都内含某种特定的伦理原则，它都能够有效助协调个人与个人、个人与社会之间的关系，其最终指向是个人的全面发展。这种伦理目的不仅仅是促使个人实现自我利益，而且推动自我利益与社会利益、他人利益共同实现、共同发展。人们可以根据普遍的道德与伦理标准对制度是否符合普遍认知的道德要求进行评价，以确定制度的公正性。制度设计中的伦理向度能够为制度公正提供价值标准，进而不断规范制度的设计，以求让制度满足公民的基本需要，实现公民的基本权利，并引导公民负担应有的社会责任。总而言之，制度公正观是既合规律性，又合目的性的，能够正确地解决个人与社会整体之间关系的，以维持人类社会存在发展为根本内容的公正观。“这种公正观是对人与人的关系及人与对象物（包括自然界和社会）的关系的正确把握，它所要求建立的制度是一种兼顾权利与义务（包括对个人、对保护自然环境、对社会的前途的义务），社会秩序和社会发展的制度。”①

（二）个人道德公正

公正不仅是一种伦理关系、一种制度规范，还包含了个人道德的重要因素。亚当·斯密在《道德情操论》中明确地说：“有另外一种美德，……这种美德就是正义。”② 社会公正是以国家、社会为主体所制定的符合社会生产力发展要求，符合生产关系的规定性的制度准则及其在社会活动各个阶段的具体表现。个体公正则是以个人为主体的公正认知、意识与行为，是个体道德的具体化、现实化表现，反映了个体对社会公正要求的执行情况。如果一个社会的道德水平比较低下，那么再公正、完善的制度体系也无法得到有效的执行。马克思认为“人也可能利用他自我形成的能力变得比任何野兽更野蛮”③。人的道德状况对于社会公正具有至关重要的作用。

---

① 彭定光．论制度正义的两个层次［J］．道德与文明，2002（1）：26-30.

② ［英］亚当·斯密．道德情操论［M］．谢宗林译．北京：中央编译出版社，2009：86.

③ 转引自欧阳旭曦．人性的内在矛盾是道德的基础［J］．伦理学研究，2003（2）：90-93.

1. 道德与公正的关系

道德价值是社会主义核心价值观的本质和基础，公民道德建设能够使社会主义核心价值观深入人心，得到更加广泛的价值认同。公正作为社会主义核心价值观的重要内容，也同样具有重要的道德意义。当然，公正并不是等同于道德的全部内容。公正属于道德的一个维度。根据道德发展的层次，道德可以划分为以守法为代表的“最低的善”、以公正为代表的“基本的善”，以及以无私奉献的崇高理想为代表的“最高的善”三个范畴。因此公正是道德的一个范畴，是道德中的“中道”。对于当今社会而言，树立“最高的善”固然是道德实践的最终目标。然而，构建一个人人都做到无私奉献、毫不利己、专门利人的社会现状，不仅实现起来具有相当难度，从社会生产力的发展来看，也并非一种良策。如果一味强调无私奉献，则有可能回归到平均主义的老路，严重制约了劳动力的积极性与生产力的发展。因此，个人的道德公正并不是追求每个人都达到道德中的最高境界，不是要求每个人都无私奉献、毫不利己，毕竟，从实际生活来看，一个社会总是存在着道德层面上的君子与小人、好人与坏人、善人与恶人，不可能保证每个人的道德修养和道德境界都处于同一个层次。但必须充分认可那些具有崇高道德理想，处于较高层次的人发挥个人的感召与辐射作用，可以让更多处于底线规范的人们能够在崇高道德的感召之下向着道德公正的基本规范发展提升。总体而言，个人道德公正在一定程度上应当是强调“道德中道”，即每个人都能以一种符合公正的伦理原则的道德标准要求自己，指导个人行为，分析社会问题，评判外在现象。

2. 社会制度公正与个人道德公正的关系

在涉及个体公正的讨论过程中，公正更多地被置于观念与行为的范畴。由于个体对社会是否公正、何为公正的判断来源于社会化交往与制度化生存的实践过程。个体对社会公正以及制度公正的理解来源于实践过程中信息输入，并以最终的生活水平的提升以及公正评价作为输出。个人公正与本书所研究的公正观具有相同的含义。所以说，个体公正既涉及对社会公正的正确理解与认知，也涉及在这种理解与认知下形成的个人价值判断，并最终通过个人行为表征。因此，社会公正与个人公正之间存在高度依赖关系。

第一，社会公正是个人公正的内在规定。人无不在社会中。人从其出生起，便在制度中生活，在制度与规范中进行符合社会公正应然的社会化塑造。同时，人也无不受到社会制度的约束与管理。个人主体行为必须以社会公正为依据，必须符合社会公正的规范性要求。如果个人以自我为中心，在自我意识中构建一个仅仅符合自身利益的行为准则，这种行为准则若与社会公正的要求相违背，则不能认为个人的行为是公正的。第二，个人公正是社会公正的表现。社会公正所规定的制度以及其行为过程中表现出来的权利、机会、规则以及分配方面的公正与否，都必须从个人公正中得以显现。换句话说，个人行为的公正与否既决定了制度公正在个人层面的执行情况，也决定了制度本身的公正程度。第三，个人行为与社会公正并不是必然契合的。社会公正所规定的制度安排虽然是社会普遍的行为规范，但未必被全部人所接受，在现实中，依然存在违背制度公正的特殊个人行为。例如所有的犯罪行为，违反道德的个人行为，以及那些不违反法律与道德，但违背现行制度的个人行为。但总体而言，任何社会，只要其制度是符合生产力发展方向的，是符合社会性质的规定性的，换句话说，只要制度是公正的，就其管理个人行为的总和来说，遵循制度的行为必定大于违背制度的行为；否则，制度则成为了不公正的制度，社会制度就失去了存在的意义，成为了应当被革命的制度，必定崩溃瓦解而不可能存在了。从个人公正又可以分为个人行为公正与个人道德公正。

3. 个人道德行为公正的主要内容

个人道德公正主要指个人的各种道德行为，是行为主体按照制度公正的规范性要求所作出的行为取向、行为方式以及具体行动。① 一个人的行为是否公正，必须从主体的行为是否符合社会公正所要求的内容。例如，一个人赡养父母是履行他自己所负有的义务的公正；领取劳动报酬则是他行使自己所享有的权利的公正。一个人救助曾帮助过自己的朋友和接受他曾帮助过的朋友的帮助，这些符合权利与义务对等的基本原则，是一种权利公正与个人行为公正。然而，个人行为也有可能违背制度安排，产生个人行为非公正。例如，某人通过向主管部门行贿的方式获得项目开发权，某官员因收受贿赂而违规提拔干部；某毕业生通过捏造个人信息，夸大个人工作能力的方式获得某个超出其能力范围的工作职务；这些都属于典型的个人非公正行为。个人行为公正是个人公正观的重要体现，也是本书作为公正观教育重点研究的领域。由于个人行为公正的生成根基、生成内容、生成逻辑与社会公正和个体公正的其他方面有所区别，相比于社会公正而言，个人行为公正受到了内在认知与意识以及外在社会环境等多种因素影响，关于个人行为公正问题，将在第三章通过实证分析具体阐述。

具体而言，个人道德行为公正包含以下两个方面的内容：一是个人作为参

---

① 桑学成．社会主义核心价值观研究丛书：公正篇［M］．南京：江苏人民出版社，2015：30.

与者，遵守基本的社会制度与法治的一种规范性行为。例如作为组织的管理者确保制度有效实施而采取的各种管理行为以及被管理者遵守制度的行为。二是个人将公正的基本原则（平等原则、应得原则、共享原则、发展原则，从维护制度实施，确保制度、规则、权利、机会以及过程公正性的行为）运用于日常社会活动与社会交往当中，成为调节个人社会化生存的基本行为依据。三是个人作为旁观者所做出的矫正不公正，维护周围以及外部社会公平正义的行为。见义勇为就属于这种行为，对弱势群体的帮扶、资助也属于这类行为公正。

三、按社会活动的过程划分

根据社会运行过程的各个环节、最终成效，可以将社会公正分为权利公正、机会公正、规则公正、管理公正以及结果公正。其中权利公正与机会公正反映了社会活动实施的前提条件，可以视为前提性公正；规则公正与管理公正反映了社会活动实施的过程，属于过程性公正；结果公正是社会整体公正性的评价依据，反映了各种社会制度、政策及其运行的最终成效，可称为实质公正。

（一）权利公正

权利公正是公正思想的一个核心构件，纵观公正思想的理论沿革，处处闪现着对于个人权利的关注。不论是马克思还是西方先哲的公正思想，权利问题既是一个出发点，又是最终归宿。它们要么从权利问题直接推演出公正问题，要么以权利的平等为目标设计社会公正的应然。权利公正的主要内涵是社会成员都应享有相同或相等的权利，并承担相应的义务。权利公正是一种起点公正，它是建立在制度公正的起点与发端。作为公正的制度，其生成过程本身就包含了权利平等、权利义务对等等一系列基本原则。任何制度如果没有内含权利公正的基本原则，则不可能成为公正的制度。因此，权利公正是制度公正在行为主体行使活动前所进行的规范性约定。这种约定确保了人人享有平等的权利，权利的合法性与规范性以及权利与义务对等三个基本内容。

第一，基本权利人人均等。基本权利人人均等是权利平等的首要原则，它表示一切权利主体享有相同或相等的权利。约翰·穆勒认为，“对于一切人的权利给予平等的对待”①。基本权利人人均等意味着任何社会的公民都无差别享有

① ［英］约翰·穆勒．功用主义［M］．唐钺译．北京：商务印书馆，1957：49.

制度规定的各种基本权利，任何公民不能被排除在法律所赋予的权利之外，社会中的每个成员在基本权利方面具有相同的起点。这些基本权利属于法律宪法赋予的基本的人权，包括了选举权、被选举权、劳动的权利、受教育的机会、职业的选择等不受性别、身份、地位、经济条件等因素限制的权利。同时，权利的平等性还包含了对权利不公正的表达以及对他人合法权利的尊重，“是社会对所有成员的‘不偏袒性’和‘非歧视性’，体现的是社会对所有成员提供均等的政治、经济、文化等方面的发展机会，使所有成员在平等的起点上融入社会”①。基本权利均等不意味着平均主义。极端平均主义的错误在于把一切权利，包括作为人权的基本权利和作为影响收入多少、地位高低的非基本权利相混淆。把一切权利视为一种可以平均分配、人人均等的权利，也正是为了防止权利平等成为平均主义者追求收入均等化分配的“理论武器”，对于基本权利和非基本权利的划分就显得更为重要。当然，基本权利的均等也存在一定的前提条件，那便是公民遵守国家法律法规这个前提。换句话说，从权利与义务对等的角度来看，基本权利平均分配实质上是一种公民守法义务与公民基本权利的对等交换。因此，基本权利的享有必须以守法为前提。对于某些触犯法律的罪犯而言，依然无法享受到某些基本权利。

第二，非基本权利按应得原则分配。属于人们在生存发展过程当中依靠自身对社会的贡献与努力，能力与技术水平所决定的各种非基本人权范畴的社会权利。基本权利确保每个公民能够享有作为国家公民、社会成员的基本保障。对于这些非基本权利，应该按照上面所讲的公正的应得原则，根据劳动、贡献、能力等因素进行分配。关于非基本权利的分配问题，在公正的基本原则一节中已做了详尽介绍，这里不再赘述。

第三，权利不能超出规定的限度。权利公正并不意味着个人权利的无限度扩张。权利的获得不能超过制度或者法律规定的范围。一旦出现超越制度法律之上的特权，那么不仅不是一种权利公正，相反可能成为对社会公正的破坏。习近平总书记在第十九届中央政治局第四次集体学习时指出：“任何组织或者个人都不得有超越宪法法律的特权。”② 因此，权利公正不代表个人拥有无限的权利，个人的权利必须获得社会与他人的承认，符合社会制度公正的基本要求。

---

① 牛先锋．社会公平的多重内涵及其政策意义［J］．理论探讨，2006（5）：20-22.

② 习近平：任何组织或者个人都不得有超越宪法法律的特权［EB/OL］．https：//rb.mbd.baidu.com/1b554ix.

（二）机会公正

相比于权利公正，机会公正是一个更加具有现实意义的范畴。它意味着每个公民能够不受各种自然条件与外界环境影响，为获得某种有利于自身全面发展的机会进行公平竞争。机会是个人生存与发展所需要获得的社会资源。每个人的发展过程中总是面对多个决定自身命运的机会，对于他们而言，实现机会公正直接关系到个人的前途命运，关系到个人的全面发展。罗尔斯认为，无论任何权力型职位必须向所有人都开放，那些自然条件不利的人，更应该被现代社会赋予平等的机会。弗里德曼认为机会的公平获取才是最根本的公平所在，“一个社会把公平——即所谓结果公平——放在自由之上，其结果是既得不到平等，也得不到自由”①。吴忠民教授认为，“所谓机会公正，是指社会成员在解决如何拥有作为一种资源的机会问题时应遵循这样的原则，即平等的应当予以平等的对待，不平等的予以不平等的对待”②。可以看出，机会公正的核心在于确保那些自然条件与天赋不利的人能够在社会发展中得到平等的对待。

从内容上看，机会与权利有着相近的含义。“机会公正”按字面来理解也就是社会所赋予的参加某种活动的权利公正。然而，机会并不完全等同于权利。权利所包含的基本权利是一种人人平等，或者说人人均等的权利。这种权利的获得既不以个人的出身、民族、肤色、信仰等因素而论，也不由个人能力大小、知识多少以及对国家、集体、组织的贡献大小决定，是任何守法公民必须享有的。机会实际上更类似于权利中的非基本权利，即那些基本人权之外的，能推动个人不断发展的各种权利，包括了工作机会、学习机会、投资机会、出国机会等等。因此，之所以将机会公正同权利公正并列，正是要强调机会公正对于个人基本人权之外的发展权的重要意义，以及机会公正对于当前发展社会主义市场经济，建立公平公正的市场竞争机制的重要意义。

要实现机会公正，首先必须了解“机会”的基本特征。第一，机会具有层次性。即对于“机会”的讨论应当限于社会活动与资源获取的范畴之内，并且这种社会活动是具有普遍性以及多数人参与性的。诸如“股票获利的机会”“房价上涨的机会”这类存在较大偶然性的“机会”则不在讨论范围之内。第二，机会具有稀缺性。设想一下，若社会全体成员在参与全部社会活动时均拥

---

① 转载自史耀疆，崔瑜．公民公平观及其对社会公平评价和生活满意度影响分析［J］．管理世界，2006（10）：39-49.

② 吴忠民．社会公正论［M］．济南：山东人民出版社，2004：6.

有无限机会，那么一切关于公正的探讨将毫无意义。正是“机会”是有限的、稀缺的，这样的前提决定了在机会分配过程中应当遵循某种符合公正应然性的普遍原则。第三，机会具有指向性。具体表现为机会与能力的匹配，即那些具备胜任某种社会活动的能力的人，应当获得同等的机会。因此，所谓机会公平，就是具有同等能力的个体都具有参与与其能力相匹配的社会活动的机会，即遵循能力与机会对等原则，不论其出身、性别、种族、身份和其他社会属性或自然属性。

（三）规则公正

规则公正是指全体社会成员在参与同类型的社会活动时应遵照相同的程序与规则。规则公正与制度公正存在一定程度的相似性。但是，制度公正所涉及的是一种“正式制度”，确切地说是国家宪法与法律规定以及国家机关颁布的制度，是指导主体开展一切活动的根本的行为准则，具有一定的强制性与约束力，是宏观意义的社会公正。规则公正则将视角切入到现实的经济活动、政治活动以及日常生活的具体程序当中。规则是一种我们可以追问是否正当的、普遍的人类行为规范。

规则公正具有以下特点：第一，规则公正必须符合制度公正的客观需要。规则公正是建立在制度公正基础上的微观化、程序化、规范化的各种准则。与制度公正相比，规则公正更注重公正的具体化，同时也更讲求操作性。规则的制定不能脱离制度的范畴。例如，在社会主义基本经济制度下，围绕基本经济制度所制定的各种规范经济主体活动的规范性准则是规则。又比如全国人民代表大会制度是我国的政体，是基本的政治制度。在这个基本政治制度框架下所实施的各级人大代表选举所涉及的参选条件、名额分配、选举流程等具体实施程序，则属于政治规则。除了经济制度所决定的经济规则之外，还有广泛存在的法律规则，以及具有非正式制度特征的道德规则，等等。这些规则都必须符合基本制度的要求，才是一种公正的规则，或者说是实现了规则公正。规则一旦脱离制度范畴，则必然不被大多数人所接受，成为一种无效的规则或者是“非法”的规则。现阶段，不少经济组织、社会团体基于集团利益制定的所谓规则，其内容中存在诸多与现实制度相违背的部分，比如，在社会招聘中存在的性别歧视、毕业院校歧视、身高歧视，乃至外貌歧视等违反劳动法并与工作岗位不相符合的招聘条件。这类规则显然是对现行制度公正的违背与扭曲，是一种不公正的规则。第二，规则具有一定的强制性与约束力。规则一旦形成，就必须人人遵守，既不能有不符合正当性要求的“潜规则”存在，也不能出现超越制度与规则的“特权阶级”与“特权意识”。“潜规则”表现为各行各业当中未明文规定，但被部分人群所了解、接受，并通过非公开方式运行的非规范化内容。“潜规则”既然属于非公开、非规范化的观念，显而易见，是一种不符合社会规定性的制度安排。虽然“潜规则”未必触及法律层面，但往往被视为对公正环境以及现行规则公正的破坏。“潜规则”之所以被部分人所接受，是因为“潜规则”能够打破规则公正所要求的权利与义务对等原则，使某些特殊群体实现超越社会规范的“特权”。我国现阶段的社会制度存在某些规则的缺失，规则明显呈现不公正的状况。同时，由于规则的执行与监管还不能面面俱到，不少“潜规则”代替公正规则，成为个别人意识中的“规范”。这样必将破坏整个社会的公正环境，影响政府以及其他相关权威机关的社会公信力。

(四）管理公正

管理公正是社会机构在管理社会经济、政治、法治活动中行为的公正。因此，管理公正也称为管理行为公正。管理公正的判断标准依然是社会公正，确切地说，是制度公正。政府在进行国家治理中始终坚持在公正的宪法与法律范围内，政府经济部门在管理相关经济领域活动中始终坚持社会主义市场经济制度以及与之相关的其他经济制度，司法部门在司法活动过程中体现合法性、正当性；政府权力机关在组织人民代表选举过程中始终坚持规则公正，坚持公正、公开、透明原则。以上这些则可以认为是一种管理公正。相反，当管理者违背了社会公正规范要求做出的管理行为，则视为管理不公正。例如，在经济领域，个别国家实行的贸易保护主义和贸易壁垒，个别地方政治的经济保护主义行为，个别经济管理部门制定的行业准入限制以及金融政策中的差别歧视待遇；在政治领域，个别管理部门在选人用人方面违规操作，在选举过程中采取拉票等方式；在法律领域，司法部门乱作为而制造的如冤假错案，等等；都属于非公正的管理行为。诚然，政府部门的管理活动未必都会按照制度安排的规范进行，在某些情况下，有可能违背制度。管理者的管理行为与制度的契合程度，同样取决于制度本身的公正程度、管理者对制度的认知与认同程度以及管理者自身的德性。一方面，当管理者认为现行的制度安排与社会本质相违背，则制度可能无法得到有效执行；另一方面，如果管理者自身缺乏对公正的根本认知，制度同样无法得到执行。但总体而论，一个社会制度越是公正，越是符合社会生产力发展与社会生产方式的要求，越是符合社会公正所规定的伦理向度，管理者的管理行为越能够同制度契合，越能够遵循制度；相反，社会制度越违背社会生产力发展与生产关系的本质规定，制度越不公正，管理者的管理行为就有可能越违背制度原则。

（五）结果公正

结果公正向来是一个颇具争议的话题。对于结果公正的诉求源于平均主义。罗尔斯的正义思想包含着深刻的平均主义。罗尔斯曾认为，正义“能向每一个人，尤其是那些最不利者证明自己的正当性，在此意义上它是平均主义的”①。这种观点容易让人将结果公正理解为已经被实践证明是错误的平均主义。因此，关于结果公正的问题，理论界一直持有一种十分谨慎的态度。不少人将结果公正与分配公正联系在一起。认为人们通常习惯于用社会财富分配的合理程度作为衡量社会公正的重要依据。然而，我们此处讨论的公正问题是针对特定主体参与社会活动的过程而言的结果公正。分配公正，归根到底是经济公正的结果，是主体在既定的经济制度下，参与经济活动而最终获得的经济收益的分配状况所决定的。结果公正并不仅限于经济公正中的分配公正，它还包括政治活动、法律活动以及其他社会活动中的结果是否公正。如果单纯从收入与财富分配状况考察结果公正，则容易忽视社会公正的其他维度，无法实现结果公正的全部内容。因此，要实现结果公正，不仅要参考个人收入分配的结果，还必须审视收入之外的其他社会资源的分配情况。当前，社会的主要矛盾已经转变为人民日益增长的美好生活需要和不平衡不充分的发展之间的矛盾，因此，收入与物质财富已经不是当前这个阶段人民所关注的最根本的需要。人民对于社会公正的最终诉求是一种美好生活的向往。因此，结果公正的落脚点也应当是人民对于美好生活实现程度的满意度，是一种以美好生活为评价标准的“公正感”，或者“幸福感”。那么，何为美好生活？对于不同的人而言，美好生活的构想是不同的。美好生活并没有一个明确的终点与目标，对于所有阶层的个人而言，美好生活应当指的是生活水平的不断提升，或者说是个人生存状况的不断改善。这种生存状况的改善所产生的公正感与幸福感也不是绝对的，而是在同他人、其他阶层比较过程中产生的相对公正感与幸福感。不同阶层的个人会根据自身阶层的社会化生存状况是否改善，以及个人在阶层当中的地位变化情况判断自身生活水平是否得到提升。同时，对于个人而言，公正感在很大程度上取决于

①［美］约翰·罗尔斯. 正义论［M］. 何怀宏等译. 北京：中国社会科学出版社，1988：103.

与他人比较的结果。这里所说的“他人”，指的是那些“既和自己的地位相近，又不完全等同于自己的人和群体”，是一个“参照群体”。这种“参照群体”选择的一个根本特征就是“地位相近”且生活区域相近的群体。比如，生活在普通城市的白领阶层显然不会将百富榜上的企业家作为“参照群体”，在生产一线的工人如果把自己所在企业的管理者、企业主作为与自身相比较的“参照群体”，那自然也是不切实际的。同样，公正感还要考虑区域差异。例如，从事IT行业的电脑程序员在北京的月收入一般能达到3万元左右，然而，从事相同工作的人员在其他二三线城市的月收入可能只相当于北京的一半，但是这并不表示这些二三线城市的人幸福感就低于北京，在现实中，完全有可能是相反的。

因此，可以认为结果公正取决于个体以及其地位相近群体的公正感，即公正感受、对公正的满意程度。其具体原则表现在两个方面：第一，个人所在的整个阶层的阶层生存状况得到改善，即个人所处阶层的整体生活水平得到提升，整体幸福感增强。对社会公正表示满意，即参照群体从现行社会规范与制度安排出发，从阶层利益诉求的满足情况与自身权利平等、规则平等的实现情况出发，对社会公正表示满意。第二，个人在所处的参照群体的比较过程中，对个人的境遇表示满意，即个人在所处的阶层当中的相对生活水平得到提升，相对幸福感增强。

第三节　公正观的内涵与呈现

公正观是人们对公正的基本认识、基本看法以及在此基础上形成的情感表达与态度。公正观不仅是一种认知状况，作为价值观的组成部分，它体现了人们对社会公正的价值追求，以及实现“公正”这种人生价值的行为取向，良好的社会公正观是实现社会公正的价值基础。

一、公正观的内涵

（一）公正观概念释义

顾名思义，价值观是对“什么是价值”“怎样评价价值”“如何创造价值”

等问题的根本观点，是对价值的观点、信念、评价与行为导向的总和。作为社会主义核心价值观的一部分，公正观的解读与内涵把握不能脱离价值观的范畴。作为一种价值观的公正观，可以理解为对公正的观点、信仰、评价以及行为的总和。具体而言，公正观是对“什么是公正”“是否信仰公正”“如何鉴别公正”“如何实践公正”以及“社会是否公正”等一系列问题的基本看法、基本观点与基本态度。对公正的正确理解是树立个人公正观的起点，只有建立在正确公正认知基础上形成的信念、信仰与理想体系才能完整、准确地将公正的思想与观念融入个人意识当中，指导个人实践，并在外部环境中产生良性的示范效应。新时代历史方位下的公正观，应当表现为个体对马克思主义公正思想与公正伦理思想的深度认知，对“平等”“应得”“共享”“补偿”等公正准则的内化吸收，对社会公正的维护与矫正，以及对中国特色社会主义制度的高度认同。正确的公正观不仅能够帮助公民树立科学的价值意识，培养良好的公民道德素质，合理有效地调节个人与个人、个人与社会之间的关系，还能够唤醒人民对崇高道德的坚定信仰，引导人们开展有利于维护社会公正的实践活动，有效化解社会矛盾，促进社会的和谐稳定。新时代中国特色社会主义历史方位下，应当毫不动摇地坚持以马克思主义公正观为指导，以是否符合社会主义制度与社会主义道德规范，是否符合人民群众总体的、根本的、长远的利益来衡量公正观的正确性与合理性，确保人们的公正观不会偏离公正的基本旨趣。

（二）公正观与公正的区别

公正观必须建立在对公正充分理解的基础之上，然而，“公正观”同“公正”之间又存在一定区别，二者不可完全等同。首先，个体公正观不同于公正在个体层面的表现。后者仅仅是个人自身道德的体现，而前者不仅表现为个体对自身德性的塑造，还应包含个体对他人、群体、国家是否依照公正旨趣行事的态度与评价，以及对公正的基本理解等方面内容，其内涵更加全面。其次，公正具有一定客观性，作为具有正当性的伦理准则和社会制度，公正根植于特定的社会形态，表现为具体的政策、法律法规、规章制度以及具有社会属性的道德规范准则。在一定社会形态下，它具有稳定性。相比而言，公正观是主观与客观的统一，具有个体差异性。它既受到特定社会形态下具有普遍性与正当性的观念影响，同时又容易被经济环境、文化环境等外部因素所左右。此外，个人的身份背景、社会心态、心理活动等内部因素对公正观的影响也十分明显。公正观与公正之间时常出现差异，有时甚至形成对立。简而言之，公正是同正确的公正观相联系的。由于个人对社会环境以及社会公正的主观体验不同，在实践当中，也有可能出现与公正所包含的伦理准则与制度规范相背离的错误公正观。它会诱使人们曲解公正的应有之义，在对待社会现象，辨别是非善恶时萌生违背社会发展规律与基本道德指向的错误判断，从而误导人们的行为活动，进一步激化社会矛盾。本书所研究的大学生公正观教育，正是要对这种错误的公正观进行矫正，引导大学生树立符合新时代中国特色社会主义要求的正确公正观。

（三）公正观与其他相关概念的辨析

从目前学者发表的文献看，由于侧重点不一，不同研究成果对公正观的表述不尽相同。除了“公正观”之外，部分研究还使用了“公平观”“正义观”“平等观”等概念。这其中，“平等观”与“公正观”在内涵上显然是有所区别的，平等仅是公正所蕴含的多个价值维度的其中之一，而非整个公正。它仅仅是表达一种均等的社会关系与社会状态。因此，以“平等”为价值基础的“平等观”与“公正观”不能等同看待。“公平观”“正义观”虽然在表达上同“公正观”存在差异，但基本内核相似，大多数情况下可以通用。除此之外，还有个别研究使用诸如“正义感”“公正感”“公平感”等近似的概念，这些概念与本书所指的“公正观”也有一定的区别，它们往往只能代表公正观的一个部分。比如，所谓的“公正感”属于公正观的感受维度，主要指对外部环境、现实事物是否符合公正的价值尺度的主观评价与感受；正义感则属于公正观的情感维度，主要是考察个人是否具有公正的信仰。它们都属于公正观的组成部分，但不能与公正观完全等同。

二、公正观的表现形式

对个体价值观的考察，应当聚焦于个体对某种价值观的认知、内化、认同，并在实践中将其外化为自觉行动的全部过程。作为社会主义核心价值观的重要组成，公正观具有价值观的一般属性，这决定了公正观的现实表现不能仅局限于对公正所蕴含的思想理论的认知层面，而是个体认识公正、信仰公正、判断公正、实践公正与评价公正的结合，是围绕“公正”所形成的“知”“情”“意”“行”“感”的统一。总之，公正观的表现形式包含了公正认知、公正情感、公正意识①、公正行为与公正感受五个方面。

（一）公正认知

认知，是指人们获取知识的过程，是人的最基本的心理过程，包括了感觉、知觉、记忆、思维、想象和语言等内容。公正认知是个体对公正内涵的基本认识，是对“何为公正”“公正有何原则与特质?”这样一些本体论问题的科学解读，它形成了个体对公正问题的基本看法。培育良好的公正认知是树立正确公正观的逻辑起点。如果公正的认知缺乏科学性，公正情感、公正行为乃至公正评价都会出现扭曲。对公正的认知是一个复杂的过程，它涉及哲学、政治学、伦理学、管理学以及心理学等领域的理论与思想，包含了古今中外不同阶段，不同流派对公正的阐释。建立科学的公正认知，应当包含对各种具有代表意义的公正观的认识、理解与区分，坚定马克思主义公正思想的指导地位，将马克思主义经典作家关于公正的历史唯物主义思想、人性思想、制度思想与道德思想深刻地融入个人认知当中，同时结合马克思主义中国化发展进程，深刻领会党和国家领导人的公正观及其实践探索，并辅之以西方经典公正观以及中国传统公正观的合理内核，在此基础上，将公正所蕴含的道德标准、制度标准、价值标准根植于个人的认知体系当中。

（二）公正情感

道德情感是人们基于一定的道德认识，对现实社会的各种道德行为与道德关系产生的一种情绪体验。公正观从情感表现来看，是一种典型的道德情感，具体表现为个体所获得的与公正有关的情感体验，是在公正认知的基础上产生的对个人是否信仰公正，是否将公正作为个人所毕生追求的价值目标与行为准则的情感依托与信念支撑。正如罗尔斯所说，“具备了善和正义感才是完整意义上的道德人”②，对公正的情感表达最直接的表现即为个人的正义感。作为一种高级道德情感，正义感是个体以追求公正、正义为旨趣的理想信念，是个人维护社会公正的坚定道德意志与实践正义行为的情感动力。公正情感内化为个体对于社会公正所蕴含的价值导向的情感依赖与信仰，具体表现为面对不公正现象时的情感义愤、道德谴责，对待弱势群体时产生的同情与怜悯，也包括自身

① 心理学层面的“意”通常指“意志”。在公正观研究中，“意”主要指大学生对各种社会现象与行为的态度，相比于心理学领域所指的“意志”，“意识”与本书研究内容更加契合，故本书用“意识”取代心理学层面的“意志”。

② ［美］约翰·罗尔斯．正义论［M］．何怀宏等译．北京：中国社会科学出版社，1988：507.

违背公正原则时产生的内疚与负罪感，以及超越一般公正原则的善品：利他与宽恕。

（三）公正意识

道德心理层面的意识主要指为实现道德行为所做的自觉努力，是人们通过理智权衡，解决思想道德生活中的内心矛盾，从而形成的支配行为的意志力。在公正观体系中，公正意识是在具体的公正认知与公正情感基础上建立的针对具体行为、具体事件、具体人物的价值判断，是面对具体社会现象时，经过理性思考与情感体验后反映出来的关于是非、对错、善恶的基本态度与评价。一个人的意识与态度绝不是一成不变的，它是个人已有认知、情绪与外部世界的信息共同作用的结果。在个体同外界发生信息交换的过程中，个人意识与态度如果受到外界意见和信息的影响，有可能发生“态度改变”。态度的改变可能是正向的，也可能是负向的。向个体传递积极、正面的信息，帮助个体消解负向信息的影响，改变错误认知，化解不良情绪，正是公正观教育的内容之一。

公正意识是个体将公正观内化于心的最终环节，它的表现水平是检验公正认知与公正情感的依据。具有强烈公正意识的人，能够充分认可社会制度与社会伦理所规定的公正准则，为维护社会公正的人和事喝彩，对违反社会公正原则的现象给予猛烈抨击并及时制止。科学、正确的公正认知以及深厚、牢固的公正情感能够激发个体基于正确公正思想的价值判断，让人们在面对具体问题时形成正确的评价与态度，并引导人们向符合公正内在要求的方向开展实践活动。

（四）公正行为

公正行为是公正认知、公正情感与公正意识发展的必然结果，是公正观由“内化”到“外化”的最终实现。个体通过对公正的科学认知，能够不断消除价值冲突，由内实现情感共鸣，由外以规范的价值标准作为行动指南。开展具有公正价值指向的各种活动是个人正确公正观的“外化”的表现，这也进一步说明正确的公正观在个体中已实现了完整的价值认同。如果个体仅仅只是形成公正认知与公正情感，但在现实生活中仍然存在破坏公正原则的各种行为，这一方面说明公正观的认知与情感认同未能得以完全实现，仅仅停留在观念上的抽象认识，未能实现从抽象的感性认识上升为知性认识与理性认识；另一方面也可能是源于对公正观的认知扭曲。值得一提的是，个别公正行为并不都是个人经过利益权衡后做出的行为选择。个人有可能在没有进行任何理性分析、推理，没有权衡利弊的情况下在固化为道德意识的情感驱动下做出直接表现其公正情感与公正意识的行为，如果行为的程度不得当，可能跨越了公正的范畴。可见，并非所有以维护社会公正为目的的行为都可以称得上真正意义上的公正行为。例如，那些出于维护社会公正目的而导致的“网络暴力”，虽然出发点是为了维护社会公正，但结果却导致了另一种形式的“非公正”。因此，正确的公正行为应当建立在理性思考基础之上。

（五）公正感受

公正感受是个体从利益诉求的满足程度与权利获得情况以及个体社会化交往、制度化生存、权利实现的保障程度出发，针对现行各种社会制度，乃至国家、政府社会制度运行是否公正的主观感受与评价。公正感受既是个人对社会公正水平的主观判断，又是对社会公正实现程度的重要反馈。在现实生活中，公正感主要取决于社会制度的公正性以及执行制度的公正性。非公正的制度安排可能引发不良的公正评价，公正的制度安排如果无法在现实运行过程中得到有效的监督与管理，同样可能引发民众的不满情绪，形成消极的、负面的公正感受。

公正感受与公正观其他维度是相互依存、相互统一的。对社会的公正感越强，则对社会占据主流地位的公正观的认同越高，从而便能够产生更加强烈的情感共鸣与更加坚实的行为导向；换言之，如果社会公正感不强，那么已经建立起来的公正认同就会消解在这种对社会不公的义愤与控诉当中，以至于原有的公正观体系发生崩塌。通过构建积极向上的公正感，能够有效推动个体科学、理性、乐观地认识社会，对国家经济与社会发展给予积极的心理评价，也能够起到消除对现行社会制度的对抗与排斥，防止制度摩擦所产生的阶层对抗情绪泛化与非理性心态行为的作用。当然，引导个体获得积极的公正感受并不等同于实现个人对利益的无限追逐以及社会对个人不合理欲望的无限放纵。个别消极的公正感受并非源于社会制度的失当与社会管理的缺位，而是当事人自身对社会公正的错误理解；又或是当事人自身阶段性心理活动的反映。当社会成员的公正感受出现消极表现时，既要纠正不符合社会规范性的制度设计，又要关注个体非公正感生成的非制度因素，即那些与社会发展的规定性因素相违背的各种社会思潮内化所引致的价值误认。

总而言之，公正观所呈现出的各个维度之间是相互关联、互为整体的。自身已有的公正认知是公正观形成的基础，是形成公正情感、树立公正意识的客观依据。公正情感是公正意识加以巩固与强化的情绪基础。维护社会公正的实践活动则是影响个体的公正观最终生成的关键所在。科学公正观的培育，不能仅仅停留在个体对公正问题的知识水平方面，还必须在遵循社会公正的基本内涵的前提下，全面把握个人认知、情感、意志、行为以及感受五个层面的内容。

第四节　开展大学生公正观教育的现实意义

习近平总书记于2018年五四青年节前夕在北京大学的讲话指出：“要坚持不懈培育和弘扬社会主义核心价值观，引导广大师生做社会主义核心价值观的坚定信仰者、积极传播者、模范践行者。”① 社会主义核心价值观是当代中国的文化共识，也是青年学生必须牢固树立的理想信念与积极践行的行动指南。公正是社会主义核心价值观的重要组成，是最彰显道德价值的重要品质，是各种价值观的道德交集与实现基础，树立积极健康的公正观是培育社会主义核心价值观的重要抓手。个人只有塑造公平正直的道德素养，才能由此激发诸如友善、诚信、敬业等其他道德品质；相反，公正观的扭曲容易影响大学生对现实社会的基本认知，对各种社会现象产生错误的价值判断，降低对社会的正面评价。大学时期是个人社会化的关键阶段，一旦被错误公正观所左右，对个人的成长成才与社会稳定发展将造成严重的消极影响。面对当前青年学生群体中普遍存在的消极、错误的公正观，应当深入开展大学生公正观教育，逐步引导他们树立符合新时代中国特色社会主义本质要求的正确公正观。

大学生公正观教育，是指高校对大学生施加一定的影响，以求不断提升大学生对公正的认知水平、培育公正意识，不断巩固大学生对中国特色社会主义制度公正性的认同，引导大学生积极开展推动社会公正的实践活动，并树立对社会公正的科学评价的一系列教育活动。通过公正观教育，能够逐步把当代大学生培养为坚定信仰马克思主义公正观、高度认同社会主义核心价值观、遵纪守法、富有正义感与社会责任感的中国特色社会主义合格建设者和可靠接班人，对社会、高校与学生个人而言，都具有十分重要的现实意义。

---

① 习近平．在北京大学师生座谈会上的讲话［N］．人民日报，2018-05-03（2）．

一、大学生公正观教育是一项重大的时代课题

（一）有助于维护社会公正

随着经济、社会结构转型，市场化意识诱发逐利性思维，进而挑战传统道德观念。社会生活中事关公平正义的新问题不断显现，让公正成为人们最迫切实现的个人价值追求，以及对国家治理能力与治理水平的评价依据。正确的公正观能够引导大学生建立对于社会公正的科学认知，提高分析、解决各类社会问题的基本能力，形成自身的公正正气，继而强化他们的社会责任感与使命感，驱动他们同社会不良风气进行斗争。随着高等教育的不断发展，未来主导社会发展的精英阶层绝大多数都拥有大学学习经历。大学生是先进思想、先进文化与崇高道德的引领者与传播者，他们对社会公正的认知、态度与评价事关社会主流意识，是社会舆论的重要组成。通过科学的价值引导与教育，大学生能够对外彰显自身最科学、最理性、最符合社会发展需要的价值观念与行为准则，从而带动全社会共同树立良好的公正观，有效进化社会风气，全力维护社会公正。

（二）有助于减少社会摩擦

大学生处在特定的生理发育阶段，容易出现情绪激动，如果没有正确的公正观加以引导，很容易对社会发展过程中的一些阶段性矛盾产生非理性情绪与行为。改革开放 40 多年来，伴随着经济的高速增长而产生的贫富分化、阶层分化等社会公正问题容易动摇一些阶层群体的公正信念。越处于弱势地位的阶层，对社会公正的评价越低，个人利益的诉求越发强烈，对高势位阶层的仇视越发明显。高校是社会的缩影，大学生身上承载着家族固有的阶层意识，尤其是来自社会弱势阶层家庭的大学生，在进入大学之前已经长期受到父母亲所灌输的、具有阶层意识的公正观影响，这其中不乏一些仇视主流阶层、精英阶层的消极观念。树立客观、理性的公正观，能够帮助大学生理性客观看待现实存在的社会问题，构建对于社会公正的科学评价标准；能够帮助大学生进行心理调适，缓解自身不公正感，进而增进各阶层之间的相互理解、包容与认同，减少社会摩擦，维护社会和谐稳定。

（三）有助于净化社会道德风气

社会道德水平是社会公正的基础，两者相互促进、相互影响。良好的道德

秩序与个人道德水平能够促进人们的公正意识不断加强，而正确的公正观又是提升整体道德水平、优化道德环境的现实条件。一个缺乏公正意识的人，很有可能缺失基本道德理念，从而善恶不分、是非不明。一个没有公正的社会，有可能面临着道德信仰的崩塌与社会秩序的瓦解。当前，我国正处于“三期叠加”的经济社会结构转型升级阶段，这个阶段既是经济增长速度换挡期，又是结构调整阵痛期以及前期刺激政策消化期。在这样特殊的发展背景下，我国的社会道德领域将不断凸显新的问题，面临新的挑战。各种外来文化思潮与本土落后文化思想的遗骸持续冲击我国公民的道德意识。在一些群体、一些领域当中不断出现的道德失范现象，成为了社会不公正现象产生的重要源头。大学生即将跨出校门，走上社会，正确的公正观能够有效提升大学生的道德水平，引导他们积极参与维护社会公正的道德实践活动，以更高层次的道德规范约束自己的行为，构建良好的社会道德秩序。

二、大学生公正观教育是大学生自身成长成才的客观需要

（一）有利于引导大学生端正人生态度、树立理性思维

当前我国大学生群体的公正观主流是健康向上的，但也存在一些消极表现。大学生群体中违反公正原则的行为时有发生。部分大学生对社会公正问题毫不关心、态度冷漠，对不涉及自身利益事件完全不予理会；个别大学生受到不良风气的侵蚀，公正意识淡漠，价值观扭曲，将个人发展寄希望于“托关系”“走后门”“搭便车”等有失公允的特殊手段；一些大学生将道德规范背得滚瓜烂熟，但在利益面前却知行不一、内外有别，一方面坚决维护个人利益，另一方面却视他人利益于不顾；部分学生在面对社会不公正现象时缺乏理性思辨，在个别网络舆论的错误引导下盲目泛化义愤，争当“键盘侠”与网络世界的“道德审判者”，对各种舆论事件口诛笔伐，进行道德绑架；部分学生崇尚“佛系”生活，以“围观者”和“吃瓜群众”的心态看待现实中存在的公正问题，将正义感与社会责任抛之脑后。通过公正观教育，能够有效传导社会主流价值观念、价值标准等，有助于大学生端正人生态度，树立远大理想，规范个人行为；同时，也能够帮助大学生树立理性思维，防止过度义愤，进而向社会积极传播公正文明与正能量。

（二）有利于构建友善的人际关系

友善与公正同属于社会主义核心价值观范畴，彼此之间存在极强的内在联

系。在当今高校，学生们来自五湖四海。他们彼此的家庭经济状况、阶层地位、社会资源以及天赋能力都各不相同。阶层地位与家庭经济水平的差异容易引发部分学生内心的不公正感。同时，当前大学生面对的社会竞争压力较大，这种压力不仅存在于毕业生群体当中，还渗透到高校在校生中间，引发许多大学生的思想困惑，以及对个人前途与职业发展的迷茫。这种迷茫心态有可能导致心理失调，产生一些非理性行为，甚至激化人际矛盾，诱发冲突，阻碍了彼此之间友善关系的生成。通过大学生公正观教育，能够有效调适大学生的心理困惑，化解消极情绪与朋辈之间的紧张关系；能够让大学生在面对外部压力时，不会怨天尤人、自暴自弃，使他们在发现自身与朋友、同学在某些方面存在较大差距时，能够认真看待差异，增进相互之间的理解与包容，与他人建立良好的合作关系，实现共同进步、共同发展，避免“相对剥夺感”的产生；公正观教育能够让不同阶层、不同类型的大学生建立共同的价值追求，在面对社会问题时形成比较一致的对错、善恶与是非判断，避免出现价值对立与分歧，增进彼此之间的沟通与感情，形成和谐、友善的人际关系。

（三）有利于增强社会责任意识与诚信意识

开展大学生公正观教育，能够有效唤醒大学生内心的责任意识与诚信意识。一方面，责任感是正确公正观的必要组成部分。维护社会公正是公正观的题中之义，也是社会责任意识与担当意识的充分体现。公正是社会道德体系的基础，对推动社会公正的不懈追求能够激发个体内心的道德情感，引导他们自觉树立建设社会主义现代化强国与实现中华民族伟大复兴的责任意识与使命担当。开展大学生公正观教育，能够引导大学生正确分辨社会公正问题，有效处理各种社会矛盾，努力同各种消极思想与负面行为做斗争，积极帮扶社会弱势群体，惩治社会腐败，维护社会秩序。这些正义行为有助于激发大学生的社会责任意识，引导大学生在维护社会公正的过程中主动承担国家责任、社会责任、集体责任以及家庭责任。另一方面，公正与诚信之间具有较大的价值交集。公正既讲求权利，又讲求义务；既要求平等与共享，又强调付出与贡献。正确的公正观要求大学生在与他人、集体、社会交往过程中遵守基本的对等原则与互惠原则，让他们充分认识到想获得就必须付出，得到权利就必须承担相应的义务。这一点上看，公正观教育与倡导契约精神的诚信教育具有共同的目标向度。因此，大学生公正观教育还能够有效提升大学生的诚信意识。

三、大学生公正观教育能够进一步丰富高校思想政治工作话语体系

习近平总书记指出：“做好高校思想政治工作，要因事而化、因时而进、因势而新。”① 新时代的高校思想政治工作者必须根据不断变化的时代趋势与学生成长环境，不断丰富思想政治工作的话语体系，进而“提升高校思想政治教育亲和力与针对性，满足学生成长发展的需求和期待”②。公正是人类的永恒追求，是各个历史时期人们追求美好生活的共同愿景。作为一种社会意识、价值规范与制度设计，公正无处不在、无所不在，根植于社会生活领域的方方面面。公正所具有的这种性质极大程度地丰富了公正观教育所能依托的现实载体。开展公正观教育，不仅要让大学生树立马克思主义公正观，培养良好的道德品质，还要引导大学生在具体的社会生活中建立科学理性的辨别能力，开展维护社会公正的实践活动。由于公正涉及社会发展的方方面面，经济、政治、文化、民生以及国际领域生动事例均能够成为公正观教育的有力资源。这些资源既构成了大学生公正观教育的丰富语料，又能够为高校思想政治其他领域工作所共享。因此，公正观教育在很大程度上拓宽了大学生思想政治教育工作的场域。同时，公正观教育在内容上具有整体性与全局性，涵盖了道德教育、价值观引导、实践育人等多个维度，又涉及了国家国情、优秀传统文化以及经典哲学思想等范畴，能够进一步推动思想政治教育与其他学科的跨界融合，提高思想政治教育研究的学理性与学科交叉性，促使高校立足新时代历史方位，不断思考思想政治工作的新问题，创新思想政治工作的内容与方法，增强思想政治工作的亲和力与感染力。

---

①② 习近平在全国高校思想政治工作会议上强调：把思想政治工作贯穿教育教学全过程 开创我国高等教育事业发展新局面［N］. 人民日报，2016-12-09（1）.

第三章

当代大学生公正观现状审视

当代大学生是中国特色社会主义事业建设者与接班人。他们知识丰富、思想活跃，能够主动关注社会热点问题，他们对于社会公正的认知与理解，对社会公正程度的评价，事关建设社会主义现代化强国目标的实现。为了进一步了解当代大学生公正观的现状，文章对本地区部分本科、高职院校在校学生进行问卷调查，从认知、情感、意识、行为与感受五个视角整体、全面地审视大学生公正观，聚焦其中存在的偏差与消极表现，为科学、有效、有针对性地开展大学生公正观教育提供现实依据。

第一节　当代大学生公正观调查设计

为了获取大学生公正观状况的第一手资料，本书采用问卷调查法，对本省部分高校在校生进行抽样调查，以公正观的表现形式作为问卷结构设计的主要依据，从认知、情感、意志、行为与感受五个方面对大学生公正观进行全面考察。

一、调查问卷设计思路与基本结构

调查问卷见附录第 225 页的内容包括了大学生个人信息、公正认知调查、公正情感调查、公正意识调查、公正行为调查、公正感受调查以及大学生公正观教育状况调查七个部分。第一部分是大学生个人基本信息，主要了解性别、学科专业类型、政治面貌、就读年级、家庭经济状况、生源地以及父母学历层次等基本信息；第二部分是大学生公正认知状况调查，主要了解大学生对马克思主义公正观以及社会公正基本问题的理解；第三部分是大学生公正情感状况调查，主要了解大学生的正义感是否坚定，以及他们在遭遇公正问题时的情感表达；第四部分是大学生公正意识状况调查，主要了解大学生对各类社会公正问题的价值判断与基本立场；第五部分是大学生公正行为状况调查，主要了解大学生个人基本行为取向以及维护个人利益、维护他人利益与维护社会利益的行为选择；第六部分是大学生公正感受状况调查，主要了解大学生对社会公正的总体评价，对社会发展的各个领域公正状况的评价以及对所在高校公正状况的评价；第七部分是大学生接受公正观教育状况调查，主要了解大学生接受高校、家庭公正观教育的情况以及存在的问题。调查问卷共 38 题，其中，第 10 题、第 29 题与第 33 题为多项选择题，其余均为单项选择题。

二、调查对象选取及其基本特征

问卷调查对象来自福建省 15 所本专科院校①，包含了大一、大二、大三、大四及研究生等不同学习阶段以及人文科学、社会科学、理工农医和体育艺术等不同学科的在校学生，共 2065 人参与答题，回收有效答卷 1914 份。

表 3-1　大学生公正观调查对象个人基本情况分布

项目	类别	人数	比例（%）
性别	男	737	38.51
	女	1177	61.49
专业学科	人文科学类	751	39.24
	社会科学类	362	18.91
	理工农医类	599	31.30
	体育、艺术类	202	10.55
政治面貌	中共党员	231	12.07
	其他	1683	87.93

① 调查的高校有：厦门大学、福州大学、福建师范大学、福建农林大学、福建医科大学、闽南师范大学、福建工程学院、闽江学院、福建卫生职业学院、福建体育职业学院、福建艺术职业学院、闽江师范高等专科学校、泉州幼儿高等师范专科学校、福州外语外贸学院、福建师范大学协和学院。

续表

项目	类别	人数	比例（%）
所在年级	大一	730	38.14
	大二	530	27.69
	大三	298	15.57
	大四	167	8.73
	研究生	189	9.87
家庭经济状况	年收入 3 万元以下	563	29.41
	年收入 3 万元至 8 万元	682	35.63
	年收入 8 万元至 15 万元	402	21.00
	年收入 15 万元至 30 万元	177	9.25
	年收入 30 万元以上	90	4.70
生源地类型	农村	947	49.48
	乡镇	286	14.94
	县、县级市	308	16.09
	地级市（非省会）	203	10.61
	省会城市、副省级市、直辖市	170	8.88
父母最高学历	高中及以下	1567	81.87
	大学专科	185	9.67
	大学本科	136	7.11
	研究生	26	1.36

三、调查的统计方法

调查结束后，回收和整理问卷，将调查信息录入计算机，建立数据库，采用 SPSS 22.0 软件进行统计和分析，确定每个问题各个选项的频数、比例，以便得出大学生公正观的整体特征。

第二节　当代大学生公正观调查的数据统计

一、大学生公正认知调查结果统计

（一）对历史唯物主义公正观的理解

大学生对马克思主义公正观的理解程度，是大学生公正观状况审视的首要内容。本书通过设计符合历史唯物主义公正观的问题组合进行调查，以求把握大学生对马克思主义公正观基本特质、基本内容的理解。调查显示，多数受访者具备较好的唯物史观理论基础，能够运用唯物史观基本观点正确辨析公正的基本特质。同时，也有不少受访者对历史唯物主义认知还不够系统，由于无法给出准确答案而选择“说不清”，在四个问题上选择此选项的人数比例分别达到 17. 66%、14. 26%、14. 73%和 20. 38%。另外还有少数受访者不赞同历史唯物主义公正观。

表 3-2　大学生对马克思主义公正观的认知状况

你对下列观点持什么态度		完全赞同	比较赞同	说不清	不太赞同	完全反对
公正具有历史性，不同社会形态下人们对公正的理解不同	人数	530	724	338	189	133
	百分比	27. 69%	37. 83%	17. 66%	9. 87%	6. 95%
公正具有相对性，个体之间无差异的平等很难实现	人数	659	699	273	171	112
	百分比	34. 43%	36. 52%	14. 26%	8. 93%	5. 85%
公正具有阶级性，不同阶层对社会公正的理解不同	人数	636	760	282	152	84
	百分比	33. 23%	39. 71%	14. 73%	7. 94%	4. 39%
人的自由全面发展是社会公正的价值目标	人数	603	728	390	99	94
	百分比	31. 50%	38. 04%	20. 38%	5. 17%	4. 91%

（二）对公正所蕴含的伦理准则的理解

通过对公正伦理准则掌握程度的调查可以看出，大学生对社会公正基本准则的理解总体上能够与主流观点保持一致，绝大多数受访者对“公正是社会制度的首要原则”“基本权利应当人人平等”“个人权利与义务相当”“个人付出与个人回报相当”“所有人应当获得平等竞争的机会”等观点表示赞同，但是，也有个别学生的立场存在偏差。例如，有三成左右受访者对“利益分配向弱势群体倾斜，是不公正的”表示“完全赞同”或“比较赞同”，有超过两成受访者对“社会资源应当平均分配”表示“完全赞同”或“比较赞同”，说明还有部分大学生存在自由至上主义与绝对平均主义的情节。

表 3-3　大学生对公正基本准则的认知状况

下列关于社会公正的基本准则描述，你持怎样的态度		完全赞同	比较赞同	说不清	不太赞同	完全反对
公正是社会制度的首要原则	人数	694	918	187	78	37
	百分比	36. 26%	47. 96%	9. 77%	4. 08%	1. 93%
基本权利应当人人平等	人数	623	845	197	150	99
	百分比	32. 55%	44. 15%	10. 29%	7. 84%	5. 17%
个人权利与义务相当	人数	599	772	226	189	128
	百分比	31. 30%	40. 33%	11. 81%	9. 87%	6. 69%
个人付出与个人回报相当	人数	667	778	218	162	89
	百分比	34. 85%	40. 65%	11. 39%	8. 46%	4. 65%
所有人应当获得平等竞争的机会	人数	704	882	165	106	57
	百分比	36. 78%	46. 08%	8. 62%	5. 54%	2. 98%
利益分配向弱势群体倾斜，是不公正的	人数	246	369	286	578	435
	百分比	12. 85%	19. 28%	14. 94%	30. 20%	22. 73%
社会资源应当完全平均分配	人数	188	241	280	667	538
	百分比	9. 82%	12. 59%	14. 63%	34. 85%	28. 11%

（三）公正认知的渠道

公正是当代大学生最关心的社会伦理与道德问题之一，大学生对公正的认知来源渠道多样。调查显示，“互联网”“家庭教育”与“朋辈教育”是大学生接触社会公正知识，关注社会公正问题的最主要渠道，选择这些选项的受访者比例分别为 84. 48%、76. 33%、67. 55%。其中，互联网是当前大学生接触此类问题的首要渠道，这一点与当前青年学生学习、社交习惯比较一致。相比较而言，选择“学校教育”的比例仅为 57. 21%，说明当前高校的公正观教育发展还相对比较滞后。

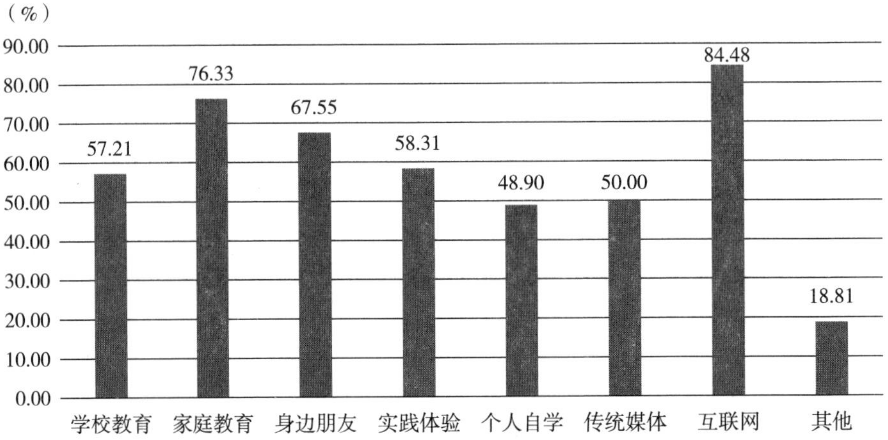

图 3-1　大学生获得社会公正的渠道分布（多项选择）

二、大学生公正情感调查结果统计

在公正情感层面，本书着重考察大学生的正义感以及参与涉及正义的道德事件时的情感表达。调查显示，在被问到“你是否渴望成为有正义感的人”时，选择“非常渴望”与“渴望”的受访者比例之和超过了 80%，说明绝大多数大学生都希望成为有正义感的人。但也有个别学生对正义感缺乏足够的认识，12. 38%的受访者表示“说不清”。

在问到“如果为了自己的私利做了损害同学利益的事情，你的内心情感状态是什么”时，有 73. 18% 的受访者选择了“悔恨”，14. 58% 的受访者选择“胆怯”，选择“坦荡”和“无所谓”的受访者比例总和不足 5%，说明在处理与朋友之间的利益纠纷时，多数大学生能够保持基本的道德良知与正义感。

在关于同班同学侵害他人利益的情感表达上，由于受害对象不同，结果出现较大反差。在面对个人利益受到损害时表达“义愤”情绪的比例高于面对他人利益受到损害时的比例。当个人利益受到侵害时，70. 53%的受访者表示“义

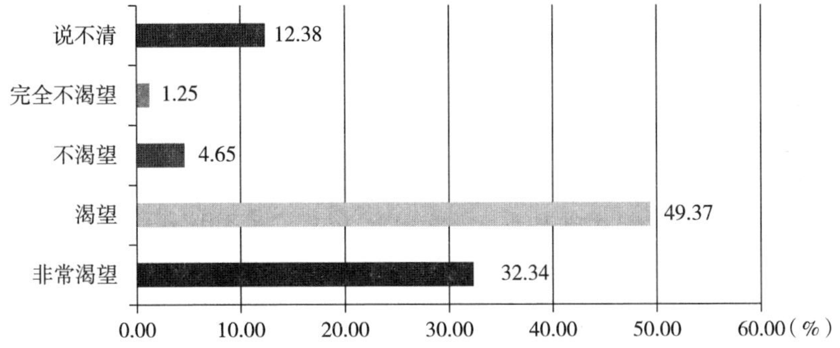

图 3-2　大学生对树立正义感的态度

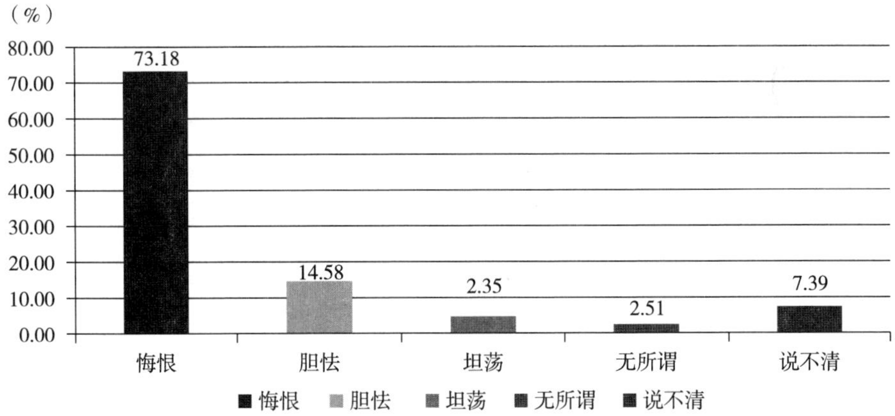

图 3-3　大学生在故意侵害他人利益时的情感状态

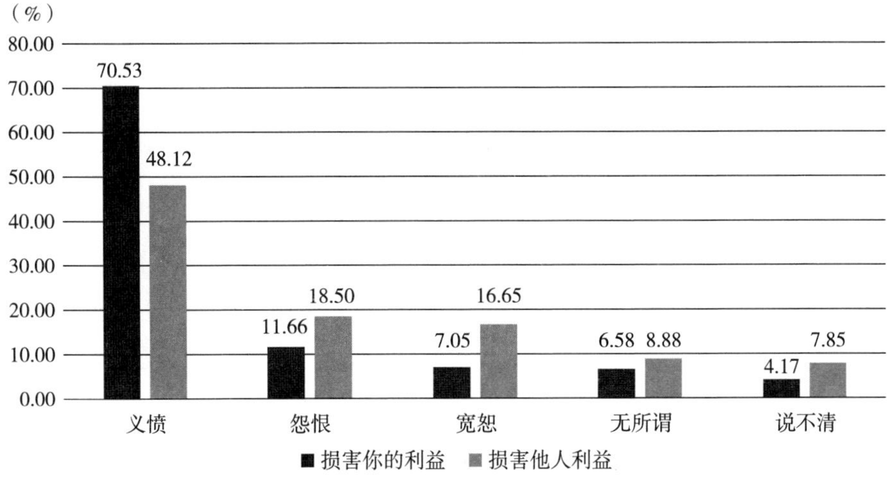

图 3-4　大学生面对来自同学的两种损人利己行为时的情感反应

愤”，而当面对他人利益受到侵害时选择此项的比例下降到 48. 12%。一定程度上体现出当代大学生公正观存在利己主义倾向。

三、大学生公正意识调查结果统计

（一）看待不平等问题的基本立场

贫富分化是最为典型的社会非公正表现，对贫富分化现象的态度与立场可以考察大学生对公正所蕴含的基本伦理准则的理解与应用。由于历史原因，我国的经济与社会发展存在二元性。不同地区、不同行业、不同群体在改革开放过程中获得发展红利不同，进而产生了贫富分化现象。调查选取具有代表性的高收入现象与发展不平等现象，考察大学生对这些现象的基本态度与立场。调查显示，大学生对于企业家群体获得高收入的认可度较高，三成以上学生认为这种现象是合理的；相比之下，对于“富二代”、影视明星等具有较强社会话题性的群体获得高收入的接受度相对较低。“富二代”群体由于经常成为舆论抨击的对象，社会形象欠佳，对其高收入来源的认可度最低；对于影视明星的高收入状况，大部分人不认可，但也有不少大学生表示“说不清”，说明他们无法判断这类高收入是否合理。在涉及社会发展不平衡问题的回答方面，认为城乡差距、行业差距、区域差距这类发展不平衡问题表示“非常合理”的人数比例分别为 8. 15%、9. 98%、8. 36%，表示“比较合理”的人数比例分别为 18. 29%、16. 46%、15. 20%，这说明有一部分学生对具有显著发展中国家二元经济特点的不平等现象具有一定包容度。

表 3-4　大学生看待各种形式的贫富分化现象的立场

你对下列关于贫富分化现象分别持什么态度		非常合理	比较合理	说不清	不合理	非常不合理
如何看待企业家的高收入	人数	248	422	227	490	527
	百分比	12. 96%	22. 05%	11. 86%	25. 60%	27. 53%
如何看待“富二代”的高收入	人数	71	95	209	807	732
	百分比	3. 71%	4. 96%	10. 92%	42. 16%	38. 24%
如何看待影视明星的高收入	人数	145	281	289	679	520
	百分比	7. 58%	14. 68%	15. 10%	35. 48%	27. 17%

续表

你对下列关于贫富分化现象分别持什么态度		非常合理	比较合理	说不清	不合理	非常不合理
如何看待城乡之间收入水平的差距	人数	156	350	223	654	531
	百分比	8.15%	18.29%	11.65%	34.17%	27.74%
如何看待行业之间收入水平的差距	人数	191	315	262	586	560
	百分比	9.98%	16.46%	13.69%	30.62%	29.26%
如何看待区域之间收入水平的差距	人数	160	291	253	634	576
	百分比	8.36%	15.20%	13.22%	33.12%	30.09%

（二）看待不良社会现象的基本立场

面对各种现实存在的不公正现象的态度与立场是大学生公正意识的重要体现。本书选取了一些典型的社会不公正现象，考察大学生对此类事件价值判断。调查显示，学生对绝大多数社会不公正现象深恶痛绝，持批判与否定态度。但也有部分学生对“托关系”“潜规则”“性别歧视”等现象表示理解与认同。可以看出，在各种传统观念与错误社会思潮的影响下，一些社会不正之风对大学生公正观具有一定程度的影响。在涉及代际公正的生态环境问题上，接近 1/4 的受访者对“当代人对自然资源过度开发，牺牲下一代人的利益”表示赞同，这说明生态公正、代际公正等较为前沿的公正意识尚未在青年学生当中完全扎根。

表 3-5　大学生看待不良社会现象的立场

对下列涉及公正问题的社会现象持怎样的态度		完全赞同	比较赞同	说不清	比较反对	完全反对
如何看待“托关系”现象	人数	174	252	111	786	591
	百分比	9.09%	13.17%	5.80%	41.07%	30.88%
如何看待“以权谋私”“贪污腐败”现象	人数	60	72	105	879	798
	百分比	3.13%	3.76%	5.49%	45.92%	41.69%
如何看待“性别歧视”现象	人数	162	297	228	627	600
	百分比	8.46%	15.52%	11.91%	32.76%	31.35%
如何看待“潜规则”现象	人数	96	243	282	690	603
	百分比	5.02%	12.70%	14.73%	36.05%	31.50%

续表

对下列涉及公正问题的社会现象持怎样的态度		完全赞同	比较赞同	说不清	比较反对	完全反对
如何看待一些企业的不正当竞争行为	人数	108	183	120	819	684
	百分比	5.64%	9.56%	6.27%	42.79%	35.74%
如何看待当前个别超级大国干预他国内政，遏制他国崛起的行为	人数	45	96	114	786	873
	百分比	2.35%	5.02%	5.96%	41.07%	45.61%
如何看待当代人对自然资源过度开发，牺牲下一代人利益的行为	人数	159	306	144	657	648
	百分比	8.31%	15.99%	7.52%	34.33%	33.86%

四、大学生公正行为调查结果统计

（一）基本行为取向

基本行为取向是大学生处理日常社会关系的根本依据。调查发现，在被问及“你认为个人行为应当遵循怎样的原则”时，13.74%的受访者倾向于“毫不利己、专门利人”，38.14%的受访者选择“在利他过程中实现利己”，29.21%的受访者倾向于“在合法合规的范围内专门利己”，仅9.93%的受访者认为“为了个人利益可以破坏制度与规矩”。调查结果说明少数大学生还没有将公正认知与公正意识有效转换为行动准则。在被问到“当个人利益与班级、年级集体利益发生冲突时，你会怎么做”时，61.60%的受访者表示愿意“牺牲个人利益，并向集体争取适当补偿”，18.18%的受访者表示会“无偿牺牲个人利益”，只有4.70%的受访者表示会“损害集体利益”，另有15.52%的受访者表示“说不清”。调查结果说明大多数学生能够树立集体主义意识，将维护集体利益作为个人行为准则的重要组成部分。

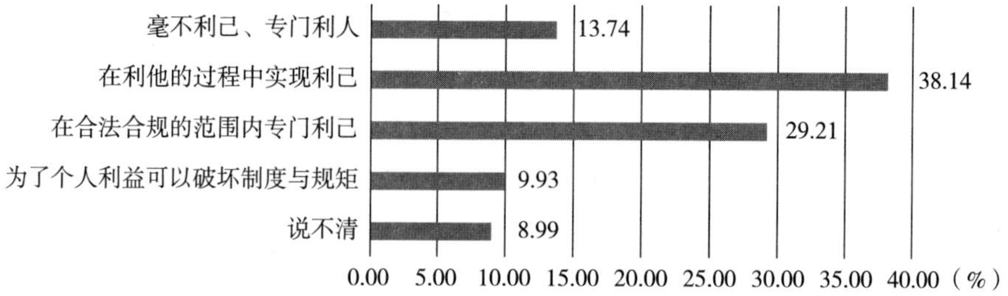

图3-5　大学生个人行为的义利原则

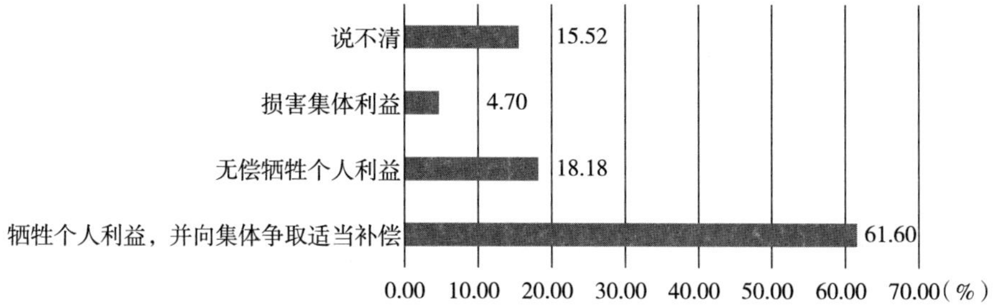

图 3-6　大学生处理集体利益与个人利益关系的行为取向

（二）维护个人权益的行为

面对不公正遭遇的行动反应是大学生公正行为的重要体现。在被问到“你个人正当利益受到侵害时，将会怎么做”时，57.84%的受访者选择“向有关部门申诉”，20.69%的受访者学生选择“向他人寻求帮助”，说明大学生对自身利益的诉求比较强烈，在个人权益遭到侵害时能够用正当手段维护权益。但也有少数人表示“接受现实”，或通过网络泄愤的方式解决问题，在个人利益遭到侵害时表现出消极和非理性反应。

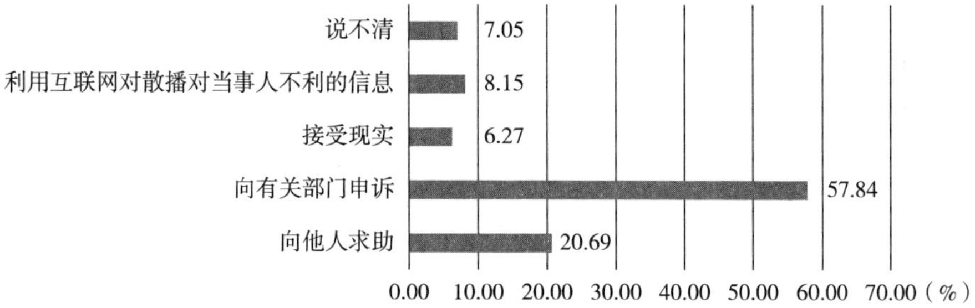

图 3-7　大学生遇到不公正遭遇的行为反应

在被问到“学校某次评优评奖中，你原本自信满满，但最终没有评上，你会怎么做”时，37.93%的受访者选择“心平气和向老师了解情况”，18.97%的受访者会“责备自己没有和领导、老师搞好关系”，分别有17.08%、15.20%的受访者选择“质疑评审程序与结果的公正性，向有关部门检举”和“质疑制度的公正性，向老师建议修改制度”。调查结果说明多数大学生能够理性对待个人得失，能够通过正当程序反馈疑问，但依然有不少学生过分看重个人利益得失，忽视了评断的客观性，个别同学甚至希望通过“走后门”“托关系”等有失公正的方式获得利益。

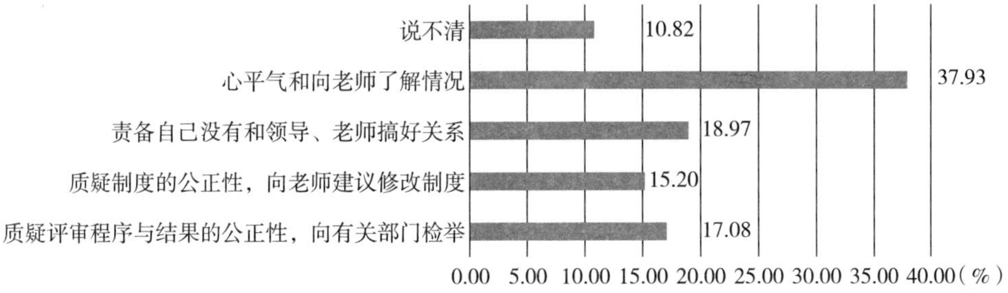

图 3-8　大学生面对个人利益得失的行为反应

（三）维护他人权益的行为

在被问到“你发现他人的正当权利遭到侵害时，将会怎么做”时，52.98%的受访者选择“向有关部门申诉”，18.50%的受访者选择“劝他（她）接受现实”，5.02%的受访者选择“不予理睬”，12.85%的受访者选择“在网络上对侵害他人权利一方进行攻击”。可以看出，对比个人权益受到侵害的情况，两个情境下大学生的行为取向存在一定情境差异。

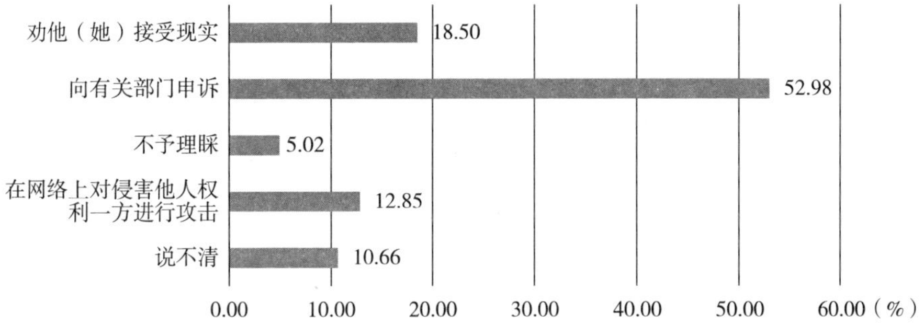

图 3-9　大学生面对他人遭遇不公正对待时的行为反应

调查中，被问及“你获得了助学金的资格，正在公示期间，当你得知有另一个同学家庭经济更加困难，且急需用钱，而且在校期间表现也很优异，你会怎么做”时，绝大多数学生都对该困难学生表示同情，15.83%的受访者表示会“放弃本次助学金资格，让给这位同学”，34.06%的受访者表示“在下一次申请助学金时把机会让给他”，36.62%的受访者表示“在平时会给予他适当帮助”。这说明绝大多数学生对于弱势群体能够给予足够的同情与关怀，能够在必要的时候做出个人利益让渡。

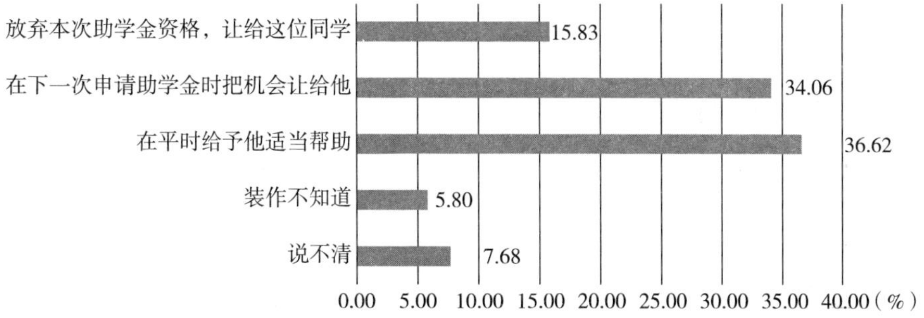

图 3-10　大学生对弱势群体的利益让渡行为表现

（四）帮扶弱势群体的行为

参与志愿服务、义务劳动等活动，是大学生奉献精神的重要体现。在问及“你是否参加过志愿服务活动”时，41.54%的受访者表示“经常参加”，51.57%的受访者表示“有参加过，但次数不多”，还有6.90%的受访者表示“从来没有参加过”。通过调查发现，大学生参与志愿服务的意愿总体较高，绝大多数学生都认为参与志愿服务是大学生的重要使命，但也看出有部分学生缺乏必要的奉献意识。

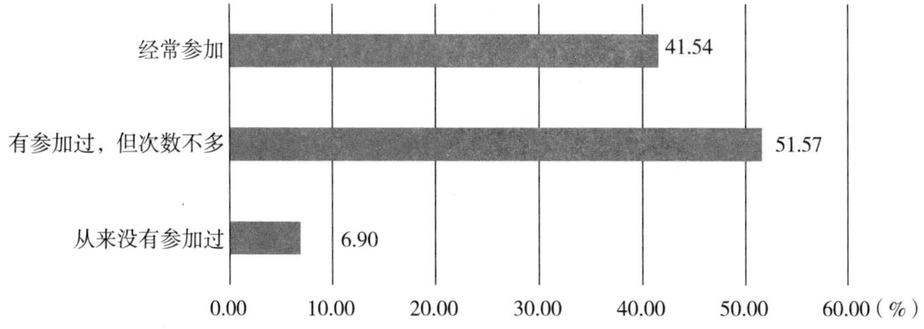

图 3-11　大学生参加志愿服务的行为意愿

自从2006年“彭宇案”发生以来，遇到跌倒老人明哲保身的思想弥漫社会，“老人跌倒扶不扶”成为社会广泛热议的道德两难问题。如何客观公正地面对此类道德问题，考量着当代青年的道德观与公正观。在被问到“如果你在街上看到有老人倒地不起，您是否会上前帮扶”时，结果显示，39.34%的受访者表示“一定会”，30.41%的受访者选择“可能会”，12.85%的受访者选择“不会”，3.13%的受访者表示“坚决不会”，说明一些大学生受到社会风气的影响，缺乏见义勇为、帮助弱者的勇气。

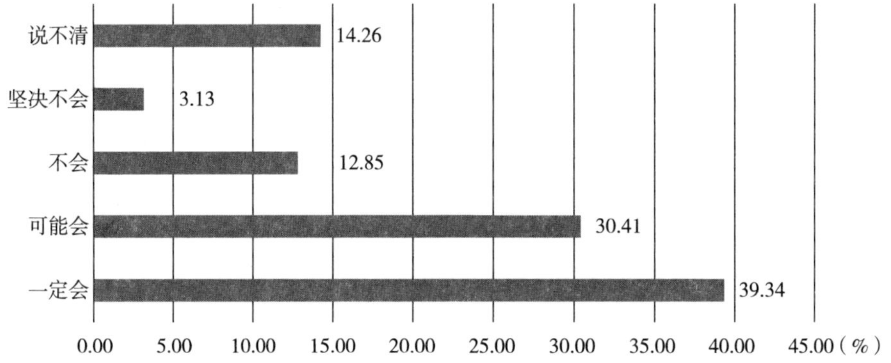

图 3-12　大学生遭遇道德两难情境的行为选择

（五）维护网络世界公正的行为

当代大学生存在泛娱乐化情结，对公众人物崇拜程度大大超过以往。对于公众人物涉违法事件的行为评判能够充分考察大学生公正观行为层面的理性程度。在被问到“自己喜爱的明星被传违法乱纪时，你会怎么做”时，42.16%的受访者选择“在事实真相未查明之前，不做评价”，26.02%的受访者选择“果断脱粉”，反映出对社会舆论事件的理性思考。此外，分别有6.43%、12.85%的受访者选择“组织粉丝，在论坛、贴吧上对发布该信息的人员进行围攻”以及“在网络发帖，为该明星洗白”，充分反映当前少数学生对偶像的狂热崇拜与非理性行为取向。

当前，青年学生参与社会焦点问题讨论的热情不断提高，对网络事件的舆论焦点行为反馈是审视大学生公正观行为层面的重要视角。针对问题“你发现有人在网络社交平台发布了违背社会公正的言论或视频，你会怎么做”，48.43%的受访者选择“向有关部门举报”，21.63%的受访者选择“在其发布内容下方进行吐槽”，还有13.64%的受访者选择“对其进行人肉搜索”。可以看出，部分学生在参与网络焦点事件时依然存在非理性的行为取向。

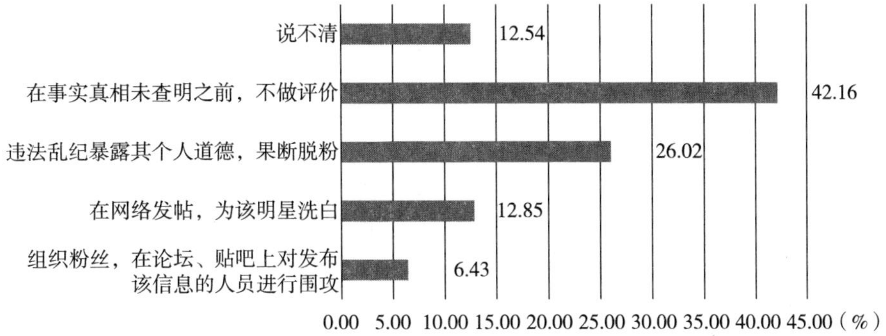

图 3-13　大学生面对网络传言的行为反应

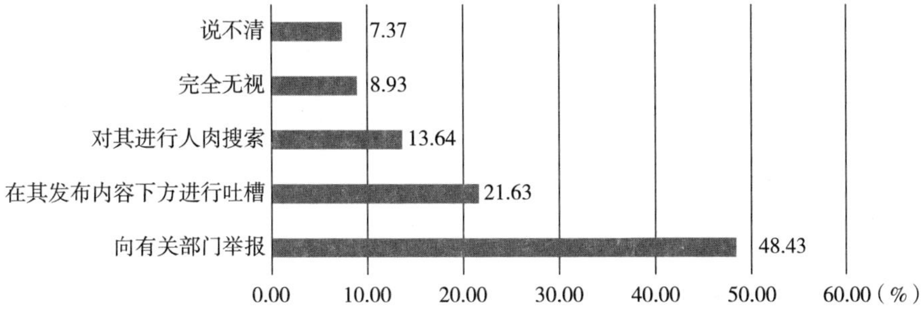

图 3-14　大学生面对网络不良言论的行为反应

五、大学生公正感受调查结果统计

（一）对社会公正总体评价

要审视大学生的公正感受，首先必须了解他们对社会公正的总体评价。调查显示，对于当前社会公正状况，26.33%的受访者认为“非常好”，46.71%的受访者认为“比较好”，5.33%的受访者认为“不好”，6.74%的受访者认为“非常不好”，还有14.89%的受访者认为“说不清”。可见，有超过一成受访者对当前社会公正状况表示不满。

（二）对细分领域公正程度的评价

从大学生对各个社会活动领域公正状况的评价来看，对经济领域和社会保

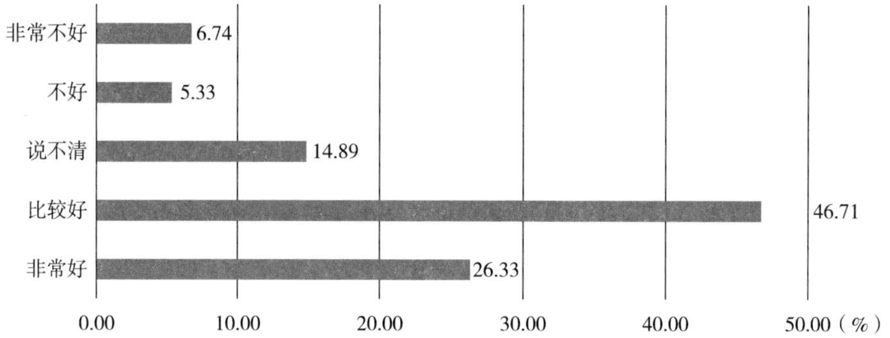

图 3-15　大学生对现阶段社会公正程度的评价

障领域公正状况的评价最高，在受访者当中，认为经济领域“非常公正”与“比较公正”的比例分别为31.66%与41.38%，认为民生领域“非常公正”与“比较公正”的比例分别为33.18%与37.51%。调查结果说明当前大学生对于经济与社会保障领域的治理水平比较认可。同时，调查显示，受访者对法治领域和教育领域公正状况的评价相对较低。这说明，过去出现的官员贪污腐败、冤假错案、教育资源分配问题以及高校自身公正问题对人们的公正观产生了一定的负面影响。

表 3-6　大学生对社会细分领域的公正评价

你对各个领域公正状况的评价是		非常公正	比较公正	说不清	不公正	极不公正
经济领域	人数	606	792	270	174	72
	百分比	31.66%	41.38%	14.11%	9.09%	3.76%
教育领域	人数	567	680	266	230	171
	百分比	29.62%	35.53%	13.90%	12.02%	8.93%
法治领域	人数	579	720	243	219	153
	百分比	30.25%	37.62%	12.70%	11.44%	7.99%
民生领域	人数	635	718	309	174	78
	百分比	33.18%	37.51%	16.14%	9.09%	4.08%

（三）引发社会不公正感受的各种因素排序

本书设计问题“你认为老百姓对社会公正产生负面评价的主要因素有哪些”，了解引发社会不公正感受的影响因素及其排列。本书提出9个观点，可允许学生多项选择。可以看出，选择比例最高的几项分别是“贫富差距悬殊”“社会保障制度不完善”“政府官员腐败”“冤假错案频发”，分别代表了当前经济、政治、法治与民生领域最突出的几个问题。此外，调查还显示，高房价、高医疗费用等问题对公正感受的影响也比较突出。

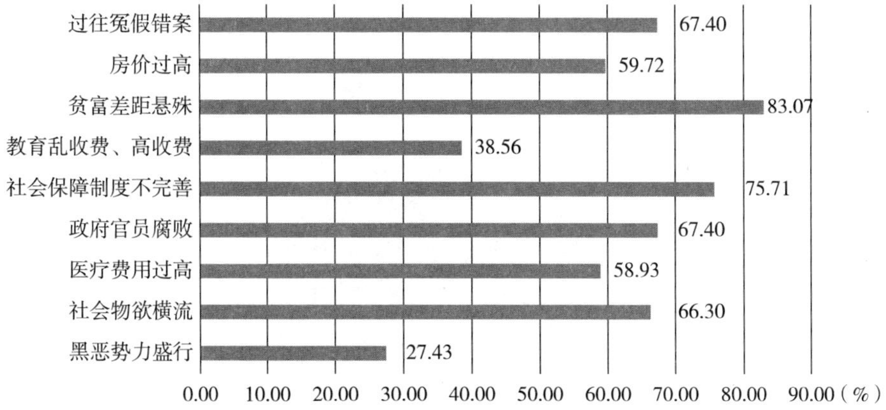

图3-16　老百姓对社会公正产生负面评价的主要因素（多项选择）

（四）对校园公正状况的评价

所在学校的公正状况是影响大学生公正感受的另一个重要因素。学校期间所接触的各项管理制度是否符合公正的一般准则，管理人员行为是否遵循制度规范，是大学生对校园公正状况评价的基本依据。调查显示，26.59%的受访者认为所在学校在制度设计与管理方面“非常公正”，33.28%的受访者表示“比较公正”，另有三成左右受访者认为“不公正”或“极不公正”。

调查还显示，30.90%的受访者表示“在校就读期间有过不公正遭遇”。在这部分学生当中，34.69%的受访者认为遭遇不公正对待的原因是“学校制度设计不合理、不健全”，22.00%的受访者认为遭遇不公正对待的原因是“同学弄虚作假”，20.47%的受访者认为遭遇不公正对待的原因是“管理人员徇私舞弊”，还有18.27%的受访者认为遭遇不公正对待的原因是“管理人员工作失误”。

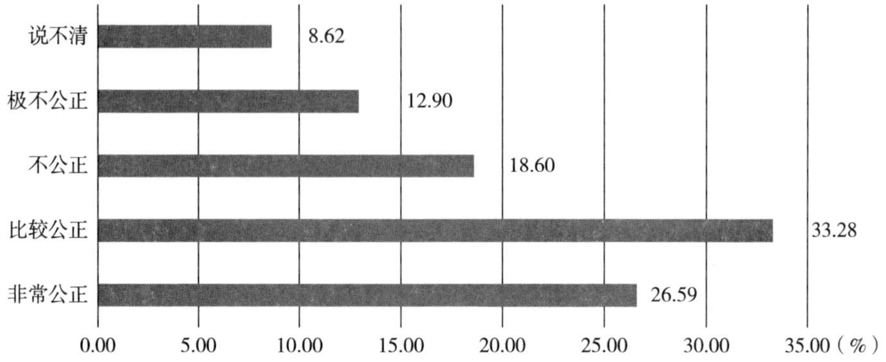

图 3-17　大学生对所在学校制度设计、学生管理方面公正状况的评价

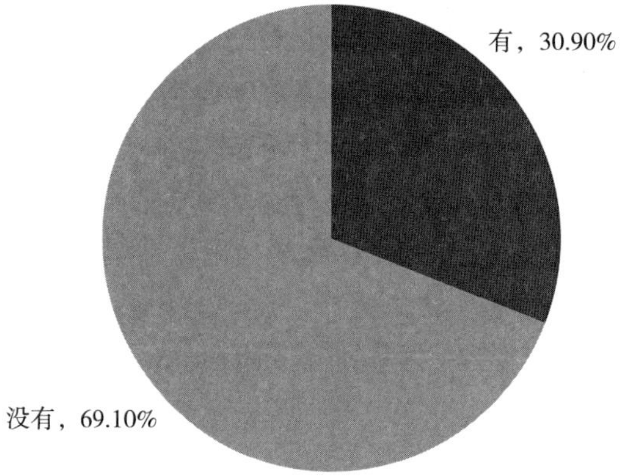

图 3-18　大学生在校期间遭遇不公正对待的比例

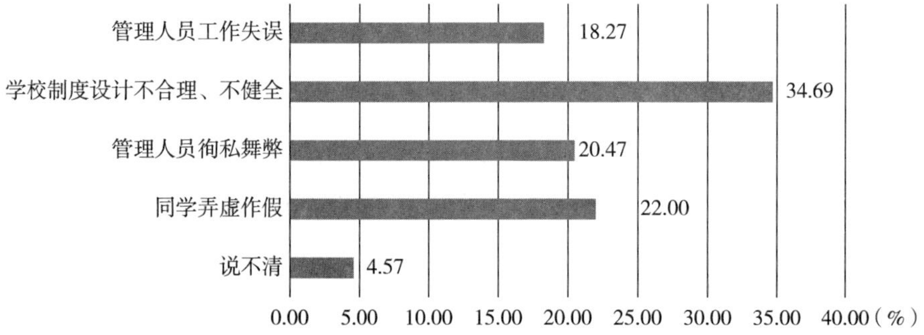

图 3-19　大学生在校期间不公正遭遇的原因

第三节　当代大学生公正观的积极表现

调查结果表明，大学生公正观总体上表现出积极向好的势头，大部分同学能够正确理解社会公正的含义，富有较强的正义感，能够以公正的价值标准衡量是非对错，自觉维护社会公正。

一、大学生公正认知水平总体稳定

公正认知是公正观的起点与基石，也是大学生公正观在知识层面的体现。当前，随着高校思想政治理论课教学的不断完善，高校思想政治教育工作十大育人体系的不断健全，大学生普遍具有一定程度的马克思主义理论素养和较高的思想道德修养，具备唯物史观方法论基础和基本的道德伦理知识。不少学生能够将这些理论知识融入对社会公正的分析与思考当中。调查显示，大多数大学生能够把握社会公正的准确含义，对马克思主义公正观的认识比较到位，能够将唯物史观的基本原理运用到对社会公正的思考中。在社会公正基本问题的理解方面，大多数大学生能够准确理解机会平等、权利平等、规则平等等基本公正伦理准则，具备较强的公正认知水平。

二、大学生普遍具有较强的正义感

正义感作为公正观的重要组成，是个人对公正最直接的情感表达，是个人道德水平的直观体现。当前，随着高校德育工作的不断深化，大学生正义感越发强烈，在青年学生群体当中不断涌现出见义勇为的先进事迹，给社会营造了向上向善的良好风尚。研究调查显示，绝大多数学生具有比较强烈的正义感，将正义感作为个人的道德发展目标，在面对非公正行为时能够呈现出具有公正指向的情感表达，在个人出现行为失当时能够及时反思，主动改正。这充分说明当前高校思想政治教育工作在德育工作方面取得了良好的成效。

三、大部分大学生针对社会公正问题的立场端正

公正意识是公正观最典型的表现形式，反映了当代大学生看待各类社会现象的立场与态度。调查显示，大多数大学生立场鲜明、态度端正。在谈及“不平等”问题时，大多数大学生能够站在公正的立场表达态度，正确看待当前社会上存在的“不平等”现象。在谈及社会上存在的各种非公正现象时，大部分大学生都予以坚决批判，对“贪污腐败”“弄虚作假”“潜规则”“托关系”“就业歧视”等现实生活中存在的非公正现象持否定态度的学生占据绝大多数比例，充分体现了当代大学生良好的公正意识；同时，也说明了社会发展过程中确实还存在一些亟待解决的现实问题，不少大学生能够切身感受到生活中存在的非正义现象，这些现象对大学生群体有较大触动。

四、大部分大学生公正行为表现积极向上

调查显示，绝大多数大学生的公正行为取向积极向上，面对各类社会不公正问题时，大多数学生能够主动见义勇为、匡扶正义；在他人利益遭到侵害时，能够勇于发声，敢于行动，以合法合理的手段同非正义现象作坚决斗争，自觉维护身边环境的公平正义。不少学生在校期间能够经常参加“志愿者活动”等义务服务，大部分大学生在对待弱者时会选择主动让渡利益，尽自己所能帮扶弱者，充分彰显了公正所蕴含的共享原则与补偿原则。这说明多数大学生希望能够走出私人生活空间，融入到公共生活空间中，为实现“向上向善”，展现自身道德力量，付出最大努力。

第四节　当代大学生公正观的问题聚焦

调查也发现了大学生公正观中的消极一面。受多种因素影响，部分大学生公正观认知不够准确，公正意识与公正行为存在不平衡、不稳定的问题；部分学生行为不够理性，盲目冲动，一些学生维护社会公正的意愿不强，态度冷漠。依据本研究的调查结果，结合当前高校思想政治教育工作中出现的典型案例以

及针对大学生群体中曝光的各类焦点事件、案件，对当代大学生公正观中存在的偏差进行问题聚焦。

一、部分大学生对公正的认知有所偏差

调查显示，部分学生对社会公正基本含义以及具体表现的认知依然存在一定偏差，对社会公正及其蕴含的伦理、制度以及行为准则的理解缺乏唯物史观与道德哲学方法论基础。

首先，一些大学生身上存在平均主义价值取向，将公正同绝对意义的平均混淆，用“等富贵、均贫富”的传统思想主导个人公正观。有近20%的受访者对“社会资源应当完全平均分配”的观点持“完全赞同”或“比较赞同”的立场。在他们看来，公正应当是人人权利均等、机会均等、收入均等。这种观念看似符合公正的平等向度，但却忽视了公正对推动社会生产力发展，调节主体间利益关系起到的积极作用，属于具有平均主义取向的错误公正观。尤其是那些来自偏远地区、欠发达地区的大学生，平均主义的情结更加凸显。调查发现，在涉及贫富分化的各类群体当中，“富二代”群体最为大学生所“痛恨”。对“‘富二代’获得高收入”的赞同度仅为8%左右，绝大多数大学生对那些能力不及自己，但却衣食无忧的“富二代”“官二代”群体存在道德谴责泛化。从前些年在社会上造成不良影响的李启铭、李天一，再到如今被媒体炒作的所谓“最年轻官员”“最年轻教授”“最年轻富豪”等某些领域超前发展的年轻人，皆成为青年学生在网络上“口诛笔伐”的对象，其中不乏一些在自身领域确实出类拔萃的杰出人才。一些大学生争当网络世界的“键盘侠”，在不明事实真相的情况下盲目义愤。这些现象暴露出当代大学生对“公正”缺乏科学的认知。

其次，也有个别学生受到西方自由主义思潮的影响，表现出自由至上主义公正观，在涉及公正基本认知的问题上呈现出与上述截然相反的主张。调查发现，一些学生认为不应当对弱势群体给予必要补偿；一些学生将公正理解为绝对的利益交换，忽略了公正所包含的平等、共享、补偿等伦理指向；还有一些学生忽视了权利与义务的对等关系。调查显示，16.7%的受访者对“个人权利与义务相当”持反对态度，比例超过了其他几个选项，这说明有一部分大学生仅仅将维护权利看作公正的根本原则，忽视了承担义务、担负责任的公正取向。在当前高校思想政治教育与学生管理过程中，确实发现不少大学生存在责任意识偏弱的现象。他们认为社会、家庭与学校对自己的给予是“理所应当”的，

而自身为国家、社会、集体多做贡献却属于“分外之事”。

二、部分大学生公正观受到逐利意识的影响

通过调查发现，在公正观的五个维度当中，公正情感维度的总体表现最佳，绝大多数受访学生都表现出了强烈的个人正义感。然而，在公正意识与公正行为的调查中却发现，正义感难以完全转化为坚决的公正意识与坚定的公正行为。改革开放以来，高校普遍注重传统德育教育，大学生自接受系统教育以来所灌输的道德价值与理想信念已形成一种无形的思维定式。这种思维定式在现实中表征为对个别理论、知识与思想的理解比较系统全面，对普遍性道德教育所灌输的道德标准具有自发意识；然而，这种自发意识如果没有经情感内化与价值认同，就难以最终在实践行动中得以体现。随着经济市场化的不断发展，人们追逐利益的动力日益强化，当传统道德观念与个人利益诉求发生冲突时，原有的价值体系就可能遭受猛烈的冲击，利己意识往往能够占据上风。调查显示，不少学生对一些有失公正的行为表示出了一定程度的谄媚倾向。他们当中或多或少对于诸如“潜规则”“弄虚作假”“徇私舞弊”“托关系”等现象表示厌恶，但却无法忽视它们带来的现实利益，在事关个人利益时甚至可以接受。不少大学生在奖助学金评审环节弄虚作假，尤其是在助学金资格确认、国家励志奖学金评比当中，不少大学生为获得参评资格，主动申请加入贫困大学生队伍，争做“伪贫困生”，有的大学生甚至为此伪造贫困证明。

此外，学术不端问题也是当前大学生公正意识淡薄的典型表现。2019 年 2 月，青年演员翟某某就读硕士、博士期间的学术不端行为遭到网民曝光，在社会持续发酵。最终，相关高校宣布撤销翟某某博士学位，并取消其导师的博导资格。虽然翟某某并非真正意义上的在校大学生，但其缺乏公正意识的学术不端行为在大学生群体中同样时有发生。近几年来，不断有媒体报道国内高校硕士生、博士生的学术不端事件，引发公众对当代高学历青年的质疑，充分暴露了当前大学生群体诚信意识淡薄、公正信念缺失、逐利意识过强等问题。“学术不端不单单体现施行者个人的德行品行，更会影响到科学堡垒的坚固地位，波及社会诚信体系的价值构建。”① 虽然当前高校不断加强对学生学术成果的审核力度，但依然有不少学生铤而走险。可见，大部分大学生能够在思想和理论上

① 张立迁．让学术失信者寸步难行［N］．中国教育报，2019-03-04（2）．

阐明公正的基本立场，但是由于个人逐利意识的左右，要将这种思想认识转化为个人自觉的公正意识与持之以恒的实践行动，还存在一定瓶颈。

三、部分大学生的公正意识与公正行为存在情境差异

调查发现，大学生的公正意识与公正行为均表现出显著的情境差异。首先，在涉及个人利益与他人利益的不同情境下存在选择差异。在涉及个人利益的情境下，多数学生能够坚决维护自身利益，而在涉及他人利益的情境下，部分学生的态度与行为选择与前者截然不同。维护自身利益的意愿远比维护他人利益来得强烈。其次，面对不同的社会现象，表现出选择差异。例如，在调查大学生看待不同非公正现象的立场时，对“以权谋私、贪污腐败”现象持反对态度比例较高，但对“托关系”“性别歧视”等现象持反对态度的比例明显低于前者。一些学生面对性质相近的非公正现象所呈现的态度截然不同，尤其是不少大学生对“托关系”等现象“习以为常”，认为这是当前社会的常态。再次，在面对不同对象时出现选择差异，将对当事人的主观喜好与印象作为左右行为的依据。例如，在被问到“你发现有人在网络社交平台发布了违背社会公正的言论或视频，你会怎么做”时，绝大多数受访者能够通过正当渠道维护正义。但在问到“自己喜爱的明星被传违法乱纪时，你会怎么做”时，有部分受访者选择为明星“洗白”，这其中包括了“组织粉丝，在论坛、贴吧上对发布信息者进行围攻”。这种现状充分说明一些大学生被偶像的个人魅力所影响，失去了基本的价值判断，出现行为失范。2018 年，经有关部门查实，国内某知名艺人存在严重偷税漏税违法行为。当事人在事后遭到了相关处罚。然而，从青年学生对此事的评论可以看出，对该当事人持同情、怜悯甚至为其打抱不平的大有人在，说明个人主观喜好已经成为评价社会事件正义性的“干扰项”。在调查学生看待贫富分化现象的立场时发现，一些受访者对不同高收入人群的态度与立场存在较大差异，对企业家群体的财富快速增长表示可以接受，对诸如“富二代”这类具有社会话题性、处于天然道德弱势的人群的高收入表示无法理解。个别学生将社会舆论对各类社会群体的主观评价带入个人公正意识与公正行为当中。情境差异现象也充分暴露了部分大学生公正观的不稳定性，一部分学生尚未将形成充分认知的公正观转化为持之以恒、坚定不移的公正意识与公正行为。

四、部分大学生维护社会公正的行为缺乏理性

根据调查，当前大学生对社会不公正现象以及一些特殊社会群体的价值判断与行为取向存在“非理性”特征。面对可能存在的公正失范，不少大学生以偏激、冲动与盲目义愤取代理性思考与合理诉求。调查显示，一些大学生维护社会公正的行为过激，在面对他人的非公正行为时选择“以暴制暴”“以恶制恶”实现正义。这些个人行为不但不是公正所向，恰恰破坏了公正所蕴含的推动社会发展、维护社会和谐稳定的积极意义。调查还发现，民粹主义对当前大学生思想行为取向的影响比较深远。许多大学生正处于成长的叛逆期，他们中的大多数人希望通过参与公共讨论来展现自身社会化成长。他们选择对一切权威观念和主流观点进行解构，试图通过消解主流观念的权威性彰显自身个性、突出自我话语表达，最终导致解构与批判成为目的而非形式。无休止的解构与批判不仅不能有效解决社会问题，反而会引发其他负面的连锁反应。尤其在网络空间当中，针对各种不公正现象，以泄愤为主题的网络暴力行为逐渐增多。不少学生在面对社会不公时不但不能结合自身专业背景，进行理性分析与反思，提出有针对性的建议，而是“以道德的名义，恶意制裁、审判当事人并谋求网络问题的现实解决”①。他们充分利用了网络交往的匿名性特征，在道德的名义下不顾一切讨伐那些在他们看来不道德、不公正的行为。近年来，诸如“虐猫事件”“铜须门”“艾滋女”“直播自杀事件”等一系列网络暴力事件此起彼伏，让人在唏嘘感叹之余也不得不开始重新审视青年学生对公正的认知偏激与矫正公正的行为过当等问题。一项针对大学生群体对“网络民主暴力”态度的实证调查显示，在被问到“人肉搜索”等行为是否违反伦理道德时，有44%的受访者持肯定态度，有高达27%的受访者持否定态度②，说明当前一些大学生的公正行为缺乏必要的伦理道德支撑。

五、部分大学生对当前社会公正状况的评价较为偏激

从公正感受部分的调查数据可知，一些学生对社会公正的总体评价水平不

① 李英，刘白．虚实结合与协同共治：政府治理网络暴力的路径选择［J］．四川理工学院学报（社会科学版），2016，31（1）：63-74.

② 齐超，王颖．大学生与“网络民主暴力”认知实证分析［J］．今传媒，2012，20（1）：41-42.

高。从细分领域来看，不论是经济领域、教育领域、法治领域还是社会保障领域，均有不少受访学生给出较低评价。出现这种现象，一方面说明当前诸如商品质量问题、贪污腐败、社会分配不公、过往的冤假错案等社会焦点事件对大学生的公正观确实存在一定程度的负面影响；另一方面也说明大学生对社会公正状况的评价容易受到个别网络媒体的错误引导，缺乏必要的理性思考与实践感悟。大学生虽然没有走上社会，但是随着互联网的不断发展，他们获取各类信息的渠道越来越丰富，参与社会重大事件讨论的方式越来越便捷。由于国家对于互联网舆论的监管难以面面俱到，不少具有煽动性的负面新闻、负面评论能够在网络上肆意传播。个别网络“意见领袖”“大 V”、知名艺术家通过社交平台发布了一些未经考据的信息和一些不利于社会稳定的言论，进一步消解了青年学生对社会公正的认同度。不少学生因此引发情感义愤，将个人所见到的所有社会问题全部归结于社会公正环境不佳、社会制度不健全、监管不到位与他人的道德失范。不少大学生在不了解真实情况的前提下随意跟风，轻信网络谣言，人云亦云。若干年前，某部取材于“胡文海枪杀村干部案”“周克华抢劫杀人案件”“洗脚妹抗暴杀人案”和“富士康跳楼事件”四起轰动全国的重大案件的电影在国际上收获大奖。虽然该片的艺术表现手法出色，但其叙事内容却深入展现了社会不公的一面，极大程度地误导广大人民，产生了恶劣的社会影响。据了解，此类影片在一些大学生当中，尤其是人文类、艺术类学生当中，有着很高的受众。许多学生在观影过程中无形植入了错误的社会公正认知，误以为社会的公正环境极其恶劣，进而产生强烈质疑与控诉。诚然，当前我国改革开放与经济市场化发展过程中确实还存在不少问题，但必须看到的是，改革开放 40 多年来，我国的社会治理水平已然显著提升，尤其是在十八大以来的几年内，在“四个全面”战略布局的引领下，市场经济体制日趋完善，市场多元主体地位不断巩固，公权力监督机制不断健全，反腐败斗争取得压倒性态势，司法体制改革取得显著成效，精准脱贫与污染防治攻坚战取得阶段性胜利，这一系列治国理政的重大成就从多个社会发展层面彰显了新时代中国特色社会主义的公正向度。可以看出，个别大学生对当前社会公正水平的负面评价过于偏激，脱离现实。个别学生甚至因此出现了心态失衡，引发不同程度的心理问题。2004 年 2 月 13 日，云南某大学在校学生马加爵在学生宿舍先后杀死四名舍友，引发了轰动全国的“马加爵事件”。事件主要源于马加爵个人的道德扭曲，同时，同舍友之间由于贫富悬殊所产生的长期矛盾也是诱发该事件的原因之一。2014 年 9 月，黑龙江哈尔滨发生杀警越狱案①，三名服刑人员杀害狱警后越狱而逃。当时，不少青年学生非但没有对犯罪分子进行谴责，反而为三人行为叫好，甚至认为三人的举动是“伸张正义”。这些事件着实让人触目惊心，凸显了部分大学生在错综复杂的社会环境的影响下，产生了比较严重的价值扭曲，以至于个人道德意识、道德心理完全背离公正准则，被强烈报复欲望所左右，是非不明、善恶不分。

六、部分大学生对社会公正态度冷漠

调查发现，部分大学生对社会公正话题关注甚少，反应冷淡，在许多情境下表现出“事不关己”的冷漠心态。在所有设置“说不清”选项的题型中，选择该项的人数比例几乎都达到5%以上，个别话题上此项比例高达10%以上，甚至有些学生回答全部问题时几乎均选择“说不清”。这在一定程度上反映出当前有部分大学生丝毫不关心社会公正问题，对一些社会焦点问题要么不闻不问，要么拒绝表态，以“围观者”和“吃瓜群众”的心态看待现实存在的公正问题，将正义感与社会责任抛之脑后，任由社会不公正现象滋生蔓延。这种无追求、无欲望、无目标的个人心态看似能够彰显个体的清心寡欲与超凡脱世，但实际上反映出当下部分大学生缺乏社会责任感、缺乏道德价值的负面道德特质。从某种程度上说，对社会不公正问题的漠视本身就是一种违背公正的体现，表现出个人正义感的淡漠以及个人与社会之间的断裂。

① 2014年9月2日早晨6时许，3名在押犯人在哈尔滨市延寿县公安局看守所将当班狱警杀死抢走手机后越狱而逃。三人于2014年9月11日下午落网。经审判，两人被判死刑，一人被判无期徒刑。

第四章

引发当代大学生公正观偏差的主要诱因

恩格斯曾经说过："每一时代的理论思维，从而我们时代的理论思维，都是一种历史的产物，在不同的时代具有非常不同的形式，并因而具有非常不同的内容。"① 大学生公正观受到外部社会环境、教育环境以及个人成长环境等多方面影响。分析影响大学生公正观的各种诱因，应当全面把握内因与外因两个方面，既要在时代发展的宏观环境中追本溯源，也要立足大学生个人成长的微观环境追根究底。

第一节　引发大学生公正观偏差的经济因素

马克思主义认为，经济基础决定上层建筑。作为上层建筑核心内容的社会意识必然受到经济基础的影响。影响大学生公正观的经济发展因素包含了经济制度、经济主体行为以及经济活动结果三个方面。经济制度是否能够有效促进生产力发展，经济主体行为是否符合制度与法律的规范以及各种经济活动是否能够有效提升社会整体福利与每个公民的收入水平，都会对大学生公正观产生显著的影响。

一、社会财富分配不均

党的十九大报告指出，我国社会主要矛盾已经转化为人民日益增长的美好生活需要和不平衡不充分的发展之间的矛盾。这充分体现了中国特色社会主义

---

① 马克思，恩格斯．马克思恩格斯文集（第9卷）[M]．北京：人民出版社，2009：436.

进入新时代后的新特征，以及面临的新任务和新挑战。改革开放以来，我们实行按劳分配为主体，多种分配方式共同发展的分配制度。这一制度本身是符合社会主义市场经济本质规定的，是具有普遍的公正性的。然而分配制度的运行过程中也出现了一些与制度本质相违背的现实。在现实经济发展过程中，随着非公有制经济资本积累的不断扩张以及按生产要素分配领域的不断扩大，作为公有制经济的按劳分配制度越来越呈现出颓势。这也使得社会财富逐渐向少部分人群集中。此外，人民群众所面对的发展不平衡问题还表现在城乡之间、地区之间、行业之间和社会阶层之间财富积累差距的逐渐拉大。“2009 年至 2016 年，我国基尼系数则分别为 0.490、0.481、0.477、0.474、0.473、0.469、0.462、0.465。”[①] 可以看出，随着近几年精准扶贫攻坚战的阶段性胜利，我国的贫富分化有了一定程度缓解，基尼系数有了一定程度下降，但依然在国际规定的 0.4 警戒线之上。

资本的高收益是当前导致社会财富分化的首要因素。近年来，随着经济市场化程度不断提升，资本高收益率的特质逐渐凸显，并造就了一个令人羡煞的企业家阶层。《21 世纪资本论》的作者托马斯·皮凯蒂曾指出：“正是当 21 世纪的今天依然重复着 19 世纪上演过的资本收益率超过产出与收入增长的剧情时，资本主义不自觉地产生了不可控且不可持续的社会不平等。”[②] 在全球范围内，随着市场经济的发展，资本收益率远超劳动收益率的情况将一直存在。有调查显示，“截至 2016 年底，中国个人可投资资产 1000 万人民币以上的高净值人群规模已达到 158 万人，其中创富一代企业家占比 40%，职业金领 30%，二代继承人占比 10%。”[③] 在 2018 年公布的福布斯百富榜当中，排名前十位的中国富豪个人财富总额均超过 1000 亿元，其中有三人的个人财富超过 2000 亿元。[④] 被公众所熟知的阿里巴巴创始人马云、腾讯创始人马化腾、万达集团创始人王健林等人早已跻身世界级富豪行列，这足以说明当前中国富人阶层的财富水平已可匹敌发达资本主义国家；并且，这些富豪绝大多数人集中在长三角与珠三角地区。

---

① 国家统计局 . 2016 年基尼系数为 0.465 较 2015 年有所上升［EB/OL］.（2017-01-20）［2017-5-31］. http：//www.chinanews.com/cj/2017/01-20/8130559.shtml.

② ［法］托马斯·皮凯蒂 . 21 世纪资本论［M］. 巴曙松等译 . 北京：中信出版社，2014：2.

③ 招商银行 & 贝恩公司 . 2017 中国私人财富报告［EB/OL］.（2017-06-21）［2017-07-01］. http：//www.sohu.com/a/150797676_ 467320.

④ 根据福布斯中国网站公布的 2018 年福布斯中国 400 富豪榜整理得出。

表 4-1 2017 年福布斯中国富豪榜前十位排名情况

排名	姓名	财富（亿元）	公司	所在城市
1	许家印	2813.5	恒大集团	深圳
2	马化腾	2581.8	腾讯	深圳
3	马云	2555.3	阿里巴巴	杭州
4	王健林	1668.2	大连万达集团	北京
5	王卫	1476.3	顺丰控股	深圳
6	杨惠妍	1370.3	碧桂园	佛山
7	何享健	1237.9	美的集团	佛山
8	李彦宏	1132	百度	北京
9	丁磊	1118.8	网易	广州
10	李书福	1092.3	吉利控股	杭州

资料来源：福布斯中国网站。

虽然企业家的财富增长速度远超想象，但其财富所得若属于建立在市场规律前提下的正当利得，还能被大多数居民接受。相比之下，诸如影视明星等非企业家群体的过高收入更容易被公众所质疑。当下，个别艺人出席真人秀节目收入可达到上千万，参演影视剧能够拿走上亿元片酬，不少艺人的专业能力与薪酬水平严重不符。2017 年 11 月，中国青年报的一项调查显示："95.5%的受访者认为当下演员片酬过高，83.2%的受访者认为演员'天价片酬'现象不合理。"① 这与本书的调查结果不谋而合。2017 年 9 月，中国广播电影电视社会组织联合会电视制片委员会等四协会联合发布《关于电视剧网络剧制作成本配置比例的意见》，对演员片酬进行了限制，明确要求"全部演员的总片酬不超过制作总成本的 40%，其中，主要演员不超过总片酬的 70%"②。2018 年全国广电宣传管理工作会议强调："将继续着重解决明星薪酬过高问题"，说明国家已对这类问题可能引发的社会后果有了一定程度的认识。

二、经济主体行为失范

众所周知，市场经济是信用经济。遵守诚信与信用原则是经济活动中的基

① 杜园春.83.2%受访者认为演员"天价片酬"不合理［N］.中国青年报，2017-11-14（7）.

② 人民网.《关于电视剧网络剧制作成本配置比意见》发布［EB/OL］.（2017-09-22）［2018-1-23］.http://media.people.com.cn/n1/2017/0922/c4060-29553702.html.

本价值准则，这不仅仅是市场主体的道德愿景，更是维系社会经济发展的根本保证。随着我国人均收入水平不断提升，居民的消费能力与消费意愿不断增强，消费已经超过投资与出口，成为拉动经济增长的重要驱动力。然而，与广大居民日益高涨的消费热情呈现鲜明对比的，是当前商品质量有所下降的不良趋势。虽然我国已经建立比较完善的市场经济体系与市场秩序，但在个别领域依然存在市场行为失范与诚信缺失等现象。一些不法商家以假乱真、以次充好，以虚假宣传过分夸大商品功能等现象屡见不鲜。由于市场经济难以通过自身消除“信息不对称”“逆向选择”以及“道德风险”等问题，买卖双方在商品流通与交换过程中的信息获得能力极不对称。消费者处于信息弱势一方，以至于平等交易准则难以在市场交易过程中真正实现。在一段时间内，“劣质商品”“山寨产品”充斥交易市场，真假难辨。从当年的苏丹红、地沟油、三聚氰胺到近年备受关注的“假疫苗”事件，不法商家以牺牲公共安全与消费者个人权益为代价实现个人财富积累，引发众怒。虽然此类事件仅为个别案件，但由于波及面广，且事关人民群众的个人健康，在一段时间内引发了人们对于社会公正的质疑。同时，主体行为失范也形成了不良的示范作用，诱使更多商家竞相模仿，将个人利益置于公众利益之上，形成非正义的行为取向。

在实体经济之外，备受大众青睐的网购平台也存在大量商品质量问题。虽然网络平台商品种类丰富、价格实惠，但不少商品质量令人堪忧，商品价格不够透明。各类促销信息诱惑十足，却充斥虚假宣传。2016 年底，国家工商总局对淘宝、天猫、易迅网、京东商城、苏宁易购等大型网络交易平台交易的商品进行了专项抽检，总体不合格商品检出率竟高达 34.6%①，网购商品质量堪忧。经济活动主体违背社会公正的行为使得大学生在公正观养成过程中滋生了“逆向选择”意识，不少人将市场经济中的秩序乱象、非正当竞争、价值扭曲等现象视为市场经济本身的固有缺陷，甚至将非公正视为市场经济下的常态化现象。

三、社会逐利意识增强

改革开放 40 多年来，我国已初步建立起社会主义市场经济体制，国家经济实力不断增强，国际影响力大幅提升，人民生活水平显著提高。然而，市场经

① 国家工商总局．2016 年网购商品抽检不合格检出率达 34.6% [EB/OL]．(2016-10-08) [2017-02-17]．http：//www.199it.com/archives/523945.html.

济在推动人类社会发展进步的同时，又不可避免地产生负面效应。在过去，由于社会文化单一，缺乏多元价值体系的比较，以重义轻利为主旨的传统道德观念在个人心中的地位无可撼动。然而，经济市场化的发展却给人们追求个人利益提供了正当性与合理性依据。当代青年人不再像过去那样谈利色变，不再将对利益的正当诉求作为羞于启齿的道德失范而隐匿起来；人们的利益关系越发明晰，利益诉求越发强烈，以至于经济主体将追求个人利益最大化作为行动指南与根本目标。在利益的驱使下，社会弥漫着世俗化与功利化理想追求，传统以儒家文化为主导的道德观发生价值断裂。这既是对五千多年来传统文化所倡导的以重义轻利为核心的义利观的价值反噬，同时也是西方市场原教旨主义、自由主义思潮的侵染诱致。在这种思想浸淫下，人的逐利意识得到强化，对经济利益、物质利益的追求超过了以往的任何时代。

在逐利意识的影响下，人们的道德观念、价值观念也发生了剧烈变化。“国民心态中出现的‘物欲化倾向’‘粗俗化倾向’‘冷漠化倾向’‘躁动化倾向’等，仿佛马克思所说的拜物教现象——‘物的人格化’和‘人格的物化’的再现。具体表现为公正情感淡化，社会责任缺失，是非观混淆，个人行为失范，以及物质主义、享乐主义、拜金主义、消费主义抬头……”[①] 对物的崇拜形成了现代性社会具有普遍性的拜物教观念与物化意识，物质利益获得了剥夺个人主体性的，被赋予决定个人命运的权力。在逐利意识的驱使下，部分人见利忘义、唯利是图，甚至为达目的不惜铤而走险，以权谋私，坑蒙拐骗，触犯法律。有的人好吃懒做、不务正业，到头来一事无成，却将责任推给社会，怪罪社会不公。不少人丧失了社会责任意识，奉行“事不关己、高高挂起”的冷漠心态，对与个人利益无关的事避而不谈，视而不见。著名的“彭宇案”曝光后，防范“扶人被讹”的思维在社会蔓延。“老太太跌倒扶不扶”成为社会热门话题，引来各方争议。这些不良的社会行为示范都不利于大学生公正观的养成和培育。

第二节　引发大学生公正观偏差的政治因素

随着中国特色社会主义进入新时代，我国的国家治理体系和治理能力现代

① 崔欣颇．学校责任教育论纲［D］．南京：南京师范大学，2006：91.

化水平得到显著提升，依法治国能力显著增强。但是，在之前的改革开放过程中暴露出了一些公民政治个人权利受侵害的事件案件和部分党员领导干部的违法违纪行为产生了不良的社会影响。政治、法治领域的非公正信息摄入引发了青年一代公正观的偏差。

一、官员违法违纪现象偶有发生

调查显示，官员的贪污腐败在引发大学生对社会公正负面评价的因素中排名第二，仅次于个人收入分配，说明以往存在的贪污腐败现象对大学生公正观带来的负面影响十分巨大。党的十八大以来，中央出台了“八项规定”，严厉整治“四风”，充分发挥巡视的震慑作用，“坚持反腐败无禁区、全覆盖、零容忍，坚定不移‘打虎’‘拍蝇’‘猎狐’，反腐败斗争压倒性态势已经形成并巩固发展”[①]。政府官员的廉政水平与工作作风已经有了显著的改善，纠正“四风”取得重大成效。反腐败工作在全国各地都产生了极大的震慑作用。但即便如此，官员腐败、为官不为、徇私舞弊、玩忽职守等问题在一定范围内依然存在，个别官员在十八大后仍不收敛、不收手，性质恶劣、情节严重；官僚主义、形式主义、享乐主义和奢靡之风尚没有完全杜绝。部分公职人员贪污腐败以及其他违法违纪行为依然冲击着公众对社会公正的总体信心。不少官员违纪违规的案件背后还暴露出当前体制内选人用人环节的不正之风，更加凸显社会不公。人们对进一步推动反腐败工作的愿望十分迫切，对以反腐败推动社会公正的诉求十分强烈。

二、司法监管机制有待完善

政治领域影响公正观的因素还表现在权力监管缺位方面。改革开放以来，我国的法治建设不断完善，各项制度不断健全，但一些过往遗留下来的冤假错案说明在过去保障法律得以实施的监督机制尚待进一步完善，在司法的个别环节还存在有法不依、执法不严、违法不究等现象，许多案件的取证与审理过程

① 习近平．决胜全面建成小康社会　夺取新时代中国特色社会主义伟大胜利——在中国共产党第十九次全国代表大会上的报告［M］．北京：人民出版社，2017：67.

存在漏洞。2006 年发生的“许霆案”① 当中，若不是因为当时社会舆论的强烈压力，案件重审结果恐怕与实际完全不同。近年来被重新审理的诸如“聂树斌案”“呼格案”等旧案件，在重审过程中均发现了司法程序不公问题，成为整个社会的问题聚焦。发生此类问题的根本原因并非法律本身存在漏洞，而是由于部分司法人员没有秉持公平公正，存在权力滥用，监守自盗，损害国家利益、人民利益，破坏社会公正环境的行为所致。一些冤案错案给受害人及其家人带来了不可挽回的伤害和影响。司法工作的不完善，制度的不健全直接影响大学生公正认知与公正意识，拉低了公正感评价水平，同时还可能使大学生产生一些冲动冒进的非理性行为。

三、公民政治参与度略显不足

政治参与，顾名思义就是一定的政治主体从事政治的活动，它包括民主选举，民主决策，民主管理，民主监督等内容。广泛实现政治参与，积极表达自身利益诉求，是确立个人基本政治地位，充分彰显政治公平公正的重要体现。由于我国生产力水平还不够发达，广大人民受教育程度以及权利意识、法律意识还有待提升，要实现最广泛的政治参与依然任重道远。来自不同地区、不同阶层的居民的政治参与程度、行使公民权利的难易程度存在不平衡、不充分。全国人民代表大会作为我国最高权力机构，是确保广大人民行使政治权利，参与国家管理的重要组织保障。然而，从当前各级人大代表的人员组成来看，来自工人、农民的代表人数增长速度比较有限；相比而言，政府代表在代表人数、话语权等方面都更具优势。虽然近几年已经逐步减少政府机关代表比重，但政府部门代表人数依然占据绝对数量优势。由于政府代表与行业代表的话语权存在差异，在参与重大问题、重大事项审议过程中，依然存在利益表达权力不平衡现象。相比于行业代表，政府部门代表的利益诉求与提案获得重视并得以执行的概率与效率都大得多。政治参与度不高引发公众对当前政治公正以及个人政治权利平等方面的质疑，一些居民将政治参与度的非均衡与不平等现象视为我国社会的基本常态，在这种观念的作用之下，青年人容易倾向于通过较为极

---

① 2006 年 4 月 21 日，广州青年许霆与朋友郭安山因 ATM 机发生故障取款近 20 万元。事发后，郭安山主动自首被判处有期徒刑一年，而许霆潜逃一年落网。2007 年 12 月一审，许霆被判处无期徒刑。2008 年 2 月 22 日，案件发回重审，最终改判 5 年有期徒刑。

端的方式表达个人意见与利益诉求，在事关社会公正的问题上言语激愤，行为失当。

第三节 引发大学生公正观偏差的社会环境因素

十八届三中全会将“全面推进国家治理体系和治理能力现代化建设”作为全面深化改革开放的总目标。党的十八大以来，随着社会治理水平的不断提高，社会民生状况得到了很大程度的改善。尤其是党和国家通过号召“大众创业、万众创新”，给广大大学生提供了广阔的发展机会与良好的个人前景。然而，必须看到的是，随着市场经济的快速发展，社会竞争越发激烈，社会生存成本呈现不断攀升的势头。尤其是近十几年，随着高校招生规模的扩大，大学生在未毕业之前就能感受到巨大的社会压力，一些大学毕业生将生存发展境遇不佳归咎于社会不公。同时，社会上的一些不良风气、逐利之风、浮躁之风也在一定程度上影响了大学生对社会公正水平的评价以及自身公正意识与公正实践。

一、生存压力攀升引致心态失衡

随着高校招生规模的不断扩大，大学毕业生人数逐年攀升。据统计，全国高校毕业生人数自 2011 年以来按年均 2%~5%的速度逐年增长，2018 年全国高校毕业生人数达 820 万人，再创历史新高。毕业生的就业压力逐年增大。面对竞争日趋激烈的市场经济环境，不少大学生无法及时完成由“学校人”到“社会人”的角色转换，以至于在茫茫的求职大军中迷失自我，自暴自弃。由于缺乏必要的心理调适，部分大学生毕业后出现心理失衡，他们对未来失去信心，将个人的艰难境遇归结为社会不公。同时，大学生求职就业过程中时常遭遇不公正对待。由于我国不少区域存在一定程度的就业歧视，落后地区、农村地区生源的学生想进入大城市就业存在一定的制度门槛与观念门槛。一些中央直属单位一般情况下都要求大学生回生源地就业，阻断了他们实现个人理想的现实通道；不少单位在招聘过程中因人设岗位，设置与工作岗位不相关的求职门槛；个别国有大型垄断部门直接规定只招收内部职工子女；一些单位在市场经济的趋利性主导下引发“人才高消费”，盲目追求名牌大学生和海归人士；

部分企事业单位不招非“985”和“211”院校学生。这些现象严重挫伤了大学生的求职积极性，影响了公平就业环境，不少学生对此类招聘已经“习以为常”。

另外，毕业后面临的巨大生存成本也是青年学生难以承受的潜在压力。虽然近几年我国 CPI 指数未出现大幅上升，但诸如住房、医疗以及继续教育等方面的成本依然保持在高位。一线城市住房均价进入“6 万元时代”，总价则迈入“千万元时代”①，过高的房价让刚步入社会的青年学生望而却步。日益攀升的基本生活成本挤压了青年的发展空间，使得他们能够用于人力资本投资的资金杯水车薪，以至于自身的专业技能以及其他综合素质得不到提升，难以获得职业上升空间。许多大学生未出校门便对未来可能遭遇的生活重压感到悲观，失去了继续奋斗的动力。不少大学生向往所谓“佛系”生活，借以逃避现实、逃避责任，而更多学生则抱怨社会机会公正缺位。

二、社会阶层固化形成身份差异

随着我国步入经济社会转型期，传统的二元阶层划分格局正被逐渐打破，社会结构进一步多元化，出现了显著的“阶层分化”现象。有研究表明，我国目前共有“4 种基本阶层类型、17 种基本阶层”②。不同社会阶层之间的收入水平、社会地位存在较大的差异，享受各类社会资源，实现自身全面发展的机会与权利禀赋也不相同。这种不平等现状，随着市场经济的进一步发展，又存在被进一步扩大化的可能。由于存在权力、财富与社会地位的整体世袭，阶层之间的流动随着身份的固定与代际传承而趋于静止，“阶层分化”逐步演化为“阶层固化”③。来自不同阶层的青年学生在个人发展方面存在不平等、不公正的外部环境。高势位阶层的财富与权力能够在下一代身上得以延续的，他们的后代就能够享有更优质的社会资源。在校园内，“富二代”群体与其他学生群体之间的发展轨迹表现出显著差异，他们获得学校各类奖励，获得较好的工作机会与职业发展的概率远远大于其他学生。相比之下，中低阶层群体在各个方面竞争上全面处于下风。在不少人的观念中，“知识改变命运”的时代已经渐

① 张璋，周海川．我国一二三线城市房价互动机制研究［J］．上海经济研究，2018（1）：75-84.

② 涂小雨．社会转型与中国社会阶层分化趋势分析［J］．学习论坛，2011（5）：76-80.

③ 社会学把由于政治、经济、社会等多种原因形成的，在社会的层次结构中处于不同地位的社会群体称为社会阶层，各阶层之间流动受阻的情况就称为阶层固化。

行渐远，传统的“熟人社会”思维在当代得到了进一步强化。不少人将社会看作是血缘、学缘、地缘、业缘所构成的人情网。家庭经济条件、社会地位与人脉资源成为大学生毕业后获得较快发展的根本保障。各种“潜规则”和“关系网”替代了既定规则与制度，消解了大学生自身努力与个人能力在求职就业以及职业生涯发展过程中的基础性作用。出身社会弱势阶层的大学生，只能勉强找一份工作糊口，维持生存。个别单位在选人用人环节上存在任人唯亲、裙带关系等扰乱招聘秩序的现象，损害了青年在职场发展的机会公平，也让不少大学生还未出社会，就无形中形成“潜规则”意识，扭曲了他们已有的公正认知与公正意识。尚未步入社会的大学生一方面对“潜规则”等不良社会现象深恶痛绝，另一方面也寄希望于能够通过“潜规则”实现自身的利益。

三、舆论引导失当激化非理性行为

舆论是社会评价的重要形式，是人民对某个社会事件的普遍社会心态的客观反映。舆论的内容与方向受到诸多外部因素的影响，这当中，新闻媒体发挥着决定性作用。媒体是社会舆论的一种通用的载体，对舆论的方向、内容具有重要影响。维护良好、健康的社会舆论导向，引导公众树立正确的价值观与道德信仰，是各类媒体应尽的社会义务。在过去，传统纸质媒体是舆论传播的主渠道，随着互联网的不断发展，媒体形态、载体的不断演变，网络逐渐成为社会舆论的主导场域。以主流网站、微信朋友圈、微博、直播平台为主体的社交平台已经成为包括大学生在内的当代青年人日常社会交往、获取社会信息、丰富个人知识结构的重要渠道，也是构建基本社会认知的信息源泉。然而，由于缺乏新闻伦理观念，网络媒体往往更注重新闻的传播力以求获得更多的社会关注，而忽视了对新闻真伪、细节与价值导向的判别，这使得人们对网络媒体所发布信息真实性的辨别难度不断加大。不少网络媒体将偶发的社会问题进行反复加工、上纲上线，并以碎片化方式在网络空间快速传播，引发了社会广泛关注。不少网络新闻将矛头直指社会公正缺失，容易对大学生公正观产生错误引导，激化社会矛盾，继而引发一系列连锁反应。例如，一些网络媒体过度渲染各类“富二代”“官二代”以及“星二代”的奢靡生活与不道德行为，既容易引发仇富、仇官等不理性观念，又有可能引导人们相继效仿，在社会上滋生享乐主义、拜金主义以及特权意识。个别网络媒体在报道具有影响力的社会事件时没有从事实出发，而是片面追求事件的爆炸性与煽动性，对于当事人进行道德绑架，引发社会舆论对当事人口诛笔伐。当下大学生公正观调查中表现出来的各类非理性情绪与新闻媒体的失实报道有着直接联系。

伴随着网络自媒体的兴起，不少著名学者、知识分子、影视明星等公众人物纷纷开设自媒体公众号。他们当中的大多数人以此作为与公众互动，增进知名度的平台，但也有少部分人将其作为“异样声音”的传声筒和扩音器，以此进行自我炒作，构建话语权威。由于这类群体普遍具有一定社会知名度，社会影响力较大，他们的网络言论往往能够左右社会舆论。部分网络公共知识分子利用自身影响力，炮制了大量抨击我国改革开放与社会制度的负面言论，大肆宣扬社会不公，并将某些被公众广为关注的社会舆论事件放大升级，影响人们对事件的价值辨别，阻碍了人们对当前社会公正状况的理性判断。他们的个别言论甚至直接损害了政府的公信力与权威性，对于判断、评价社会公正环境，塑造良好的公正观带来了很大的负面影响。

第四节　引发大学生公正观偏差的文化因素

文化是社会生活的产物，包含了整个民族的生活方式、价值信仰、道德取向和生存哲学等内容。随着经济全球化与信息化浪潮崛起，各种社会文化思潮激烈交锋，各种异样观点激烈碰撞，让人们一时无法分辨是非与善恶。当下，青年一代的思想形态正从“一条大河波浪宽”的一元形态转变为“千江有水千江月”的多元形态。在多元文化影响下的当代大学生对社会公正的理解与认知，相比以往大学生而言，更加复杂多样。要把握影响大学生公正观的文化诱因，就必须深入分析当前对社会影响特别显著的几种文化形态及其负面影响。

一、传统文化窠臼残存

中华民族五千年的历史发展孕育了无数底蕴深厚的优秀文化遗产，为当今社会发展提供了思想指导。然而，其中也残存不少不适应历史发展趋势的糟粕和渣滓，对其可能造成的不良影响必须有所警惕。

（一）传统平均主义思想

平均主义是在小生产基础上产生的，要求全社会人民平均享有社会财富的思想，在我国古代传统文化思想体系中占据极其重要的地位。历史唯物主义观点认为，社会存在决定社会意识，经济基础决定上层建筑。平均主义思想作为中国古代占据统治地位的主流社会意识，是由中国古代封建社会的落后的生产力水平以及传统农业经济生产方式所决定的。众所周知，我国是一个传统的农业社会，由于受到生产规模与生产技术水平的限制，农业生产难以达到规模经济。在我国漫长的封建社会发展过程中，抛开劳动力数量增长的因素，经济的增长速度是极其缓慢的。从人均粮食占有来看，两汉时期人均原粮占有量基本稳定在700市斤左右。到了唐代，由于生产力水平的发展，曾达到1256市斤，宋代为1333市斤，到了清朝前期又下降到1085市斤，清末为700市斤。可见，从汉代到清末，中国人均粮食占有量几乎没有上涨。这种低效率的小农经济与落后的小农意识决定了封建统治阶级的阶级意识与治国理政思想。由于劳动生产率低下，古代的思想家与君王都极力倡导“均贫富”的思想，以求达到稳定社会、防止人民暴动的目的。因此，“是否能够贯彻好平均主义”也成为了巩固封建集权执政地位的思想引擎。一旦社会分配出现不均，则农民起义纷至沓来。伴随着新的统治集团的确立，社会又恢复到“均富贵”的理想状态。

中华人民共和国成立之后，由于对社会主义的认识存在偏差，我国在追求社会公正的实践过程中也曾经走入平均主义的误区。事实证明，平均主义完全不适应社会化大生产的需要。改革开放后，我国建立了以按劳分配为主体，多种分配方式并存的分配制度，极大程度地调动了劳动积极性，基本上扭转了社会上的平均主义观念。然而，近些年，平均主义又有回潮之势。由于市场竞争的加剧，一些落后产能、低效企业在改革过程中被市场所淘汰。不少人的利益因此受到损害，进而对社会主义市场经济制度、分配制度产生抵触情绪，将矛头直接指向整个改革开放，认为改革引发贫富差距分化。有些人甚至希望重回计划经济时代，以经济水平的倒退为代价消除分配不均的社会问题，让整个社会恢复到“均贫富”的状态。这种思想显然与社会发展的趋势背道而驰。从当代大学生群体来看，平均主义思想的毒害依然存在。调查中，依然有不少学生抱有平均主义的心态，对绝对平均的分配持肯定态度。

（二）封建礼教思想

封建礼教，主要指封建社会约定俗成的“礼制”与“礼法”，是封建社会一切规矩的总称，是封建社会的基本社会道德秩序与行为规范。在经由封建士大夫阶层的加工与改造后，封建礼教上升为一种普遍的国家意志，具有了制度与法律的性质，对于稳固封建统治阶级的统治具有积极作用。然而，这种长久以来被视为“公正的”“应然的”道德规范实质上却是封建社会的宗法文化的体现，反映的是当时封建统治阶级的阶级意志，处处折射出对公正的歪曲与颠倒。例如，封建道德条律中关于君臣、父子、夫妇、兄弟以及朋友之间约定俗成的社会地位与社会关系直接造成了封建社会人与人之间出现尊卑之分。许多人天生低人一等、矮人一头。因此，封建礼教制度是封建社会不平等、不公正的根源所在。随着社会形态的演变，虽然封建礼制所约定的社会秩序早已不适应当今社会的发展需要，但其却未真正消亡。在广大农村以及欠发达地区，由于经济水平不高，思想长期封闭，人们或多或少还遵循着传统封建礼教，以此作为行动指南。一些地区男尊女卑的现象还比较严重，女性天生低人一等。不少女大学生毕业后放弃城市的就业机会，回到农村相夫教子，当家庭主妇。许多大学生将“礼制”观念下的不平等关系视为一种社会常态，这与当前社会主义倡导的公正观是完全背道而驰的。当前，大学生有一半以上来自农村，这其中又有相当一部分来自经济、文化发展欠发达地区。封建礼教思想在这些地区依然根深蒂固，严重扭曲了大学生的公正认知与公正心态。

封建礼教思想对我国当代道德观也有着极其深厚的影响。众所周知，我国古代的道德观表现为一种建立在道义论基础上的道德理想主义，它倡导极大程度消解人的自然欲望，建立一种超然的义利观。在传统义利关系中，“义”是“利”的基础，具有绝对的优先地位。在这种观念的影响下，我国过去的道德教育一贯奉行“无私利他”式的道德理想主义，倡导人们“毫不利己、专门利人”“无私奉献”“大公无私”。这些传统美德是当今社会必须发扬与传承的，但是如果一味强调付出，不求回报，将无欲无求作为内心道德境界的最高准则，甚至以贫困为实现最高道德原则的现实表现，那便与公正的真实意蕴背道而驰，成为阻碍社会前进的桎梏。这些传统观念在当下不但难以形成有效的道德共识，反而会导致对社会主义道德观的曲解。不少学生因此出现知行脱节，将道德规范背诵得滚瓜烂熟但却不愿在现实中多行善事，而是“说一套，做一套”。

（三）权力本位思想

传统封建思想中，权力具有一种神秘的力量，让普罗大众趋之若鹜。对权力的崇拜与服从是封建社会传统道德的重要特征。在当今社会，带有深刻封建烙印的“权力本位”思想、“官本位”思想依然没有完全消亡。例如，原司法部副部级干部卢恩光的“造假之路”[①] 便是权力本位思想的充分体现。作为一个已坐拥上亿资产的民营企业家，出于对权力的过度崇拜，不惜铤而走险，在错误的道路上越走越远。可见，权力在许多社会阶层的人眼里依然至高无上。当前，各级各类公务员、事业单位考试报考人数逐年递增，许多大学生将进入体制内，谋得“铁饭碗”作为职业规划的首要选择。而且，往往学历越高的毕业生越希望进入行政体制内发展。尤其是不少贫困地区大学生，将获得一官半职作为光耀门楣的重要手段。对权力的趋之若鹜使得不少大学生在构建自身公正认知过程中夹杂着深刻的权力本位观念。例如，不少大学生在遭遇不公正对待时，不是据理力争或者通过合法手段寻求解决，而是希望通过和老师、领导搞好关系在今后获得更多利益。一些大学生在评优评先、评定奖助学金过程中因为同学“走后门”失去机会，他们并没有选择诉诸于相关部门，而是希望今后自身也能通过非正当手段获得利益。

二、错误社会思潮侵袭

中国在积极融入世界，吸收各国优秀文化的同时，诸多文化糟粕也乘虚而入。越来越多的西方文化思潮在我国传播，并与我国社会自身存在的非主流社会思潮“相互辉映”，不断消解主流社会思潮的正面影响。涉世未深的大学生对新鲜事物有强烈的求知欲。由于缺乏进行价值比较的基本理论素养与实践机会，他们容易被包装着华丽外衣的各种不良社会思潮所左右，对公正产生错误的理解。

（一）自由主义

新自由主义是当前对我国影响最为深远的一种西方社会思潮，其透射出深刻的自由化、市场化与私有化的思想。“它坚决提倡自由放任，信奉市场原教旨主义，要求政府完全退出经济干预领域，完全依赖市场力量调节经济关系，要求对现有公共资源进行私有化改革。在政治方面，新自由主义极力反对社会主

① 2017年5月，中纪委对司法部原党组成员、政治部主任卢恩光严重违纪问题进行了立案审查。经查，卢恩光存在年龄、入党材料、工作经历、学历、家庭情况等方面的造假问题，一路拉关系买官和谋取荣誉，在短时间内从私营企业主升迁为副部级干部。

义，在意识形态领域坚决反对马克思主义，他们认为社会主义就是对自由的限制和否定。同时，随着全球化的发展，新自由主义从经济学理论流派逐步泛化为西方资本主义国家推行全体一体化的重要战略工具，即新自由主义逐步朝政治化、意识形态化和范式化的方向发展。”[①] 在思想领域，大学生对公正的理解也不免被种上新自由主义思潮的毒瘤。一些学生已经潜移默化地接受西方极端个人主义和自由主义思想，这影响了大学生对当前社会公正现实和相关政治制度的客观评价，行为上不顾及公正原则，只求自身权利的实现而轻视相应义务的履行。调查发现，不少学生受到极端自由主义思潮的影响，将权利公正视为一种绝对的权利自由，认为行使权利是个人的自由，政府、社会、学校乃至家庭都无权干预。

（二）历史虚无主义

“在近代中国，历史虚无主义是作为同‘全盘西化’论相呼应而出现的一种错误思潮。”[②]它是一种通过所谓的“重读历史”以实现否定马克思主义指导地位，歪曲社会主义发展的历史必然性，动摇中国共产党执政地位的反动社会思潮。历史虚无主义思潮并非直接来自外部，而是自由主义、民主社会主义等外部思潮和我国社会自身各种非主流思潮融合的产物。历史虚无主义思潮最初以文学、影视作品为寄生对象，随着移动互联网的发展，微信朋友圈、公众号逐渐成为传播历史虚无主义的最重要渠道。相对于传统传播渠道而言，通过主流社交平台传播历史虚无主义，影响面更大、危害性更强、内隐性更突出。当前，历史虚无主义与其他西方社会思潮相互勾连，又产生了许多新的“变体”。一些作家、剧作家将历史与现实进行毫无逻辑的嫁接，以现实否定历史，以历史批判现实，“生产”了一批看似高雅，实则毒害极深的文艺作品，这些作品由于经过了系统的艺术包装，常人不易识别其中的错误指向。有些作品甚至在国际重大奖项评比中获奖，受到国人追捧。受历史虚无主义的影响，不少大学生理想信念出现动摇，甚至对中国特色社会主义制度产生质疑。

（三）民粹主义

民粹主义，又称为平民主义、大众主义，是一种以反对精英为主旨，周而复始的社会思潮。民粹主义“常常在新的社会历史条件下与新的社会问题相结

---

① 郑元凯．新自由主义思潮影响下高校思想政治教育对策［J］．继续教育研究，2018（2）：57-60.

② 梁柱．历史虚无主义思潮的泛起、特点及其主要表现［J］．马克思主义研究，2013（10）：120-128.

合，而后以新的面目出现于世”①。每当社会化进程中出现社会精英与社会平民之间的矛盾冲突时，民粹主义思潮便会“华丽出场”。随着冲突的缓和，这种思潮又趋于平稳，有时甚至会短暂隐匿起来。近几年的网络调查显示：“2012年民粹主义在中国十大社会思潮中排名第八，2013 年排第七，2014 年跃至第四，2015 年仍居第四，2016 年成为最受关注、影响最大的社会思潮。”②

随着互联网的飞速发展，传统民粹主义已经呈现网络化发展的趋势，变身成为了新媒体时代的网络民粹主义。当前，大学生对于社会信息的接收主要来源于网络。通过手机与移动互联网，大学生随时随地都能够接收到来自微信、微博、网络社区、公共论坛、贴吧等社交平台的各种信息。在不少广泛流传、转载的高点击率网文中都能寻觅到民粹主义的鬼魅身影。在民粹主义的影响下，大学生在面对社会公正问题时容易滋生非理性意识与行为。一方面，民粹主义会激发社会阶层矛盾与冲突，诱导大学生形成不公正感。当前大学生多数来自中产阶级以下的社会阶层，民粹主义的部分思潮正好迎合了大学生对于不断拉大的收入差距以及不断增长的富人阶层的反感与抵触心态。调查表明，受访大学生中有相当一部分极度痛恨“富二代”，这种痛恨很大程度源于民粹主义心态。另一方面，一部分大学生的规则意识、权威意识淡漠，也在很大程度上源于网络民粹主义的推波助澜。民粹主义会导致大学生质疑现行的政策与制度，动摇对于社会公正的已有认知与意识。在带有民粹主义色彩的网络信息渲染下，社会中出现的某些问题被不断夸大，个别人为事件被肆意转化成为具有普遍性的社会问题，并直接指向精英阶层与“既得利益者”对平民的剥削，指向政府制度设计不合理与监督管理不到位。

(四) 泛娱乐主义

“泛娱乐主义”又称为“泛娱乐化”，是经济发展到一定阶段的产物，代表着社会文化格调的蜕化与枯萎以及社会成员娱乐精神的兴起。媒体生态学首创者，美国当代著名媒体文化研究者尼尔·波兹曼在其知名著作《娱乐至死》中谈道：“有两种方法可以让文化精神枯萎，一种是奥威尔式的——文化成为一个监狱，另一种是赫胥黎式的——文化成为一场滑稽戏。”③ 沈壮海教授主编的《2017 年中国大学生思想政治教育发展报告》指出，“娱乐消遣”是大学生上网

① 林红．民粹主义——概念、理论与实证［M］. 北京：中央编译出版社，2007：1.

② 刘小龙．民粹主义思潮在大学生中的渗透及其治理策略［J］. 理论月刊，2017（10）：103-109.

③ ［美］尼尔·波兹曼．娱乐至死［M］. 章艳译．桂林：广西师范大学出版社，2004：201.

的最主要目的[①]。娱乐化的语言、行为、价值取向逐渐成为当下大学生所具有的共同特征。

当下，文化生活领域充斥着格调不高的娱乐节目、影视剧，这些文艺作品通过人为制造低俗、搞怪、戏谑的笑料以及各种不堪入目的画面取悦观众，增加关注度。随着网络直播行业的兴起，泛娱乐化现象逐渐出现全民化的趋势。一时间，各种名人、伟人成为网民“恶搞”的对象。各种网络俚语、吐槽文字代替传统表达方式，成为青年群体中日常交往的主导性话语，彰显了当代青年“滑稽戏”式的文化表达。前些年，一组名为“杜甫很忙”的学生涂鸦漫画在网络走红。在漫画中，以往被学生敬仰的“诗圣”杜甫被赋予了各种超现实的恶搞造型。人们在感叹当今学生丰富想象力的同时，也深刻认识到“恶搞”文化以及背后的泛娱乐化心态对青年一代世界观的负面影响。

“泛娱乐化”现象实质上是全民文化倒退的一个侧影。虽然泛娱乐化看似与社会公正、个人公正观的形成没有直接关系，但却通过一种开放式、平权化的思想植入，与民粹主义遥相呼应，不断挑战当前国家的制度权威，成为了平民阶层对抗精英阶层的一种隐性的战略手段。

“泛娱乐化”的消极表现不仅在于娱乐本身，更在于它导致人们失去对各种现实问题进行理性思考与科学判断的能力，使其无知又无理性，而自身却浑然不知。人们不再关注现实社会的是非、真假、善恶，而是以一种超脱的生活状态面对社会、面对现实。那些本应具有严肃性与权威性的社会制度、法律、规则、政策也容易在“泛娱乐化”精神的影响下成为一纸空文。不少青年人在面对社会问题时并没有抱着严肃的心态进行审视，非但没有站在受害者的立场上寻求伸张正义的途径，反而将受害者的痛苦经历进行“娱乐化”加工，供人消遣。不少人面对他人的不幸遭遇时不是主动见义勇为、惩恶扬善、锄强扶弱，而是拿出手机录制视频，转发朋友圈、上传微博，还附上各种具有“恶搞”性质的文字配图，作为生活娱乐与茶余饭后的谈资。

三、劣质文化产品供给

随着人们生活水平不断提升，文化消费在居民日常消费中的比重不断提升。以各类文化产品生产为主要活动的文化产业已成为当今世界发展最快的产业之

① 沈壮海等．中国大学生思想政治教育发展报告 2017［M］．北京：北京师范大学出版社，2018：370.

一。在种类繁多的文化产品当中，网络游戏与影视剧是最受青年学生欢迎的两个类别。它们不仅能够给青年人带来超越传统文化产品的感官体验，还能够起到青年人社交的桥梁和纽带作用，引领一个阶段的社会流行话题。然而，随着文化产业的发展，越来越多劣质文化产品成为青年学生业余生活的“精神食粮”。不论是在影视剧、流行音乐、出版物还是电子游戏领域，“热门榜”里很少见到真正反映社会公正风气的主旋律作品，取而代之的是溢满情爱、展现暴力、揭露社会阴暗面、具有“负能量”的劣作。这些作品要么内容格调不高却极具娱乐性和话题性，要么掺杂了创作者的个人倾向，所传达的思想与观念不够客观、真实、公正。这其中，以宣扬个人英雄主义与霸权主义为主题的西方类型片，以歌颂黑恶势力为主题的黑帮影视剧以及通过暴力、血腥元素营造感官刺激的电子游戏在大学生群体中的影响力最大，市场需求最为强烈。

低俗文艺作品给大学生思想文化领域带来了巨大的冲击和挑战，同时，也给大学生展现了一个扭曲的公正观。早些年，以《古惑仔》系列电影为代表的一批影视剧将为非作歹的黑社会人物塑造成人人敬仰的社会英雄，导致不少大学生争相模仿，影响青少年对是非善恶的分辨能力。个别青年学生为黑社会分子的行为叫好，将他们视为维护社会公正的英雄人物。这些作品往往会大肆揭露社会阴暗面，宣扬人性本恶，将学生带入一个罪恶横行、没有公道的非现实世界当中。在此类文化作品影响下，大学生对社会公正失去信心，对罪恶习以为常，并幻想“以暴制暴”。近年来不断升级的校园暴力事件也在一定程度上折射出低俗文艺作品对当前青少年的负面影响。2017 年在网络上十分流行的某嘻哈类歌手选秀节目将异于主流审美的音乐形式渗透到广大青年当中。其中的部分歌曲歌词中充斥着色情、暴力与人身攻击，甚至存在大量极度下流、淫秽、龌龊的语句，激发青少年的叛逆心态，误导青少年产生非主流人格，甚至可能加强他们对社会的仇恨，对权威、精英的蔑视。在低劣文艺作品的影响下，青年学生不但不可能树立良好的公正观，反而会成为破坏社会公正，污染网络舆论，扰乱社会正常秩序的问题人物。

第五节　引发大学生公正观偏差的高校教育因素

高校是开展大学生公正观教育，引导大学生树立正确公正观的主体渠道，应当发挥引领大学生公正观的主导作用。当前高校在大学生公正观教育方面虽然取得了一定成绩，但依然存在很多不足之处。高校缺乏针对大学生公正观的系统教育体系，既没有设置相关的专门课程，也没有将公正观教育有机融入其他相关人文类、思政类课程当中，以至于公正观教育长期缺位。即便对于已经开展公正观教育的高校而言，也存在教育方法单一、内容陈旧、人员配备不足等问题。一些高校自身的公正环境尚待进一步提高，更加无法树立公正观教育的主体权威。

一、大学生公正观教育的定位不清

目前，不少高校已经意识到大学生公正观的重要意义，并利用一些渠道在校园内开展大学生公正观教育活动。然而，总体而言，当前高校开展大学生公正观教育的力度依然不足，缺乏持之以恒、不断创新的内在动力。多数高校虽然意识到公正观教育的重要性，但尚无法构建科学合理的公正观教育体系，最终使得公正观教育丧失了在思想政治教育体系中的存在感，趋于边缘化。从性质与内容上看，公正观教育既可以延伸到伦理学、哲学、政治学等学科教育教学领域，又从属于学生思想政治教育工作，学科归属模糊；若将其简单纳入学生思想政治教育工作范畴，由辅导员开展教育，则会弱化公正背后的学理性；若将其纳入学科教学体系当中，则会导致政治性与价值性的缺失。这样的状况也导致公正观教育的定位更加模糊不清，无法确定教育的主体。从思想政治教育学术研究的角度来看，公正问题与公正观教育问题尚未成为思想政治教育过程中一个独立的研究课题，学术界在此方向上缺少高质量的研究成果。在教育的指向上，不少高校用道德教育代替公正观教育，以纯粹道德说教的方法来阐述社会公正，这显然曲解了大学生公正观教育的应有之义。在调查中发现，有19.59%的受访者表示学校很少开设公正观教育相关课程，有7.84%的受访者表示“完全没有”，34.95%的受访者表示“在一些课程中涉及到相关问题”，仅有18.03%的受访者表示“有开展专门的系统教育”，说明当前大多数高校尚没有开展专门的公正观教育课程或主题教育活动。

二、大学生公正观教育的主体不明

大学生公正观教育属于大学生思想政治教育工作的重要组成，是一项具有全员育人、全程育人、全方位育人特征的教育活动。然而，目前高校对大学生公正观教育的定位还不够清晰，大学生公正观教育活动开展的主体尚不明确。公正观教育究竟应该单列课程，还是融入思想政治理论课体系当中，又或是以日常教育引导为主，目前尚无统一的标准。许多高校仅通过思政理论课这一个主渠道和思政理论课教师单一主体开展大学生公正观教育。高校的思想政治理论课，作为引导大学生树立正确的世界观、人生观、价值观的主渠道，其中也包含一些公正观教育的内容，部分高校在《毛泽东思想和中国特色社会主义理论体系概论》课程中的“社会主义分配”一节谈到了分配公正问题，在《思想道德修养与法律基础》中通过法治教育传播了司法公正思想。但由于其理论内容较多，相关的公正观教育并没有成为重点内容，因而也往往达不到应有的效果。而且这些涉及的内容都仅仅是社会公正观教育的一个方面，并且仅仅是一种事实描述与价值预设，而并不包含关于“何为公正”“公正为何”以及“公正何以可能”这样一系列公正的证明过程，既缺乏必要的学理性思考，又没有给学生充分的实践体验。本文的调查显示，60.34%的受访者表示公正观教育仅来自于思政教师。这说明现阶段大部分高校推动大学生公正观教育的主体比较单一，思政理论课教师成为公正观教育的主体，辅导员、人文社会学科教师以及党政干部这些相关主体的作用没能得到充分发挥。辅导员的日常教育本应是大学生端正公正观的最直接渠道，但由于辅导员多忙于日常琐碎的事务性工作，难以开展较为系统的公正观教育与研究。各类人文社会科学专业课程教学本应成为大学生公正观教育的渠道之一，但由于不少专业教师对“课程思政”的理解尚不够系统，缺乏将专业课程与思想政治教育相融合的自觉意识与思想政治教育方法指导，将公正观教育融入这些课程当中还存在一定阻力。

三、大学生公正观教育的内容陈旧、方法单一

调查显示，“教学内容不够丰富，与现实社会问题结合不够紧密”“教育方式陈旧、单一，难以激发学生的学习兴趣”是高校开展大学生公正观教育存在的最主要问题。当前，学生接受信息的渠道越发多元，不少社会热点问题都获得了广大学生的持续关注与讨论。这些热点问题当中不乏一些具有争议的，涉及多个主体利益平衡的两难问题。大学生对这些问题的关注充分说明他们对参与社会事务，分析解决社会现象有着十分迫切的愿望。由于高校没有对公正观

教育内容进行系统合理的规划整合，以至于大学生公正观教育与当前大学生的学情特点、思想特质相脱节，教育内容缺乏实效性。同时，由于缺乏必要的理论知识，相关的教育者往往只能凭借经验与生活常识对一些社会公正问题发表直观看法，这种方式反而可能会让大学生更加困惑。此外，目前高校在公正观教育上还存在方式方法不当、缺乏创新性的问题。教育者一味注重理论灌输，忽视了实践教育、体验教育、榜样教育、实践教育以及自我教育等其他教育方法的运用。他们更侧重于教育者的主导性，忽视了受教育者的主体性地位，降低了教育的感染力与吸引力。这种缺乏道德价值判断的教育，无法让大学生在课堂中体验到两难判断的冲击力，也无法提高价值判断水平。[①] 由于当前多数高校以科研质量和数量作为教师职称晋升的最重要依据，不论是思想政治理论课教师还是其他专业课教师，均将绝大多数精力投入到写论文、申报科研项目当中，甚少专注于教育教学方法改革与手段创新的研究与实践，而辅导员又忙于日常琐碎事务，无暇顾及其他教育教学工作，以至于针对公正观教育的教学方法改革与创新受到很大阻碍。

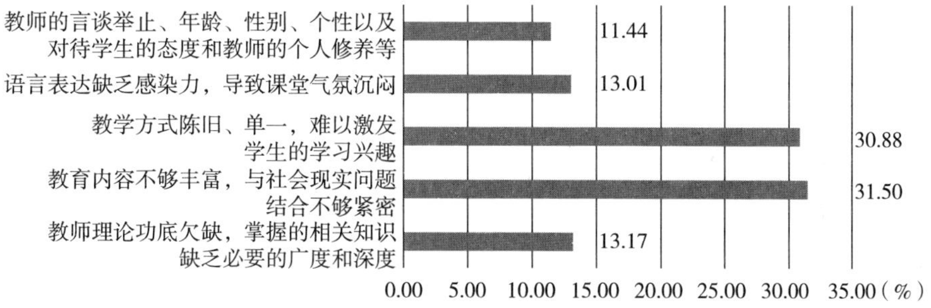

图 4-1　当前高校开展大学生公正观教育存在的主要问题

四、高校自身公正环境缺场

高校是社会的缩影，如果高校自身无法实现校园内的各项事务、各项行为的公正性，学生的公正观教育更加无从谈起。由于高校内环境日趋复杂，管理公正与制度公正的缺场问题也时有显现。导致学校公正缺场问题的原因是多方

---

① 朱海龙，杨韶刚．高校大学生价值观教育策略分析［J］．高教探索，2014（2）：154-158.

面的，既包括管理制度设计的公正缺失，也涉及个人道德行为的失范。当前，不少高校没有根据国家加强和改进高校思想政治工作的宏观环境修订完善现有的教育、管理制度体系，不少制度过分强调学校、院系、班级利益，没有充分考虑到学生的个人诉求以及学情特点；个别制度存在管理真空，给了投机分子可乘之机；此外，管理人员失职渎职、监守自盗，部分师生弄虚作假等现象也时有发生。不论在学生管理方面还是在教师管理方面，均不同程度地存在“触碰红线”的问题。在学生管理方面，入党、评优评先、奖助学金评选、学生干部竞职等环节中材料造假、把关不严等问题时有发生；在教师管理方面，近几年教师违反师德师风的事件案件不断涌现，诸如论文抄袭、数据造假等学术不端问题直接指向个人道德领域，是教师、学生学术行为不公的集中表现。近年来，网络上持续发酵的“404 学者事件”“演员翟某某学术不端事件”“演员仝某伪造身份事件”等与高校相关的现实问题充分暴露出当前部分高校在学术管理方面存在失职渎职、监管不力等问题，进一步引发了社会对高校管理公正的质疑。调查显示，30.9%的受访者表示“在校就读期间有过不公正遭遇”。在这部分学生当中，34.69%认为遭遇不公正对待的原因是“学校制度设计不合理、不健全”，22%认为是“同学弄虚作假”，20.47%认为是“管理人员徇私舞弊”，还有 18.27%认为是“管理人员工作失误”。高校自身公正缺场的种种现象影响了大学生对社会公正的评价与自身的公正意识，是造成大学生公正意识弱化、公正行为淡漠的直接或间接因素。

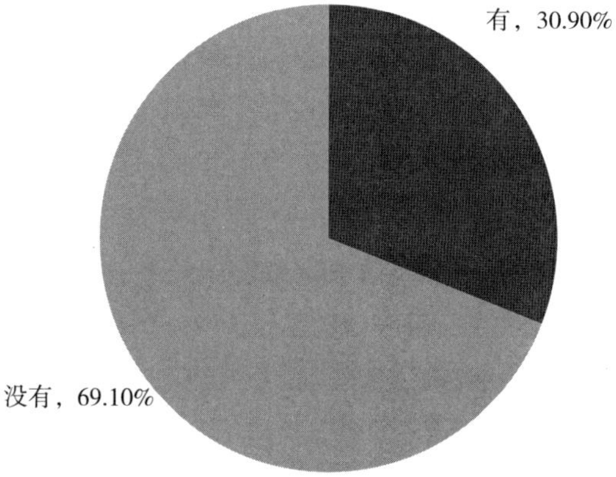

图 4-2　大学生在校期间遭遇不公正对待的比例

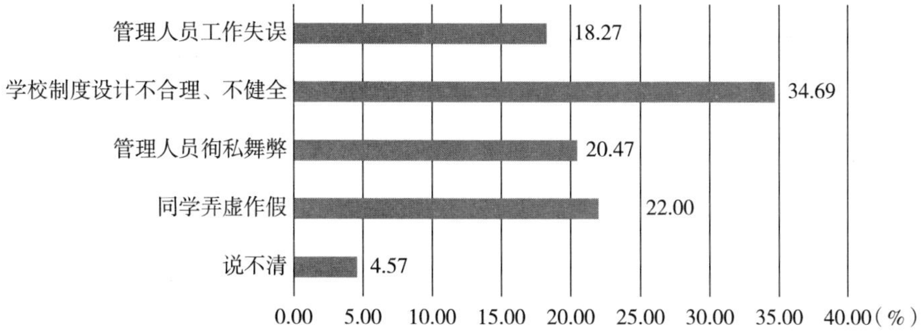

图 4-3　大学生在校期间不公正遭遇的原因

五、高校思想政治教育缺乏人文关怀

马克思认为："有人的生命表现的完整性的人，在这样的人的身上，他自己的实现表现为内在的必然性、作为需要而存在。"① 人不仅是社会的人，也是具体的人，是现实的人。针对现实的人，各种现实的物质需要与利益诉求的满足，是推动个人发展进步的重要内在动因，也是价值生成的根本动力。"思想政治教育具有推动经济发展、维护政权稳定、传播先进文化、普及生态观念等社会价值，还有引导政治方向、激发精神动力、塑造健全人格、调控品德行为的个体价值。"② 思想政治教育的目的不仅在于促进人实现某种具有普遍功能的社会价值，更在于推动人的自我价值实现。在过去，高校思想政治教育始终将社会价值放在首位，一味教导大学生重奉献、轻回报，重集体利益、轻视个人利益。在市场化意识尚未觉醒，网络化、信息化浪潮尚未到来的阶段，这种重视社会价值、轻视个人价值的教育原则起到了一定积极作用，也顺应了那个阶段的发展需要。然而，随着市场经济改革的深入，人的利益观念已悄然觉醒，并冲击着传统思想政治教育话语体系、教育方式以及教育理念。这就要求高校思想政治教育应当充分关注学生的个人需要，突出学生的主体性地位，彰显高校思想工作的人文关怀。

从调查结果中不难看出，由于个人利益诉求的存在，大学生公正观表现出

① 马克思，恩格斯．马克思恩格斯文集（第 1 卷）[M]．北京：人民出版社，2009：194.

② 陈第华．经济市场化改革中高校思想政治教育的人文关怀研究 [D]．福州：福建师范大学，2014：87.

一种非均衡性，即在是否涉及个人利益的不同情境下产生不同的情感回应。这既是当下经济市场化浪潮中个体价值意识的觉醒，又是对过去高校思想政治教育过度忽视个人利益、忽略人文关怀的现实反噬。毕竟，市场经济改革与社会转型阶段，人对利益的追求、对实现个人价值的迫切程度大大超过以往。在整个社会追逐利益的大背景下，以倡导重义轻利、压抑个人利益、否定个人价值为导向的传统思想政治教育已不适应当下社会发展的需要。越是强调牺牲个人利益，否定教育对象的个人价值，就越会引发教育对象的反感，并激发反向道德意识的生长。高校如果在教育过程中忽视了这些基本的需求与发展动力，必然将思想政治教育通俗化为宣教活动，不仅难以获得良好的教育效果，甚至可能激发大学生的逆反心理，进一步强化大学生逐利意识，淡化公正观念。

第六节　引发大学生公正观偏差的个体因素

除了上文所述的外部环境因素外，学生个人生活习惯、生活态度以及家庭教养环境也对个人公正观产生显著影响。对网络的高度依赖阻碍了大学生理性思考能力的发展，以至于大学生在对待社会不公问题时言行激愤；家庭生活水平的提高削弱了大学生的奋斗意识，降低了维护社会公正的行动力；家庭教育缺乏公正理念，影响了大学生公正观的初始养成。

一、对网络高度依赖致使大学生缺乏理性思考

中国互联网络信息中心发布的第 43 次《中国互联网络发展状况统计报告》显示，截至 2018 年底，中国网民规模达 8.29 亿，全年新增网民 5653 万，互联网普及率为 59.6%。[①] 随着各种用户潜在需求的不断挖掘，互联网的功能与形态相比过去几年都发生了极大的变化。传统互联网的发展速度趋于稳定，移动互联网成为当下社会的主流。随着移动互联网的功能不断丰富，人们在网络上获得信息的渠道越来越便捷，信息量越来越大。当代青年大学生是互联网使用

① 中国互联网络信息中心．第 43 次《中国互联网络发展状况统计报告》[EB/OL]．(2019-02-28)[2019-03-09]．http：//www.cnnic.net.cn/hlwfzyj/hlwxzbg/hlwtjbg/201902/t20190228_ 70645.htm.

人群的主要组成部分。越来越多大学生将大量时间用于上网。本书调查发现，当代大学生接受公正相关信息的主要渠道是“互联网”，其人数比例高达84.48%。《2017年中国大学生思想政治教育发展报告》显示，大学生使用网路的时间与频率逐年递增，其中平均每天上网时间在2小时以下的人数比例由2014年的20%下降到2017年的12.6%，平均每天上网时间在8小时以上的人数比例由2014年的6%上升至2017年的7%，绝大多数大学生每天上网时间保持在4小时左右。①

虽然网络的高度发达大大丰富了人们的精神世界，但也同时减缓了人们追求知识与理性的脚步，降低了人们的社会认知水平。为了追求更高的生活效率与生活节奏，网络世界越来越呈现出信息碎片化、学习便捷化、内容流变性的特点。在网络生活中，碎片化“观看”取代了深度“阅读”，流变性话语动摇了传统美德的根基。在这种生活方式的影响下，大学生养成了遇到问题时直接上网找寻现成答案的习惯，而不是主动思考，分析问题，这使得他们越来越缺乏逻辑思辨的能力，在面对问题时缺少理性思考。此外，大学生上网的目的与网络交往方式也在不断变化。《2017年中国大学生思想政治教育发展报告》显示，“娱乐消遣”是大学生上网的最主要目的（71.9%），“学习”排在第二位（61.5%），“交流沟通”（59.1%）和“获取新闻信息”（57.8%）紧随其后②。可以看出，“娱乐消遣”几乎占据了大学生课余的全部，其具体形式可谓五花八门，其中不少行为早已超出“娱乐消遣”的本来目的，成为大学生彰显自我个性，打造虚拟空间个性名片的手段。中国传媒大学2017年开展的一项调查显示，各式各样的网络直播平台已经覆盖全国98.7%的院校，在校生中参与过网络直播的人数达到上百万之多，且以每天近10万人的速度增长。③ 网络直播已经成为网络生活中趋于主流的话语表达方式，相较于以往以碎片化文字为载体的传统自媒体而言，网络直播对青年学生的吸引力更强。缺乏理性思辨的当代青年学生对直播的青睐让那些错误的公正观和其他不良社会思潮的传播有了可乘之机。如果自媒体信息的发出者缺乏信息公正的观念，只是片面地发布一些自己所认同的观点，并在自己的“粉丝”之间恶性传播，将错误公正观进一步扩散，必然进一步加强了大学生公正观的认知障碍。

---

①② 沈壮海等．中国大学生思想政治教育发展报告2017［M］．北京：北京师范大学出版社，2018：370.

③ 刘姗姗．大学生进行网络直播现状及问题［J］．现代商贸工业，2017（2）：144-146.

二、生活条件大幅改善导致大学生欠缺奋斗精神

习近平总书记在2018年新年贺词中讲道："幸福都是奋斗出来的。"① 奋斗是实现人生梦想的必然选择，对幸福的追求是激发个人奋斗的内在动力。改革开放以来，我国社会发展取得的伟大成就离不开各行各业战线上广大人民的不懈奋斗。当代大学生出生于20世纪90年代中后期，成长于我国社会经济高速发展阶段。他们的父母通过多年的艰苦奋斗已经为他们积累了一定财富。相比父辈而言，当代大学生的生活水平已经得到了飞跃提升。良好的生活环境在为当代大学生全面成长成才提供坚实物质保障的同时，也在一定程度上削弱了他们的拼搏精神。"主观上希望过上自由自在的生活，而在现实生活中却缺乏艰苦奋斗的精神，缺乏社会活动的毅力，是当代一部分大学生的突出特点。"② 大学生身上这种怕吃苦的特点在当下青年亚文化影响下更加凸显。近几年，具有颓废价值指向的"丧文化"在大学生群体中影响力颇高。当代大学生群体的流行语中，不乏"葛优躺""废柴""佛系青年"等具有"丧文化"特质的符号化表征的新潮词。这些表达是迥异于诸如励志、奋发等正能量指向的非主流叙事，"让大学生脑海中充斥着'都行''可以''没关系'的话语表述。"③ "青年力争通过'风格'标榜个性，与主流文化进行'抗衡'，从而寻求自身得以生存和发展的空间。"④ 在"丧文化"的影响下，一些大学生丧失社会责任感，精神颓废，缺乏目标，缺少必要的人际交往与社会阅历，成为了一群天真烂漫的宅男、宅女。大学生公正观教育重在实践，重在行动。如果大学生缺乏必要的奋斗精神，必然削弱了维护社会公正的行动力，出现表里有别、知行不一。

三、家庭环境缺乏公正理念影响大学生公正观初始养成

家庭教育是个人教育的起点，是道德与信仰生成的孵化器。当家庭教育过

---

① 国家主席习近平发表二〇一八年新年贺词［N］. 人民日报，2018-01-01（1）.

② 彭俊桦. 大学生社会主义核心价值观践行研究——基于文化多样化背景［D］. 福州：福建师范大学，2014：95.

③ 陈龙. "佛系""丧文化"，都是社会工具理性化的产物［EB/OL］.（2018-04-18）［2018-08-08］. https：//cul. qq. com/a/20180418/014830. htm.

④ 林峰. 青年网络流行语流变中的价值观呈现研究［J］. 重庆邮电大学学报（社会科学版），2017，29（1）：12-16+23.

程中所灌输的价值导向、行为规范与社会主流道德标准相符时，个体能够对社会主流价值观与道德标准产生正向的价值认同与情感体验，并自觉调整自身道德意识与行为，使之适应社会发展的需要，获得群体认同；反言之，如果家庭教育所灌输的价值观与道德标准同社会所普遍认同的主流标准不相符合，个体内心会产生价值冲突，阻碍个体道德的发展，并呈现出违背社会共同制度与道德规范的意识与行为。

家庭教育是大学生公正观“初始养成域”，其影响程度甚至超过学校教育。然而，由于学生所处家庭的社会阶层地位不同，所灌输的道德观念也存在较大差异。个别家庭的教育理念不仅不能帮助学生树立正确的公正观，反而会带来消极影响。随着我国经济的发展，广大家庭收入水平不断提高，但由于当代大学生的父辈母辈普遍成长于我国教育事业不发达的阶段，他们当中的绝大多数自身受教育程度尚不及子女。在本次参加调查的学生当中，父母一方最高学历为本科与研究生的仅占8%左右，最高学历为“高中及以下”的高达80%以上；家庭生源地类型为“农村”的比重接近50%，而生源地为“地级市”与“省会城市、副省级市”的总和仅不到20%。这说明当前多数父母学历层次不高，农村生源学生占据多数，受到优质家庭教育的学生数量相对较少。特别对那些来自不发达地区的学生而言，封建传统思想对他们的影响依然十分明显。

通过对家庭公正观教育的调查发现，在众多家庭灌输的价值理念当中，有不少属于消极的道德观念。在被问及“父母经常给你灌输哪些观念”时，57.99%的受访者表示家长经常灌输“不要怕吃亏、吃亏便是福”的观念，50%的受访者表示家长经常灌输“要坚决维护自身权益”的观念，仅有28.53%的受访者表示家长希望自己“敢于和非正义的人和事做斗争”。相比之下，选择“一心一意读好书，别的事情不要去操心”的比例为37.62%，选择“不要逞强，容易吃亏”的比例是28.21%。可以看出，有不少家庭教导学生少管闲事，面对非正义行为时不要逞强。这种理念很大程度上是出于对子女人身安全的保护，但也带来负面的示范与引导。我国在20世纪80年代开始实行计划生育政策，这导致了当今绝大多数家庭只有一个子女。独生子女成为了家中的“小皇帝”“小公主”，受到万般宠爱与呵护。现如今，“00后”一代首次进入大学，他们当中多数是独生子女，生长在充满宠溺与呵护的家庭氛围当中。许多父母虽然自身具有较强的正义感与正确的公正观，但出于对子女的保护，他们更希望下一代在相对安逸与平静的氛围中成长，让子女尽量少吃苦，在社会交往中尽量远离是非与纷争，不希望子女因见义勇为而遭到伤害。这样的家庭培养出来的孩子自我意识较强，心理承受能力较弱，社会责任心差，容易因为过分追求个人私利而出现一些损人利己的行为。

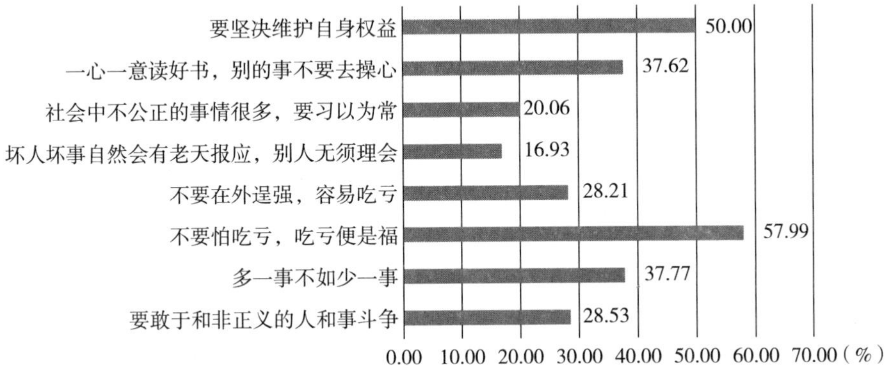

图 4-4　家庭给大学生灌输的公正观情况分布（多项选择）

第五章

当代大学生公正观教育的原则与目标

大学生公正观教育是消除大学生公正观中的消极表现，引导大学生以马克思主义公正思想为指导，逐步深化公正认知、强化公正情感、端正公正意识、养成公正行为与改进公正评价的综合教育活动。从大学生公正观实证调查的情况看，当前高校的公正观教育开展比较滞后，存在责任模糊、内容陈旧、方法单一等问题。对此，应当对大学生公正观教育进行合理规划，明确根本原则，确立教育目标，从而提升大学生公正观教育的针对性与有效性。

第一节　大学生公正观教育的原则解析

公正观教育不同于一般意义的专业教育或者课程教育，它不仅是一种关于公正理论、公正思想的知识传授，其根本目的在于让学生建立以公正为核心理念的价值观，形成符合新时代中国特色社会主义道德指引的价值规范与行为准则。公正观教育不仅要符合道德教育的一般原则，还应当满足主流意识形态的基本要求。此外，相比于一般意义的价值观教育而言，公正观教育在形式上更加多样，在场域上更加广泛。开展大学生公正观教育必须先探究其基本原则。

一、坚持政治性与科学性相统一

习近平总书记在全国高校思想政治工作会议上指出：“高校思想政治工作关

系高校培养什么样的人、如何培养人以及为谁培养人这个根本问题。”① 政治性是思想政治教育的根本属性。公正观教育作为一种价值观教育，是思想政治教育政治性与意识形态属性的外在表现。从本质上看，大学生公正观教育是将党和国家所倡导的主流价值观念传递给学生，内化为个人意识，并在大学生中形成集体认同，转化为群体的主流意识。从内容上看，大学生公正观教育是马克思主义公正观教育、社会主义伦理道德观教育以及中国特色社会主义制度观教育的有机统一，其根本的指向是让学生坚定马克思主义信仰，树立高尚的道德情操，建立指导自身行动的行为规范与准则，实现对中国特色社会主义理论、道路、制度与文化的高度自信，并以此为依据正确认识、分析现实社会中的各种现象。公正观教育如果仅注重教育的理论知识，仅仅以一种具有普世性道德思维引导学生，则可能违背了社会主义高校的思想政治教育本质属性与目标要求。因此，大学生公正观教育必须具有鲜明的政治性，必须坚持正确的政治立场；否则，就有可能沦为针对公正理论的学术研究，甚至可能让一些不良思潮有机可乘。因此，开展大学生公正观教育首先必须牢牢把握政治性这个根本属性，在教育过程中确保正确的政治方向与政治立场。

除了政治性这个本质属性之外，大学生公正观教育还应当具有科学性的特点。在人类发展的历史过程中，科学的实证逻辑发挥着无可替代的作用。科学来源于客观现实，是人们在客观现实中的不断实践，找寻事物的规律性与本体性的方法依据。科学反对主观主义与唯心主义，它能够真实、客观地还原事物的本质样貌。必须以科学理念指导大学生公正观教育的实施，建立公正观教育的目标体系、内容体系、方法体系，防止个别教育者出现主观臆断，防止教育的盲目性与随意性。大学生公正观教育应遵循以下科学性原则：

首先，大学生公正观教育在内容选择上必须体现科学性。各个阶段、各个国家的公正思想可谓大相径庭。在这些公正思想中，有一些思想牢牢把握了科学性原则，能够站在人类历史发展的一般规律上，在消除主观主义的基础上审视公正问题。马克思主义公正思想便是如此，其思想维度已经超越了国界与意识形态的范畴，在人类追求自由全面发展的过程中具有永恒的指导作用。然而另一些公正思想则具有鲜明的唯心主义色彩，这些公正思想往往建立在某种特定社会形态与制度体系的主观预设上，从逻辑起点上就脱离了科学精神的本质。

① 习近平在全国高校思想政治工作会议上强调：把思想政治工作贯穿教育教学全过程　开创我国高等教育事业发展新局面［N］. 人民日报，2016-12-09（1）.

大学生公正观教育不是简单地将各个时期、各个国家学界的公正思想向大学生进行逐一灌输与呈现。如果不能在内容上进行筛选，甄别出具有真正科学性的思想体系，学生们在吸收过程中很容易陷入思想与观念的冲突当中，有可能脱离现实，将公正理解成为一种抽象、不可知的事物，甚至有可能在政治性与意识形态上发生偏差。

其次，大学生公正观教育的方法应具备科学性。这种科学性体现在实事求是的态度以及教育方法的精准性、实效性方面。教育本质上说也是一门科学，教育的一切方法、手段都是为了使教育内容完整、真实、准确传达到教育对象，是为了追求教学效果的最大化。如果教育方法脱离了学生的具体学情特点与现实需要，一味地追求内容的灌输，则有可能将教育变成一种形式主义；因此，教育方法的设计必须具有很强的科学思考。

最后，大学生公正观教育的教育者需要具备与时俱进的科学精神，以动态的、发展的眼光审视教育内容、方法与手段，紧密结合时代的发展演变，密切联系大学生个性特点与社会化发展需要，创新教育方法与手段。

二、坚持理论传授与实践感悟相统一

正如马克思所说："批判的武器当然不能代替武器的批判"。[①] 教育不是简单的理论灌输，如果不从实践入手去分析、思考、解决现实问题，理论就变成了空洞的说教。公正观教育具有鲜明的价值观教育属性，其实践意义更加凸显。只有不断将社会公正的基本要求、原则、方法转化为个人的需要、准则与信念，并用来支配自己的行动，养成良好的行为习惯，才算达到教育的真实目的。当然，由于社会公正问题涉及复杂的理论体系，在开展公正观教育过程中也必须重视理论的指导性。因此，开展大学生公正观教育必须牢固树立理论与实践并重的原则，做到知行统一。

首先，公正观教育作为一种价值观教育，必须遵循价值观认同的一般规律，即从认知认同向行为认同发展，从内化于心向外化于行发展的规律。公正观是"公正"与个人思想、情感、意志、行为的融合。如果个体对公正只停留在认知认同阶段，无法付诸于实践行动，公正观教育的思想理论就难以融入情感，形成价值判断，也无法实现个体价值生成的全过程。因此，实践行为的效果才

---

① 马克思，恩格斯．马克思恩格斯文集（第1卷）［M］．北京：人民出版社，2009：11.

是真正检验公正观教育的标尺。

其次，实践是认识的源泉，是认识发展的动力，只有在实践中亲身体验社会公正，感悟其中的巨大力量，才能逐步加深认知，进而形成认同。随着社会的发展，人们学习、接受事物的方式不断改变，外部社会环境对个体价值观生成的影响越发明显。改革开放 40 多年来，公正观经历了从“平均主义”到“效率优先、兼顾公平”再到“兼顾公平效率”的思想嬗变，这一切都离不开外部经济、文化、社会环境及其所承载的社会载体形态的流变与沿革。公正作为调节社会关系的基本伦理准则，离不开对社会环境的持续认识。只有个体通过持之以恒的实践活动，才能不断感知社会公正以及公正观的发展演变，才能真实领悟“公正”的现实表现。

再次，行为认同是否完整准确，也必须依赖于实践。实践既是行为认同的体验过程，也是认知认同的巩固与强化。认知的正确与否，依赖实践的检验，通过生动的实践，认知才能逐步升华为相对稳定的行为取向，达到知行统一的目的。因此，要克服公正观教育中存在的理论认知与现实行为相背离的问题，关键在于引导受教育者积极投身实践，在实践中不断强化认识、凝聚共识、建立规范。

最后，实践也不能脱离理论的指导。当前，公正观教育实践在绝大多数高校都已广泛开展，但是从具体效果来看，并不是十分显著，根本的原因在于理论与实践的脱节。这种脱节并不是说学校没有开展实践，而是在具体开展实施过程中脱离了理论指导，将公正观教育实践变为一般意义上的校园文化活动或者纯粹的道德教育，无法彰显公正在社会主义建设中的特殊地位。对此，根据知行统一的原则，学校可以适当借鉴一些教育学、心理学领域中开展价值观教育的具体方法。例如，价值澄清法、公正团体法、道德冲突法等教育教学方法。这些教育理论与方法都具有鲜明的实践指向，有助于增强学生的道德体验，达到知行统一的效果。

三、坚持知识性与价值性相统一

习近平总书记在全国学校思想政治理论课教师座谈会上指出：思政理论课应坚持“知识性与价值性相统一”。知识性与价值性是大学生思想政治教育的两个根本特征，对思想政治教育的具体范畴具有鲜明的导向作用。知识性主要体现在思想政治教育所涉及的各类理论及其传授方面，价值性则体现在学生价值观与道德理念的培育与引导方面。从总体内容上看，大学生公正观教育包含了两个相互联系又互有区别的组成部分——知识教育与道德教育。公正观教育所承载的内容主体——公正，从伦理学角度来说，属于道德的范畴，是道德领域中的“基本善”。但是，由于公正的思想体系更具复杂性和多元性，这决定了它不像一般意义上的道德那样容易掌握，容易理解。大学生公正观教育的首要内容是讲清楚“公正”的内涵。它既包含了马克思主义公正观这个基本指导思想，又囊括了古今中外公正思想中所普遍认同的伦理准则；既包括了抽象意义的公正，又包括了新时代中国特色社会主义公正本质。公正观教育决不能脱离这些基本的知识性、理论性与政治性范畴而成为纯粹的道德说教，而是应当在教育逻辑上体现出理论教育的首位性。这既是公正观教育相比于一般道德教育的难点所在，同时也是公正观教育的学理性体现。

然而，公正观教育又不能拘泥于公正基础理论传授。公正是人类社会发展的核心价值诉求，是社会制度与个人行为的首要价值准则。只有在现实的社会生活、社会活动中体验公正、感悟公正，才能使公正理论知识内化为价值准则与行动指南。要确保公正观教育的内容得以认同，就必须依赖于良好的个人道德水平。社会的道德环境是推动社会公正、形成正确公正观的重要前提；然而公正也隶属于道德范畴，是道德的重要组成部分。因此，公正观教育从内容上看必须包含道德教育，其教育方法构建、教育目标设计都必须遵循道德教育规律。从这一点上看，公正观教育同友善观、敬业观、诚信观等价值观教育一脉相承，都继承了社会主义核心价值观所承载的社会主义道德宗旨，应当通过道德情境构建、道德情感表达、道德逻辑思考、道德思维训练以及道德实践感悟确保公正——这种社会主义核心价值观的基本理念能够在个体意识中完整生成，使得认知、情感、意识与行为高度统一。对此，在开展大学生公正观教育的过程中，可以充分借鉴道德教育的方式方法。

四、坚持学校教育、社会教化、家庭教养相统一

高校是大学生价值观的“成长域”，在大学生公正观教育过程中应发挥主导作用，但这并不意味着大学生公正观教育的主体仅限于高校。众所周知，价值观的生成除了受到个人教育经历影响之外，在很大程度上还受到家庭成长环境与外部社会环境的影响。正如马克思所说：“观念的东西不外是移入人的头脑

并在人的头脑中改造过的物质的东西而已。”① “人们的观念、观点和概念，一句话，人们的意识，随着人们的生活条件、人们的社会关系、人们的社会存在的改变而改变。”② 客观的社会环境以及家庭环境对人的思想道德水平产生极其重要的影响。因此，除了学校之外，还必须发挥外部力量的作用，丰富大学生公正观教育的主体。

一方面，大学生公正观的养成依赖于政府的制度保障。良好的社会环境能够切实维护好社会公正，能够为大学生公正观教育提供坚强的保障；完善的经济制度，国民生活水平的显著提升，收入差距水平的显著缩小，能够降低青年人对社会不公正的负面感受；完善的法律体系与监督体系，能够从源头上杜绝各种违法行为，增强大学生的正义感；健全的社会保障制度，能够有效缓解当代青年大学生的社会生存压力，提升生活的幸福指数，提高对社会公正的正面评价；积极健康的社会文化环境，能够从根本上去除社会歪风邪气，消除不良社会心态的影响，弘扬社会正气，营造向上向善的良好氛围。可见，社会制度与社会环境在大学生公正观养成过程中的作用是不可忽视的。

另一方面，家庭在大学生公正观教育中也应当发挥重要作用。家庭是道德与信仰生成的“孵化器”，家庭环境对个人道德与价值观的成长同样至关重要。“家庭是社会的基本细胞，是人生的第一所学校。”③ 父母是孩子的第一个老师，在个人价值观塑造过程中承担着启蒙作用。父母的个人价值观是子女道德成长过程中最直接的养料，父母对公正的认知、情感、意识与行为“定位”了子女道德心理的初始位置，指明了道德成长的方向。一旦家庭环境中的价值观教育偏离了社会主流，想寄希望于学校教育与社会教化使之回归正轨，则具有较大的难度。因此，在大学生公正观教育过程中，家庭教育是重要起点与有力补充，应当与学校教育和社会保障有机统一。

总之，开展大学生公正观教育应当把学校教育同社会教化、家庭教养有机地结合起来，既要发挥高校在公正观教育过程中的主导作用；又要充分依托社会力量，为大学生公正观教育营造良好的制度环境与文化环境；还要突出家庭教养因素，用优良的家庭教育感化学生。大学生公正观教育必须协调好这三方面的关系，形成全方面覆盖的教育局面。

---

① 马克思，恩格斯．马克思恩格斯文集（第5卷）［M］．北京：人民出版社，2009：22.

② 马克思，恩格斯．马克思恩格斯文集（第2卷）［M］．北京：人民出版社，2009：50-51.

③ 习近平．在2015年春节团拜会上的讲话［N］．人民日报，2015-02-18（2）.

第二节　大学生公正观教育的目标导引

目标是一切社会活动目的的合理预期以及结果的合理设想，为社会活动指明前进方向。教育目标是教育活动开展的起点，关系到整个教育活动的内容、方法以及运行成效。构建科学合理的大学生公正观教育目标体系，对于明确教育内容、优化教育方法、提升教育成效具有关键作用。作为一种价值观教育，大学生公正观教育应当“把正确的道德认知、自觉的道德养成、积极的道德实践紧密结合起来”[①]，着力引导大学生树立马克思主义公正观，积极吸收古今中外公正思想的合理部分，强化大学生对公正的情感依存，树立理想信念；着力教导大学生坚持正确的价值判断，端正对现实社会各种涉及公正问题的立场与态度；着力推动大学生养成公正行为，坚决维护社会公正，矫正生活中的各种不良现象，保持行为理性；着力改进大学生对当前社会公正状况的评价水平，帮助大学生做好心理调适，树立健康积极的社会心态。

一、端正公正认知

公正认知教育是公正观教育的基础，能够让大学生理解社会公正的科学含义，把握公正对于社会发展以及个人发展的积极作用。应当引导学生学习、理解以马克思主义公正思想为指导的社会公正理论知识，积极吸收中西公正思想中的合理部分，建立系统、完备的公正认知体系。

（一）领悟社会公正的价值与意义

公正认知教育的首要目标是明确公正的社会价值，必须引导大学生不断学习与社会公正有关的各种理论与知识，明确认识到社会公正是形成良好道德环境、维护社会稳定、促进社会发展的重要保障。其次，要引导大学生自觉认识社会公正对于自身发展的重要意义，将正确公正观的培育与践行作为自我价值实现的出发点和获得社会认同的价值保证，不断以正义感引领个人信念，以公

① 中共中央文献研究室．十八大以来重要文献选编（上）［M］．北京：中央文献出版社，2014：280.

正意识引导价值判断，以公正行为激发奉献精神。最后，必须让大学生正确理解良好的公正观与个人道德发展的内在联系，在正确公正观引领下，不断巩固、强化平等、自由、法治、爱国、诚信、友善、敬业等关联性价值观，实现社会主义核心价值观的整体内化、认同与实践，继而推动个人道德成长，促进自身成长成才与全面自由发展。

（二）牢固树立马克思主义公正观

马克思主义公正观是大学生公正观教育的指导思想，引导大学生牢固树立马克思主义公正观，是公正观教育坚持社会主义办学方向的重要体现。马克思、恩格斯站在了人类社会与社会化人类的视角，对社会公正问题的各个维度进行了全方位的剖析与审视。不论从研究对象的选择上看，还是从研究视角的建构上看，马克思、恩格斯关于社会公正的论述都显得更加科学、全面。马克思主义并没有孤立地、绝对化地分析公正问题，而是从历史发展规律的角度揭示了公正的发展演变与基本特征。相比之下，西方学者的部分公正思想仅仅从抽象人性的视角出发，给“公正”预设了诸多具有超验性的理论假设，将其封锁在各种复杂而脱离现实与实践的思想藩篱之中。此外，与西方学者将公正的制度维度与道德维度天然割裂的做法不同，马克思、恩格斯没有将公正局限于制度与道德当中的任何一个孤立的领域，而是对它赋予制度与道德的双重含义。马克思主义对公正的论述既包含了在历史分析基础上对社会公正应然性的解读，又表现为建立在资本主义道德批判立场上对社会公正最终形态的制度构建。在马克思、恩格斯那里，共产主义制度的构建是实现社会公正的终极价值旨归，而对资本主义非道德、非正义本质的鞭挞以及对道德自身历史演变规律的把握则进一步佐证了共产主义在维护社会公正方面具有超越一切阶级社会的历史必然性。马克思主义公正思想中的道德向度也并不是在微观视角上构建一种个人道德准则，他们关注的是公正社会下人们应然的生活状态，要达到这种生活状态必须构建怎样的制度体系，以及实现这种制度的路径。

开展大学生公正观教育必须以引导广大学生树立马克思主义公正观为根本目标，使大学生明晰马克思主义公正思想的历史向度、制度向度与道德向度，对马克思所设想的社会公正的现实条件、主要特征、评价标准、最终目标以及现实手段有明确的理解与认识。从而将马克思主义公正观作为分析现实问题，指导自身公正实践的基本理论依据。

（三）积极吸收中西方公正思想的精华部分

大学生公正观教育应坚持马克思主义公正观为指导，但并不意味着除此之外完全不可以吸收其他思想与观点。引导大学生自觉认识公正思想的历史渊源、适用范围以及价值向度同样是公正观教育不可或缺的目标之一。高校教育者应当在坚持马克思主义公正观指导地位的基础上，对古今中外各个时期、各个阶段的公正思想、理论进行合理扬弃，吸收其中的精华部分。对待西方历史上出现的经典公正思想，既不能全盘照搬，也不应全盘否定。其中涉及传播资本主义社会思潮与资产阶级意识形态的内容要坚决摒弃；其中关于社会制度、个人行为规范的合理设计应当积极吸收，充分发挥它们对个人生活实践领域的微观指导作用，将其纳入公正观教育的内容体系当中。同时，对我国传统文化视域下的公正观，同样要进行合理分类，对其中倡导“人性善”的部分应予以吸收，对其中残留的平均主义情结以及僵化的礼教思想应当坚决批判。

二、培育公正情感与公正意识

公正情感与公正意识培育是大学生内化公正认知，并使之外化为公正行为的关键环节，是关于社会公正的各种自发观念在大学生个人心理发展环节的形成过程，是连接公正认知教育与公正行为养成之间的重要桥梁。

（一）树立坚定的正义感

正义感是公正情感的主要表现，是大学生对待各种是非关系、利益关系所产生的符合公正原则的情绪体验与情感表达。“一个具有正义感的大学生，会对正义行为表现出赞赏和崇敬，对正义充满向往和追求，会乐于把对正义的崇敬之情付诸行动，而面对非正义的行为，则会产生不安、不满、愤恨等情绪，乃至采取行动来维护正义。”① 公正感的培育是公正意识形成的前提条件，具有较高正义感的人能够明辨是非，爱憎分明，遵纪守法，见义勇为，大公无私，这样的人必然具有正确的公正观，并能够做到知行统一。缺乏正义感的人，即便在内容上强制接受关于公正的各种观念，也难以形成价值观内化，难以养成较高的道德境界，在现实生活中，遇到事关社会公正的问题时，往往无法做出正确的评价与决断。培育正义感，是大学生公正观教育内化的关键环节，是引导大学生将公正认知的相关内容内化于情感体验，并在内心生成对是非、善恶的基本态度的必经之路，是大学生践行社会公正的重要心理基础。要积极引导大

---

① 弓丽娜．论大学生正义感的培育［J］．河南工程学院学报（社会科学版），2011，26（1）：90-94.

学生树立正义感，使之对符合公正原则的事坚决支持，对破坏社会公正的事坚决反对，形成明辨是非、爱憎分明的情感表达。

（二）建立符合社会公正的伦理意识，端正价值判断

伦理准则是社会公正的基本内涵。树立公正伦理意识就是让大学生全面理解“公正”所蕴含的伦理观念，并逐步将其运用于分析现实问题，践行社会公正的过程中去。公正所蕴含的伦理准则包含了关于调节人与人之间利益关系的一系列价值规范与行为准则，包括了平等的观念、责任的观念、权利与义务的观念、“得其应得”的观念、义利观念、奉献观念等内容。这些基本的伦理观念恰到好处地调节了社会成员的利益关系，“为社会成员提供分配权利与义务的平等公正的机制，确定社会合作的利益和负担的适当分配办法”①。大学生公正观教育的内容应当包含具有公正向度的各种伦理准则，必须将马克思主义关于制度伦理、道德伦理的相关思想纳入公正观教育当中，同时在不违背政治原则的前提下合理地接受与吸收中西方公正伦理思想，并结合新时代中国特色社会主义思想，将新时代关于社会公正的创新诠释注入大学生公正观当中，使之内化于心。在互联网与信息技术高速发展的时代，大学生对各种信息的获取越来越便捷，对社会问题的“围观”与讨论成为当代大学生互联网生活的重要组成部分。大学生在面对存在价值冲突的现实问题时，应当坚持公正的基本伦理准则，站在社会价值与个人价值相统一的立场上，形成观点、评价是非、分别善恶。

（三）形成规范个人行为的道德自觉意识

个人道德的养成是实现社会公正的基础。公正本属于道德范畴，是道德领域的“中道”与“基本善”。大学生公正观教育也是实现大学生道德发展的重要一环。公正意识的确立，能够帮助个体形成基本的道德评价与判断。随着公正意识的不断强化，个体的道德水平能够得到显著提升。公正观教育所应实现的道德目标主要体现为“遵纪守法”“明辨是非”“义利兼顾”。其中，“遵纪守法”是对个人道德的底线要求，“明辨是非”是个人善恶观念的重要体现，“义利兼顾”是个人处理社会关系的基本道德指南。高校要确保大学生遵纪守法，在学生心目中牢固树立法律、制度与纪律的权威性，强化它们的道德威慑力，让学生自觉产生敬畏之心；要教导学生明辨善恶，自觉约束个人行为，防

---

① 程寿．制度正义与道德自觉［J］．探求，2002（6）：21-25.

止损人利己现象的发生，并建立起积极同丑恶现象做斗争的坚定决心；要引导大学生建立“义利兼顾”的道德观，既要防止大学生出现道德失范，奉行“损人利己”或者“完全利己”，又要避免盲目追求道德理想主义，完全蔑视利益，放弃权利。

遵守道德规范不应只表现为对制度权威性的畏惧以及对违约处罚的恐慌，而应当自觉将这种道德规范作为调节个人行为的伦理依据，持之以恒，自觉践行。大学生公正观教育所希望实现的道德意识，应当是个人内心道德伦理与外部制度伦理之间高度契合的状态，是建立在制度认同基础上的道德自觉。通过开展公正观教育，能够在道德层面引导大学生由慑于违反制度与规定的恶劣后果而“不得不如此”，向认同制度与规定而“心甘情愿遵守”转变。

三、养成公正行为

公正行为的养成是大学生公正观教育的实践表现。对社会公正理论的准确认识以及对关乎公正的社会事件的正确评价与理性思考归根到底必须转化为践行社会公正的实践行为，表现为在生活中自觉遵守社会制度、维护社会公正。

（一）自觉遵守公正准则与社会制度的行为

公正是社会制度的基本准则，一切存在并经证明具有正当性与合理性的制度都具有普遍的公正性。以制度公正指导个人行为规范，在认同社会制度的前提下，自觉维护制度权威是大学生公正观教育行为层面的首要目标，也是对大学生公正行为的底线要求。这里所提到的制度，不仅包括具有权威性与法律效力的社会法律、政策与规范性文件，还包括各类社会组织、团体、单位所制定的特定场域下的制度与规则。此外，大学生公正行为养成的另一个重要目标是对各种公正准则的遵守。公正所蕴含的基本伦理准则是一种无形的社会规范，它仅存在于每个人的内心之中，创造了一种无形的制度环境。对公正伦理准则的践行有赖于大学生良好的公正意识，它能够将公正所蕴含的伦理规范内化于心，外化于行，做到行事公道正派，在日常生活中能够自觉抵制不正之风。

（二）主动矫正社会不公正现象

对大学生而言，自觉践行公正行为，既要求自身维护制度公正的具体规范，还要主动对社会、周边存在的不公正现象、不公正行为进行积极干预与矫正，防止不公正现象与行为对社会、个别群体带来的影响与危害。当前，由于个人的道德意识未能实现与经济同步发展，在许多领域还存在一定程度的社会不公。个别社会成员道德意识不强，自律意识不佳，完全以个人利益实现作为行为准则的情况时有发生。个别公职人员谋求私利，徇私枉法，搞权钱交易、弄虚作假、任人唯亲；一些人受到我国传统人情观的影响，将个人利益的实现建立在“潜规则”“托关系”的基础之上，破坏了应有的社会竞争秩序。这些现实社会问题同时也应当成为大学生矫正社会不公正的行为对象。大学生矫正不公正现象的行为可以是直接行为，比如发现身边同学存在违反学校制度、弄虚作假等行为时，直接向学校相关部门反映；发现有人欺凌弱小时直接出手援助。同时，也可以是间接行为，比如，可以引导大学生充分依托新媒体等社交平台开展网络参政；针对近年来媒体频繁曝光的一些以往遗留下来的司法领域的冤假错案，大学生可以通过朋友圈、微博积极转发，或者针对案件开展话题讨论，关注事件进展、发表公正观点、传播公正声音。

（三）积极帮扶社会弱势群体

亚当·斯密在其《道德情操论》中也指出公平要求“不管某人如何自私，这个人总是存在着怜悯或同情的本性。他看到别人幸福时，哪怕他自己实际上一无所得，也会感到高兴。这种本性使他关心别人的命运，把别人的幸福看成是自己的事情”①。大学校园是社会的缩影，不同学生的个人家庭背景、个人天赋不同，在激烈的社会竞争中的最终结果也不相同。不少大学生并非个人能力不济、努力不足，而是由于家庭经济条件不佳、个人天赋不济等因素错失了某些发展机会。为了充分体现社会公正中的共享原则与补偿原则，必须在必要的时候给予弱势群体特殊的关怀，甚至是某种程度的利益让渡。正如罗尔斯所说：“社会的和经济的不平等应这样安排，使它们在与正义的储存原则一致的情况下，适合于最少受惠者的最大利益。”② 人具有关怀、同情的本性，人们将属于个人的利益让渡给弱者亦体现了公正在调节社会利益关系之外所蕴含的人道关怀。开展大学生公正行为引导，要注重对弱势群体的帮扶与利益让渡，积极引导大学生参与义务服务，给予学校同学、身边朋友以及社会上其他需要帮助的人以及时帮助，并在必要的时候适当舍弃自身部分利益，让渡于他人。

（四）努力修正非理性行为

作为公正观教育中行为养成目标，除了对大学生应建立的维护社会公正的

---

① ［英］亚当·斯密．道德情操论［M］．蒋自强等译．北京：商务印书馆，1997：5-6.

② ［美］约翰·罗尔斯．正义论［M］．何怀宏等译．北京：中国社会科学出版社，1988：302.

各种行为进行引导与强化之外，还应当不断消解大学生在追求社会公正过程中可能引发的各种非理性行为，防止个别学生行为过当，超出维护公正的应有界线。当前，青年群体当中针对社会问题的各种非理性言论与行为不断增加，许多人本着维护公正的良好初心，对那些道德失范者进行谴责与批评。然而，良好意愿倘若没有统一的公共理性作为指导，没有客观的事实判断作为依据，有可能导致行为过当，从而引发另一种形式的“不公正”。对大学生进行公正观教育，尤其是要对各种可能出现的“道德绑架”“言语过激”乃至“网络暴力”等行为进行及时矫正，引导大学生以客观、中立、理性的原则看待社会现象，分析社会问题；在评价某种言论、行为的公正性方面，能够做到不得掺杂任何主观的个人情感，不被任何具有主观性和诱导性的社会舆论所左右。

四、改进公正感受

大学生的公正感受具有一定主观性，是特定状态下心理活动的表现，当前，在错综复杂的社会环境影响下，大学生容易摄入各式各样的非公正信息，个别大学生因此盲目义愤，出现不理智行为，甚至会导致心理失调，产生各种心理问题。大学生公正观教育必须有效阻断外部社会中各种非正义信息的摄入，并通过心理调适与心理疏导帮助那些对社会公正持消极态度，产生异常心态的大学生消除负面的认知，化解不良情绪。

（一）化解对社会公正状况的消极评价

公正感受（评价）是大学生对社会、校园以及自身周围环境公正状况的主观感受，是社会公正水平与个人现实境遇相互作用下形成的情绪体验。通过调查可见，当前仍然有部分学生对社会公正的评价不高，对实质公正的感知不强。这其中，一部分学生由于受到网络不良信息与不当言论影响，对当前社会公正的现实状况产生了错误判断；一部分学生则可能由于个体过往遭受的不平等待遇，产生了心理阴影，进而引发对社会公正的消极评价。公正感受带有很强的主观性，并非都是社会公正状况的真实反馈。倘若能够帮助个体积极改进公正感，则能够产生积极的社会心态与情绪体验，提升他们对国家大政方针的认同与期待，形成积极、乐观的社会心态。高校在开展大学生公正观教育过程中，必须时刻关注学生对社会公正评价的变化，重点关注那些对社会公正评价消极的学生群体，防止他们将个别主观情绪在更大范围内传播蔓延；要结合公正认知教育，以马克思主义公正观为指导，从全体人的自由全面发展的角度向他们阐释公正内涵，把握公正观的社会主义性质；要引导学生以更广阔的视野和更加包容的心态看待个人得失，化解不良情绪。

（二）做好非理性心态的调适

人的心理问题很大程度上来自于情绪的变换。人的情绪既根植于自己的价值观念与性格气质，又与自身境遇高度关联。对生活境遇的不满，对个人遭遇不公的义愤都容易引发个人对社会评价的转向，进而影响个人情绪。对社会公正问题的基本看法与态度作为个人价值信念与对社会评价的重要组成部分，与个人情绪之间相互影响。当前，个别大学生容易因自身遭遇不公正对待或是外部社会不公正信息摄入过多而出现负面情绪，甚至衍生出各种心理问题。大学生公正观教育不仅要实现知识传授、道德熏陶与实践养成，更要充分重视教育过程中的人文关怀，积极帮助大学生解决现实问题，化解异常心态。通过大学生心理疏导，积极开展心理健康咨询服务，可以防范、化解大学生因社会公正问题产生的心理困惑、心理失调等亚健康状况，帮助他们获得必要的心理平衡，淡化负面信息所造成的心理压力。对此，开展大学生公正观教育，应当注重心理失调学生的调适，深入开展心理健康教育，加强价值引导与心理咨询的协同与联动，化解不良心态的消极影响。

第六章

当代大学生公正观教育的内容选择

作为一个跨学科问题，公正涉及到伦理学、政治学、哲学等多个范畴，同时又具有很强的时代性与现实性，无法凝练成一个恒定的概念进行阐释。对此，应当“将公正置于形而上学层面给予思辨性的解读，同时也防止将公正当作脱离国情实际的抽象概念”①。开展大学生公正观教育，应当充分把握学理性、政治性和实践性相统一的重要特征，构建科学的内容体系。首先，大学生公正观教育是意识形态教育，这就要求在内容选择上必须坚持马克思主义公正理论为指导，将公正置于社会主义核心价值观范畴当中。其次，公正观教育也是伦理道德教育的组成部分，应当以公正所蕴含的伦理准则为依据开展公正伦理观教育。最后，公正是中国特色社会主义的本质属性。党和国家领导人以马克思主义公正思想为指导，结合中国改革开放与现代化建设的具体实际，为推动社会公正进行了持之以恒的伟大实践；尤其是十八大以来，习近平总书记坚持以人民为中心，深入推进“四个全面”战略布局，开辟了新时代中国特色社会主义公正之维。必须牢牢把握新时代中国特色社会主义的历史方位，将党的十八大以来习近平总书记关于社会公正的相关论述与具体实践作为公正观教育重要内容之一。最后，公正离不开现实的活动场域。社会活动因其涉及领域不同，所表现出的具体形态与内容也有所不同，针对现实社会领域的公正观教育同样不可或缺。

第一节　理论基石：马克思主义公正观

习近平总书记在2018年全国宣传思想工作会议上强调：“要高举马克思主

① 钱广荣．论以公正为社会主义核心价值观的基本理念［J］．学校党建与思想教育，2018（1）：10-15.

义、中国特色社会主义的旗帜，坚持不懈用新时代中国特色社会主义思想武装全党、教育人民、推动工作。”① 大学生公正观教育具有鲜明的政治性，必须“坚持马克思主义在我国哲学社会科学领域的指导地位”②，用马克思主义公正观作为大学生公正观教育的指导思想。马克思主义公正观是关于社会公正问题最科学、最系统、最符合人类发展规律的理论阐述。在马克思主义公正观当中，历史唯物主义方法论以及人的自由全面发展的价值追求是核心要义，是大学生必须掌握的关于追求社会公正的世界观与方法论基础。同时，还必须深刻领会马克思主义公正观中国化的时代意蕴，以发展的眼光审视马克思主义公正观的时代价值。

一、把握历史唯物主义方法论

历史唯物主义是马克思主义公正观的理论内核，贯穿马克思主义社会解构、社会批判以及社会建构的思想主旨当中，隐含在马克思主义现代性批判哲学体系之内，是当代大学生理解社会公正，科学理性看待当今社会各种公正问题的方法论依据。历史唯物主义视角下的马克思主义公正思想具有描述性与规范性的双重范式，“兼有哲学与科学的性质，是哲学思辨与经验推演的结合”③。它给当代大学生认识社会公正问题提供了一种最具科学性、最全面的方法论基础。相比于西方的公正思想，马克思主义公正观更具有宏观视野，在分析方法上兼顾科学性、人本性与批判性。马克思、恩格斯既从历史发展规律出发解构了社会公正的本体性；又在其关于宏大叙事的思想体系中融入了对人的根本性的伦理关怀；并从道德层面出发，对资本主义社会具有虚伪性与形式性的公正进行了猛烈的批判；在此基础上构建了符合历史必然性、人本性的最公正的社会形态——共产主义社会。相比而言，罗尔斯、桑德尔以及阿马蒂亚·森等当代学者的公正思想则显得较为片面与单一，他们都是从抽象人性的视角出发阐释公正问题，忽视了公正的历史性。这些思想家们要么试图回归到康德时代，从先验主义唯心主义世界观构建公正制度体系，要么片面倡导抽象的个人德性，又或是从实证方法入手，在具体的公正个案探讨与公正两难问题博弈中摸索一种普遍的公共理性与具有包容性的普世价值体系。然而，他们却无法找寻到一个调和制度公正论与道德公

---

①② 习近平在全国宣传思想工作会议上强调：举旗帜聚民心育新人兴文化展形象　更好完成新形势下宣传思想工作使命任务［N］. 人民日报，2018-08-23（1）.

③ 郛巧飞. 马克思的社会公正思想及当代价值［D］. 北京：中共中央党校，2015：53.

正论之间对立关系的有效渠道。不可否认，西方公正思想对于揭示现实世界的公正问题，优化社会公正环境，具有很强的指导意义，但由于他们的视角相对单一，不像马克思那样，将制度公正、历史公正、道德公正与法权公正等视角进行统一，建构了一个指引人类社会发展前进的最具科学性的公正体系。

开展马克思主义公正观教育，并不是要将马克思论著中出现的所有关于“公正”“正义”等字眼的内容全盘灌输给学生，而是要引导大学生树立马克思主义的历史唯物主义方法论，将历史唯物主义运用于社会公正问题的思考、分析以及解决过程当中，客观地看待当前社会公正问题。一方面，要引导大学生用历史发展的眼光看待不同历史发展阶段、不同社会形态下的公正问题。防止大学生将不同国家、不同生产力发展阶段的社会公正问题进行简单对比，用他国的社会制度与意识形态指导我国的社会公正建设。另一方面，引导大学生用相对性的思维看待同一历史发展阶段的社会公正问题，防止大学生错误地将公正与平均、平等简单对等，盲目追求绝对公正，将公正理解为一种单向度的、绝对无差异的实质性结果。

二、正确理解人的自由与全面发展的价值追求

自由与公正是具有密切联系又相互区别的两种价值观与两种哲学范畴。马克思主义对人的自由全面发展的价值设定包含了对资本主义各种异化、拜物教等现象的猛烈批判，以及对共产主义社会美好生活的愿景描绘。准确理解马克思关于人的自由全面发展思想，能够帮助大学生厘清自由与发展的含义与相互联系，防止个人扭曲公正的真实意蕴，盲目追求以个人财富增长为旨趣的自由与发展，避免当代青年人出现“物化意识”“物神崇拜”等现象。

马克思主义将人的自由全面发展作为实现社会公正最终目标下的个体生存情境，勾勒出了人类自由王国的美好画卷。马克思曾指出：“在共产主义社会里，任何人都没有特殊的活动范围，而是都可以在任何部门内发展，社会调节着整个生产，因而使我有可能随自己的兴趣今天干这事，明天干那事……”① 恩格斯也曾设想到：“由整个社会共同地和有计划地来经营的工业，更加需要才能得到全面发展、能够通晓整个生产系统的人……教育将使年轻人能够很快熟悉整个生产系统，将使他们能够根据社会需要或者他们自己的爱好，轮流从一个生产部门转到另一个生产部门……将使自己的成员能够全面发挥他们的得到

① 马克思，恩格斯．马克思恩格斯文集（第1卷）［M］．北京：人民出版社，2009：537.

全面发展的才能。”[①] 马克思和恩格斯的论述可以看出，自由与发展，二者的核心与关键在于发展。自由全面发展可以看作“以发展的眼光看待自由”[②]。只有生产力的发展以及生产关系、生产方式的合理性变革才能更好地实现人的自由。在共产主义社会，人逃脱了各种异化与物化的奴役，可以根据自身的能力与兴趣选择任何行业、任何职业实现发展。“人的自由全面发展”不是单个人的发展，而是整个社会在有计划、有秩序的基础上所实现的共同发展；在这个过程中，每个人的发展都为其他人的自由发展创造了前提条件；故而，正确的“自由全面发展”应当是遵守社会制度安排，尊重他人发展前提下的个人自由发展，没有任何人能将个人自由置于他人的发展之上。

引导大学生树立马克思主义公正思想中的自由与发展观，一是用马克思的自由全面发展思想消解西方自由至上主义公正思想的现实影响。帮助学生厘清自由与公正之间，尤其是与权利平等、机会平等等公正观内在维度的逻辑联系。让学生理解自由的现实界限与实践方式，防止出现为了追求个人自由而损害他人、集体乃至社会利益的情况发生，建立符合社会主义公正要求的自由观。二是厘清自由与发展之间的关系。建立以发展为核心的自由观，即以自身的全面发展实现一种脱离现实中的“物的依赖”，摆脱现代性社会“物化”症候与拜物教意识的理性、健康的自由观。引导学生摆脱异化、物化等束缚，在学习、工作、生活劳动过程中获得个性解放，实现符合自身能力、兴趣、个性的全面发展。三是引导大学生认清公正与自由的相互关系，充分认识公正为实现自由全面发展奠定了良好的社会制度环境与道德环境，人们所追求的自由是符合公正的自由，绝不能为了追求个人自由而肆意践踏公正。

三、以发展的眼光看待马克思主义公正观

开展马克思主义公正观教育，必须坚持与时俱进，正确认识马克思主义诞生的时代与当代国内国际经济形势、社会生产力水平、生产方式等方面的客观差异，以发展的眼光正确看待马克思主义公正观。马克思主义公正观是马克思、恩格斯根据以自由竞争为主导的资本主义社会第一阶段的社会状况为依据建立

① 马克思，恩格斯．马克思恩格斯文集（第 1 卷）[M]．北京：人民出版社，2009：688-689.

② 吕文慧．马克思与阿马蒂亚·森关于人的自由全面发展思想的比较研究 [J]．当代经济研究，2011（11）：22-28.

起来的，反映当时社会生产力与生产关系的理论体系。马克思、恩格斯对未来公正社会的构想也建立在这个基础之上。当前，世界各国经济制度、政治制度、社会管理制度与马克思、恩格斯所处年代相比，都发生了很大变化。因此，在学习马克思主义公正观过程中，不能脱离我国的具体实际，机械地照搬马克思主义，将与马克思主义经典作家原著中关于社会公正的描述不相符合的现实状况认定为社会不公。一方面，马克思主义公正思想经历了中国化的创新发展。中华人民共和国成立以来，党和国家领导人坚持马克思主义理论，针对我国的具体国情，对维护社会公正进行了努力的探索，形成了马克思主义中国化的最新理论成果，进一步发展了马克思主义。社会主义市场经济制度、分配制度看似与马克思主义所设想的有所不同，但都是马克思主义与中国具体实际相结合的产物，是马克思主义不断发展的具体表现形式。另一方面，由于生产力的发展尚未达到较高的水平，社会主义中国同马克思、恩格斯所设计的共产主义社会还有很大差距。随着中国特色社会主义进入了新时代，我国社会的主要矛盾发生改变，但我国依然处于并将长期处于社会主义初级阶段的基本国情没有改变。从社会发展形态来看，当代中国依然处于马克思、恩格斯所提出的共产主义第一阶段，距离共产主义的高级阶段依然有较大差距。社会发展过程中依然存在一些违背公正原则的现象，但不能就此否定当前中国特色社会主义对推动社会公正的进步作用。大学生在学习马克思主义公正观时，应当充分认清当代中国社会发展的历史方位，借助马克思留给后世最为宝贵的学术遗产——历史唯物主义，建立科学严谨的分析评价体系；不能简单、机械地照搬马克思的个别话语，而应当在立足于马克思主义公正观的同时，深入审视经济社会的发展与生产力、生产方式的变革，彰显公正观的时代性。

第二节　道德指引：公正伦理观

习近平总书记指出：“核心价值观，其实就是一种德，既是个人的德，也是一种大德，就是国家的德、社会的德。国无德不兴，人无德不立。”① 公正与道

① 习近平在北京大学考察时强调：青年要自觉践行社会主义核心价值观　与祖国和人民同行创造精彩人生［N］. 人民日报，2014-05-05（1）.

德天然连接，是实现人与人、人与自然、人与社会的协调发展的伦理依据。大学生公正观教育应有其特定的伦理道德场域。如果说马克思主义公正观作为大学生看待社会公正发展的宏观指向，那么与公正相关伦理思想及准则则为大学生处理具体、微观的现实问题提供了重要行动指南。在进行公正观教育的过程中，既要引导学生建立符合社会制度的规范与行为，又要从内在人性出发，建立消除社会矛盾与社会对抗，推进各方达成共识的道德伦理体系。从内容上看，公正伦理观教育包含了合乎规律性与人的实践目的性的，能够构建人与人之间社会化生存，确保利益关系正当合理的一系列准则与规范。

一、平等观教育

平等是公正伦理思想的核心内容与首要准则。平等观教育可以围绕权利平等、机会平等与规则平等三个维度展开。

（一）倡导基本权利人人均等

“公正观念的本质就是个人权利。”① 基本权利人人平等意味着一切权利主体享有相同或相等的权利，即“对于一切人的权利给予平等的对待”②，“它是社会对所有成员的‘不偏袒性’和‘非歧视性’的体现”③，也意味着社会中的每个成员在基本权利方面具有相同的起点，任何公民都无差别地享有制度规定的各种基本权利，而不能被排除在法律所赋予的权利之外。这些基本权利包含了宪法与法律赋予的基本人权，包括了选举权、被选举权、劳动的权利、受教育的权利、职业选择的权利等不受性别、身份、地位、经济条件等因素限制的权利。当然，基本权利平等不意味着平均主义，不能把基本权利和非基本权利相混淆，把一切权利视为一种可以平均分配，人人均等的权利。

对大学生进行平等原则教育，首先必须树立基本权利人人平等的理念。一个人只有具备了权利意识，才会在个人或他人的正当权益受到侵害时，拿起正义的武器与一切非正义现象做斗争。其次要让大学生充分认识到基本权利与非基本权利之间的区别。权利并非无限的、绝对的，个人权利的执行绝对不可凌驾于制度和法律之上，这决定了个人的权利平等意识并不意味着肆意妄为或是

① 王海明．公正与人道——国家治理道德原则体系［M］．北京：商务印书馆，2010：35.

② ［英］约翰·穆勒．功用主义［M］．唐钺译．北京：商务印书馆，1957：49.

③ 牛先锋．社会公平的多重内涵及其政策意义［J］．理论探讨，2006（5）：20-22.

损人利己。对此，要防止出现个人盲目追求不切实际的非基本权利，或者将个人权利凌驾于制度与法律之上。最后要明确权利与义务之间的对等关系。充分认识到任何权利的保障都必须建立在自觉履行个人义务的基础之上，引导学生主动承担个人应当履行的各项义务，做到各司其职、各尽其责。

（二）倡导机会平等

对于每一位社会成员来说，机会是个人发展过程具有时间性的有利资源。倡导机会平等实质上是对先赋因素所导致的个体差异的修正，即“平等的应当予以平等的对待，不平等的予以不平等的对待”①。引导大学生树立机会平等意识，首先，要让那些先天条件较好的学生消除对家庭出身、家庭经济、社会地位等先赋性优势的依附，培育平常心，充分发挥自身聪明才智，引导他们努力奋斗，防止先赋性资源不公正的使用挤压了他人的正当机会。其次，要帮助先天条件较弱的学生树立实现个人发展的信心，让他们相信个人的努力与能力提升必然能实现发展机会。最后，还应当让学生充分认识到机会的稀缺性，认识到机会只有通过个人的不懈努力以及个人能力技能的不断提升才能得以实现，防止个别学生对与自身不相匹配的机会抱有不切实际的幻想，引导学生将自身能力与素质的提升作为获得决定自身命运的重要机会的根本保障。

（三）倡导规则平等

规则是行为具有合法性的根本依据。规则平等意味着规则面前人人平等，不能具有排他性。倡导规则平等的观念，必须让大学生树立遵守规则的意识，即理解规则面前人人平等。规则一旦制定，就具有了一定的效力，任何人都不能凌驾于制度与规则之上。同样，任何人也不能被排除在规则之外，任何规则不能因对象不同而差别对待。倡导规则平等，还要消除个别学生内隐的“潜规则”意识，教导学生正确认识“潜规则”对社会公正的破坏，以及对社会、个人发展的阻碍，积极对社会上各种“潜规则”进行批判，抵御现实生活中各种“潜规则”的诱惑。

二、义利观教育

所谓“义利观”是指人们如何对待伦理道德和物质利益关系问题的观点，是人们对坚守正义与追逐利益之间相互关系看法。这其中，“利”是个人物质

---

① 吴忠民．社会公正论［M］．济南：山东人民出版社，2004：6.

价值的体现，是人生存发展的基本前提条件；“义”是人们的道德价值与社会价值的体现，是正义与义气的统一，表现为行为适当、公平合理。公正视域下的义利观教育着重引导大学生正确理解“义”与“利”的内在联系，既要防止出现重利轻义、损人利己，又要尊重个人对利益的合法诉求，建立互惠互利、义利并重的道德均衡状态。

（一）以“正当利己”为底线要求

正当利己又称为合法利己。严格意义上讲，个人在不违法、不违规的前提条件下的利己行为以及所获得的利益都属于正当利己的范畴。正当利己弱化了“义”的作用与地位，没有充分考虑他人的利益，但同样没有对他人带来伤害，故而仍然是建立在不损害他人利益基础上的利己。正当利己是公正与非公正的道德分界，一旦突破这个界限，出现“损人利己”，那便是不公正的、不道德的，甚至是非法的。大学生义利观教育首先必须确保大学生在“不损人”的前提下实现正当利己。这是大学生树立正确公正观的基本条件与底线要求。

（二）以“无私利他”为崇高的道德榜样

中国传统思想当中，一般把“义”放在“利”之上，倡导“君子义以为质”①“君子义以为上”②。这些观点充分体现了中国传统思想中将“义”视为伦理道德之根本的主张。这种以“重义轻利”为主旨的道德主张强调个人应当“毫不利己，专门利人”或者“只讲付出，不求回报”，乃至“舍生取义”。这种崇高的道德境界与公正所表征的“基本善”是有所区别的，它是一种超越了“基本善”的“最高的善”。毕竟，任何社会都存在道德层面的君子与小人，不可能确保每个人的道德修养与境界都处在同一水平。然而，公正观既然属于道德的一部分，就必须融入道德发展的层次当中，这种超越公正的道德崇高理想虽然不可能成为指导现实社会关系的一种普遍准则，但它能在整个社会范围内形成一种道德感召。倡导崇高道德理想，可以让少数具有高尚道德品质者充分发挥引领作用，让更多处于底线规范的人们能够在其感召之下提升道德水平。大学生义利观教育不能忽视“无私利他”的高尚道德情结，应当引导大学生充分树立奉献精神，积极开展以奉献他人、奉献集体、奉献社会为主题的志愿服务活动。

---

① 朱熹．四书章句集注［M］．北京：中华书局，2011：155.

② 朱熹．四书章句集注［M］．北京：中华书局，2011：169.

（三）以“义利并重”为恰当的道德标准

由于公正是关于社会利益关系的调节依据，对大学生进行公正观教育，不能忽略个人正当的利益诉求。对个人权益的追求与捍卫不仅没有违背公正所向，恰恰是符合公正原则的正当、合理的行为。如果一个社会完全以缥缈的道德理想主义为基础，只顾个人义务，不讲个人权利，只求付出，不求回报，则必然会引发社会道德心理失衡，社会制度体系的崩塌，继而使社会发展陷入停滞。美国学者尼布尔曾指出：“将纯粹无私的道德学说用来处理群体关系的任何努力都以失败告终。”① 诸如奉献、节欲、宽恕等超越人本性的崇高道德品质固然值得发扬，但如果忽视了公正这个社会道德的普遍基础，任何崇高道德不但不能绽放光芒，反而有可能成为恶人的帮凶，失去道德应有的人性光辉。“无私虽然高尚，却不能普遍化，以无私为基础构建道德规范体系，则会陷入理想主义，造成一种道德理想与道德要求的错位，产生一种道德强制。”② “无私利他”固然是一种崇高的道德行为，能够在社会引发强烈的道德共鸣，并在一定程度上作用于社会公正的推动。但是，它与公正所倡导的伦理原则依然有所区别。从本质上说，公正是一种“基本的善”，而不是一种“最高的善”。善行中的“大善”往往是以完全牺牲自我、奉献他人为主旨的超公正行为。例如，杀人偿命是一种公正的行为，既符合了制度公正的规定性要求，又符合一般意义上的伦理道德规范；与之相比，“以德报怨”是一种超越普遍性与一般性道德伦理规范的更高规格的“善”，是一种“大善”，但它却未必符合社会公正的根本要求。社会公正指引人民何者可为，何者不可为。要构建一个良序的社会秩序，“少付出而多获得”与“多付出而少获得”都是不可能持续下去的。“圣人”与“小人”都不可能成为具有普遍意义的社会角色。既不能指望全体社会成员都能“无私利他”，又必须防止部分人“损人利己”。因此，作为大学生公正观教育的理论依据，义利观的理想状态应当是坚持利他与利己相统一，是义利并重，既重视道义与责任，又强调彼此互利和共赢。

2014 年 5 月 31 日，江西宜春三中三位高三学生在宜春至金瑞的班车上遇到一名男子在车上挥舞菜刀行凶。短时间内，歹徒先后砍伤了五名乘客。当歹徒继续举刀要伤及更多乘客时，三位学生挺身而出，与持刀行凶的歹徒展开激烈

① ［美］莱茵霍尔德·尼布尔．道德的人与不道德的社会［M］．蒋庆等译．贵阳：贵州人民出版社，1998：210.

② 胡金木．合乎正义的道德教育：利他、利己抑或互惠？［J］．教育学报，2015，11（5）：27-33.

搏斗，最终夺下了歹徒手中的凶器，但三人均不同程度受伤，无法参加 2014 年 6 月的高考。事后，江西省教育厅为其中的两位学生破格安排独考，并安排 9 名优秀教师为其辅导应考。南昌大学、苏州科技学院、宜昌学院、澳门科技大学甚至清华大学等高校闻讯后都向他们抛出“橄榄枝”。[①] 三位大学生在生死关头自然无暇顾及见义勇为所获得的“利”，然而，社会却站在公正的角度给予了他们应得的“利”。这充分说明：“当人们自觉地把个人利益置于国家利益、集体利益之下、之后或之中，在为人民、为社会服务中获得个人正当利益时，这也是‘义’。”[②]

总而言之，大学生义利观教育不应当将“利”与“义”天然隔绝开来，要把握利他与利己之间的内在关联，在二者的统一与互构中构建义利观教育的内在机理。作为底线要求的“正当利己”是最初级、最基本的道德规范，它保证民众之间日常生活应具备基本品质，是规范社会关系，防止社会道德体系崩塌的防线。作为理想状态的“利己利他”是最符合社会公正规定性的道德要求，是推动个人社会化生存与发展的基本要素。这种普遍性准则如果不能维系，可能在短时间内不会出现整体性道德滑坡，但从长远来看，必定会成为制约社会公正的阻碍。作为崇高的道德理想的“无私利他”，是在充分认知和理解公正的道德价值基础上得出的道德终极追求。这种崇高理想能够实现自我道德价值的超越和精神升华，并在整个社会范围内形成一种道德感召。大学生公正观教育首先要确保树立“正当利己”的底线要求，进而规范“利己利他”的普遍准则，最终让其中的一部分道德境界更高的学生树立“无私利他”的崇高道德理想。

三、“应得”观教育

“应得”是社会公正所蕴含的最朴素、最根本的伦理准则，正如古罗马法学家乌尔庇安指出：“正义乃是使每个人获得其应得的东西的永恒不变的意志。”[③] 马克思主义倡导以劳动为基础建立个人的“应得”准则，亚里士多德根据古希腊城邦社会的等级结构提出了各个阶层的“应得”关系，罗尔斯则从平等的角度出

---

① 中华儿女报刊社．柳艳兵、易政勇交出道德满分答卷的“最美考生”［EB/OL］．（2015-01-27）［2018-01-31］．http：//elite. youth. cn/gnb/201501/t20150127_ 6438199. htm.

② 袁贵仁．价值观的理论与实践：价值观若干问题的思考［M］．北京：北京师范大学出版社，2013：301.

③ ［美］约翰·罗尔斯．正义论［M］．何怀宏等译．北京：中国社会科学出版社，1988：264.

发阐述了应得关系。“应得”原则虽然脱胎于西方世界的公正思想体系，但也是马克思主义公正思想的重要维度，同样是中国特色社会主义关于个人分配的基本共识。“应得”观倡导付出与回报、权利与义务以及危害与惩罚的对等关系，是调节人与人之间、人与群体之间以及人与社会之间关系的最基本准则。从社会交换的角度来看，“应得”是“等利交换”与“等害交换”的统一。“等利交换是正面的、肯定的、积极的公正；然而等害交换则是反面的、否定的、消极的公正。”①

1. “等利应得”观教育

“应得”观首先倡导社会按照人们做出的贡献大小进行分配，将劳动量投入大小以及劳动力对于社会发展的贡献程度作为个人“应得”多少的依据。这种以贡献为标准的“应得”观可以称为“等利应得”。在这种伦理观的指导下，除了劳动之外，个人对社会、组织以及他人的贡献，也是个人利益获得的依据。对社会的贡献越大，收益应当越高；反之，对社会贡献较小，收益也就较低。当前，我国在收入分配领域实行的是按劳分配为基础，多种分配成分并存的分配制度。“等利应得”的伦理观既体现了按劳分配的基本尺度，又扩大了按劳分配的现实领域，充分展现了劳动与贡献面前人人平等的社会主义优越性。除此之外，“等利应得”还包含了“权利与义务对等”的内在要求。总而言之，“等利应得”原则正是一种最符合市场经济规律的伦理准则，是实现公平与效率相统一的最有效的公正原则。开展大学生公正伦理观教育，应当将“等利应得”观纳入教育内容当中，引导大学生树立“贡献与回报相当”“权利与义务相当”的观念。一方面，必须让大学生树立奋斗精神，激发他们的进取心。让他们充分认识到，个人的发展与自我价值的实现是建立在个人较高的知识水平与个人综合能力的前提之上的；然而这些能力的获得，离不开个人在学校学习期间，以及走上社会之后的努力奋斗，防止一些学生在向往自由生活的同时又害怕吃苦，拒绝进步。另一方面，要引导学生以“应得”观为基础正确看待当前显著存在的收入分化现象，理解高收入人群产生的合理性及其财富来源的正当性，防止大学生对一些人群正当、合理的高收入产生过度猜忌与质疑，杜绝出现“仇富”泛化等不良心态。

2. “等害应得”观教育

著名马克思主义理论家保尔·拉法格在其《思想起源论》中指出：“正义思想的人的起源是报复的渴望和平等的感情。”②“公正”好比一个天平，能够

① 王海明．公正类型论［J］．东南大学学报（哲学社会科学版），2006（6）：14-19.

② 转引自王海明．公正与人道——国家治理道德原则［M］．北京：商务印书馆，2010：33.

精确称量出贡献与回报，罪恶与惩罚之间的等价关系，它不仅规定了贡献与回报之间的交换关系，也同样规定了罪恶与惩罚之间的报应关系。这种报应关系的体现便是“等害”应得，即“等害”交换。对违反法律法规、制度规范的行为进行处罚是“等害”应得的重要体现。一个人获得惩罚的大小应该根据他所犯错误造成的危害性质、大小而定，不多不少、不偏不倚。“等害应得”观教育重在倡导大学生树立法律意识与纪律意识，让他们充分认识到法律的权威性以及对个人行为的约束力。当前不少青年学生在违反学校纪律，乃至法律法规的情况下希望通过各种渠道降低处罚。诚然，对于那些违反学校规定，但危害较小，认错态度良好的学生，的确可以考虑减轻处罚，或者用其他较为温和的方式对学生进行警示教育，但这并不代表现实没有处罚学生的权利。若没有建立这种看似“消极”的公正原则，则任何组织的管理便会陷入混乱当中。这既是对当事人及受害人的不公正裁决，也会对组织事业发展带来阻碍。

第三节　国情依据：中国特色社会主义的公正之维

随着中国特色社会主义进入新时代，社会制度不断完善，社会公正水平显著提升，人民群众幸福感不断增强，充分彰显了中国特色社会主义制度的公正特质。大学生公正观教育不能脱离基本国情，应着力于实现大学生理解与认识新时代中国特色社会主义的公正所向，对一些领域存在的具体问题建立理性、科学、全面的评价。

一、全面理解中国特色社会主义制度的公正所向

公正是中国特色社会主义制度的本质要求，开展大学生中国特色社会主义公正观教育，首先要科学分析中国特色社会主义制度公正性。“从逻辑上说明社会主义制度是人类社会有史以来最为先进的公正制度。”① 十九届四中全会指出：“中国特色社会主义制度和国家治理体系是以马克思主义为指导、植根中国

① 钱广荣．论以公正为社会主义核心价值观的基本理念［J］．学校党建与思想教育，2018（1）：10-15.

大地、具有深厚中华文化根基、深得人民拥护的制度和治理体系，是具有强大生命力和巨大优越性的制度和治理体系，是能够持续推动拥有近十四亿人口大国进步和发展，确保拥有五千多年文明史的中华民族实现‘两个一百年’奋斗目标进而实现伟大复兴的制度和治理体系。”① 中国特色社会主义制度克服了社会主义建设初期的平均主义缺陷，避免了资本主义社会的种种制度不公；它牢牢建立在马克思主义对理想社会的制度主张之上，又是对西方先哲口中的“理想国”与我国古代思想家所描绘的“大同社会”的继承与完善。改革开放40多年来，中国特色社会主义制度的先进性与优越性在社会生活的各个领域都得到了充分显现，“特别是相比于传统权力高度集中、权力与权利不对称的制度形态，改革开放以来，我国在经济、政治、社会等领域在确立现代公正理念方面的进步有目共睹，公正的理念已越来越清晰地呈现于中国特色社会主义本质的内涵之中”②。虽然是在经济、政治、法治等领域的一些具体的程序与规则上还存在瑕疵，但是不应因此而否定社会主义制度公正的本质特性和实质内涵。在经济领域，要引导大学生充分了解中国特色社会主义制度在推动经济体制改革，解放和发展生产力，实现共同富裕方面所取得的伟大成就，尤其必须对当前社会主义市场经济体制既体现自由竞争，又充分保障市场主体平等地位，以及在推动区域之间、城乡之间、部门之间均衡发展方面起到的良好作用有深刻的认识。在政治领域，要加强政治制度教育，让学生充分理解我国的基本政治制度，及其同其他国家政治制度的区别，充分彰显中国特色政治制度在保障好全体人民权利公平，深入参政议政，促进基层普遍民主，推动区域民族平等发展过程中取得的现实成就。在社会民生领域，要引导大学生从制度公正与结果公正两个层面，整体、系统、辩证地思考中国特色社会主义在创造平等机会，推动公平竞争，保证公共权力资源的合理分配，实现全社会共享改革发展的生动实践。要引导大学生认识到改革开放以来，中国特色社会主义制度在加快经济发展、提升人民生活水平、调节收入分配、确保最广泛程度的社会民主以及推进社会法治建设等方面的伟大成就，认同中国特色社会主义制度的公正性，并理性对待经济、政治、文化生活以及教育、住房、医疗等民生领域中的依然存在的一些公正问题，使自己的公正行为符合中国特色社会主义公正制度的基本要求。

---

① 中共中央关于坚持和完善中国特色社会主义制度　推进国家治理体系和治理能力现代化若干重大问题的决定［N］. 人民日报，2019-11-06（1）.

② 吕玮，李海青. 公正：中国特色社会主义的本质之维［EB/OL］.（2013-05-05）［2016-09-01］. http：//theory. people. com. cn/n/2013/0505/c49152-21369302-2. html.

开展大学生公正观教育，还必须有效应对学生提出的思想困惑。在遇到学生对中国特色社会主义制度公正性产生疑惑时，要及时引导大学生树立新时代中国特色社会主义“当家人”的身份认同，以生活在社会主义制度下的“当家人”与“局内人”的姿态，客观、理性、科学地看待目前我国各方面制度尚存在的不足与亟待改进的方面。号召大学生努力发挥自身的专业特长，积极投身改革开放与社会主义现代化强国建设当中，为维护社会公正贡献力量；不应以纯粹“旁观者”的视角发表有损国家形象的言论。正所谓，“一个自我放逐‘当家人’身份却又奢谈‘制度不公’问题的人，他其实也就放弃了国家赋予自己谈论制度公正的话题权”①。

二、准确把握新时代历史方位下对社会公正的理论创新

党的十九大的顺利召开，意味着中国特色社会主义进入了新时代。以习近平同志为核心的党中央在新时代的历史方位下，继承并发展了中国特色社会主义，在推动社会公正方面提出了许多创新思想。党的十八大以来，习近平总书记所提出了“四个全面”战略布局、“共享”的发展理念、精准扶贫计划以及构建“人类命运共同体”的战略思想，是对马克思主义公正观和中国特色社会主义公正观的创新与发展，推动了中国特色社会主义公正观的不断完善。要以习近平总书记十八大以来关于社会公正的一系列重要论述作为大学生公正观教育的时代语料，不断融入大学生公正观教育当中。

（一）引导大学生树立共享共创发展理念

共享是新时代中国特色社会主义发展理念的重大创新，是公正的重要准则之一。要引导大学生准确理解新时代中国特色社会主义对社会公正的创新发展，首先必须充分认识、牢固树立共享共创理念，将共享作为平等准则的重要补充，指导个人日常行为。开展“共享”理念教育，必须按照人人参与、人人尽力、人人享有的要求，引导学生树立知识共享、利益共享、资源共享意识，在学习生活当中学会优势互补、取长补短，协作共赢，充分发挥自身优势帮扶弱势群体，正确处理好个人与集体的关系，主动融入班级、院系、学校的事业发展当中。

---

① 钱广荣．论以公正为社会主义核心价值观的基本理念［J］．学校党建与思想教育，2018（1）：10-15.

（二）加强“人类命运共同体”相关知识教育

“人类命运共同体”思想是对共享思想的国际化发展，同时也包含了“人与自然和谐发展”这个关乎生态正义的思想意蕴。高校要引导大学生全面系统理解人类命运共同思想的国际背景与具体主张，逐步树立全球正义理念，充分理解国际间交往的利益纽带以及当前互利共赢外交战略，并以互利共赢的思想内涵指导学习生活，树立互惠互利的交往方式，培养公共意识与国际精神，建立更加包容的社会心态，做到关爱他人、关心集体、关怀社会、心系国家，“用‘道德责任共同体’意识取代市场经济条件下的‘契约责任共同体’意识和中国传统文化中的‘身份责任共同体’意识”。①

（三）开展扶贫观教育

习近平总书记曾指出：“消除贫困、改善民生、实现共同富裕，是社会主义的本质要求。”② 贫困治理是新时代中国特色社会主义在民生领域努力实现公平正义的具体举措，是新时代三大攻坚战之一。通过扶贫、脱贫、脱困，能够进一步缩小社会收入差距，在更广泛的范围内实现社会平等。从这个意义上来说，扶贫属于公正所提倡的“社会补偿”范畴，同平等、共享等伦理范畴具有内在的逻辑一致性。高校应当引导大学生树立扶贫意识，积极帮扶、救助弱势群体，主动参加各类志愿服务、支教、支边活动，积极为贫困地区、弱势群体以及身边的困难同学伸出援手。尤其要加强先赋条件较好的学生的思想教育，让他们在必要的时候适当让渡个人利益，让那些先赋条件较差的同学感受到来自他人的关怀与平等的地位。

（四）加强生态观教育

党的十九大报告指出：“我们要建设的现代化是人与自然和谐共生的现代化，既要创造更多物质财富和精神财富以满足人民日益增长的美好生活需要，也要提供更多优质生态产品以满足人们日益增长的优美生态环境需要。”③ “实现生态正义，不仅是保护人们生态权益、促进社会公正的现实要求，也是推进

① 袁张帆．“人类命运共同体”视阈下新时代高校思想政治教育发展研究［J］．广西社会科学，2018（4）：199-203.

② 中共中央党史和文献研究院．十八大以来重要文献选编（下）［M］．北京：中央文献出版社，2018：31.

③ 习近平．决胜全面建成小康社会　夺取新时代中国特色社会主义伟大胜利——在中国共产党第十九次全国代表大会上的报告［M］．北京：人民出版社，2017：50.

我国生态文明建设的重要举措。"① 高校应当将习近平生态正义思想融入大学生公正观教育体系当中，对学生开展学生生态伦理教育，引导学生正确看人与自然和谐共生的关系，做到"尊重与善待自然，关心自己并关心人类，着眼当前并思虑未来"②；要加强大学生生态意识教育，将环境保护的观念内化为个人公正意识，引导学生热爱环境、热爱自然，保护环境、亲近自然，以一种友好、包容的思维审视人与自然和社会关系，并指导公正实践。要引导大学生树立生态法治观念，开展生态保护方面的法律教育，在学生当中树立起依法治国和依法治理环境的牢固信心。

第四节　现实延伸：具体场域下的公正观

公正不是抽象的，而是具体的。在经济、政治、文化、社会的各个领域，公正的具体表现形式都是不同的。在某些社会领域看来是公正的规则、制度，在其他领域起到的作用可能恰恰相反。高校应当深入洞察各个社会活动领域的基本规律，明确各个领域存在的特定的公正价值指向，从不同的社会领域以及社会活动的不同环节出发，有针对性地开展现实社会活动的公正观教育。

一、经济公正观教育

经济活动是最广泛、最普遍的社会活动。大学生走上社会之后不论从事何种职业和工作，均涉及经济活动。不仅如此，经济活动还渗透到个人生活的方方面面，日常生活中的投资、消费等个人行为也是一种基本经济活动。经济公正是人类克服生产过程中一切异化现象，实现自身全面自由发展的价值追求。经济公正观可以理解为经济制度、各种经济主体的经济活动与个人经济行为当中具有正当性与合理性一套实践规则与价值判断。大学生经济公正观教育应当立足基本经济规律，引导大学生在经济活动中养成正当的行为取向。

---

① 杨嘉辉，俞田荣．生态文明视域下的生态正义问题与对策探究［J］．中共南昌市委党校学报，2018（1）：48-52.

② 范梦．思想政治教育视野下大学生生态文明教育研究［D］．北京：中国矿业大学，2016：136.

（一）掌握基本经济规律

开展经济公正观教育，应当在学生当中普及基本的经济学基础知识，让学生充分理解社会主义市场经济基本经济规律，树立以“等价交换”为核心的经济公正意识。高校要以马克思主义政治经济学为基础，教导学生正确理解、认识马克思主义劳动价值论、商品二因素、货币理论等基本理论，深入了解商品的价值组成，价值类型，明确使用价值与价值之间的区别与联系，及其同抽象劳动与具体劳动的相互对应关系。要明确商品价值的决定因素，搞清市场经济的基本价值规律与供求机制，引导学生理解供求关系对商品价格的影响，帮助他们建立对经济主体行为公正性的评价机制。既要防止大学生被不正当的市场竞争行为所迷惑，又要防止学生对一些基本经济现象产生错误甚至过于激愤的非理性判断。

（二）认清当前经济形势

开展经济公正观教育，应当引导大学生认清当前国际经济发展的基本态势与国际经济格局，了解世界各类经济组织的基本职能。在国际经济关系方面，大学生必须搞清楚中国在整个世界经济体系，产业链体系的地位，以及对国际贸易、跨国投资、大宗商品定价以及商品技术标准制定方面的话语权表现。通过对国际经济体之间竞合关系的理解，能够帮助学生认清经济全球化过程中影响经济领域公正的各种行为及其内在逻辑。在国内经济方面，大学生必须认清当前国内经济发展格局，认识当前国内经济发展不平衡、不充分的客观背景，找出不同区域、不同部门间发展差距的具体原因，了解不同行业在价值创造方面的具体差异，以此化解学生之间基于家庭背景差异可能产生的“相对剥夺感”。

（三）树立良好的经济行为准则

开展大学生经济公正观教育，最重要的是引导大学生树立合理经济伦理意识，建立经济行为准则，确保当前与今后所从事的经济活动、经济行为均能体现公平正义，符合社会公正的基本要求。首先，应当引导大学生树立互惠互利的基本经济伦理准则。在市场经济中，互惠互利是一个基本的行为准则，是所有经济主体必须牢固坚持的经济活动标准。它意味着经济主体双方具有对等的权利与义务，交易双方的任何一方都不可能独占交易过程中的全部利益，交易双方都能够从经济活动中获得自己满意的收益。交易双方的谈判与磋商过程实际上也是双方进行各自利益让渡，实现合理的均衡状态的过程。其次，要开展经济诚信教育。诚信是市场经济的伦理基础，是实现互利原则的基本前提。诚信的缺乏必然引发以次充好、以假乱真，必然影响整个市场经济的交易环境，削弱了彼此之间的信任。对此，要引导大学生树立诚信意识，使他们在经济行为中自觉遵循诚信原则，不欺诈，不蒙骗，互相真诚相待，相互尊重对方的权益。可适当开设经济伦理以及经济法等相关课程，确保大学生今后能够遵循基本经济规律，遵守市场经济的基本制度，遵守行业与职业的相关道德规范，防止学生毕业后在具体工作岗位上出现弄虚作假、以次充好等道德问题。

二、政治公正观教育

政治公正是人类不懈追求的政治理想，是在特定的社会形态下，国家、政府合理、正当的使用社会赋予的权力，确保全体社会成员实现自由全面发展的各种权利的过程。所谓政治公正观，是在特定政治制度下对权力和权利的分配与界定的合理性认识与实践。大学生政治公正观教育应当落脚于制度、权利与权力三个方面。

（一）理解我国的基本政治制度教育

制度是体现社会公正的现实载体。对于社会公正的把握，必须与特定的社会形态与社会制度紧密联系。开展大学生政治公正观教育，首先必须引导大学生理解我国的基本政治制度，正确认识我国的国体、政体、政党制度、民族区域自治制度以及基层民主制度。当前，不少学生具有很高的政治热情，但由于对我国的基本政治制度缺乏全面系统的理解，误将西方文明所倡导的民主意识运用于分析我国政治领域，更有甚者简单套用西方民主制度与政党政治的相关准则用于解释、分析当前我国的现实问题。这些现象都是当前思想政治教育中必须时刻警惕的。高校必须从我国的历史与国情出发，引导学生正确认识党的基本理论、基本政策和基本方略，以及中国特色社会主义政治制度对维护社会公正的重大意义；深刻领会新时代中国特色社会主义历史方位下，我国在推动民主参与、完善社会治理、提升社会民主等方面所实现的进步与发展，增强对政治制度的认同。

（二）树立正确的民主意识与自由意识

个人权利的实现程度是考量政治公正的重要标尺。权利是否被赋予，不同个体之间的权利是否平等，是广大人民对社会公正的基本诉求。自由意识与民主意识栖息于个人权利诉求当中，是个人权利意识的现实表现。开展政治公正观教育的核心是引导大学生正确看待民主与自由，树立与中国特色社会主义制度相适应的民主意识与自由意识。民主、自由、公正同属于社会主义核心价值观体系，具有鲜明的社会主义属性，他们之间相互联系又有所区别。当前，不少大学生将公正与民主、自由简单地等同起来，甚至认为公正就是自由行使任何权利，民主就是对所有的意见都予以全方位满足。这种思想显然不符合政治公正的基本规定，脱离社会主义对民主与自由的根本规定。树立符合社会主义政治制度要求的民主观与自由观，应当以我国社会基本政治制度的出发点，在基本政治制度的基础上实现个人对民主与自由的合理诉求。在我国，民主集中制是党和国家机关基本的组织制度和领导制度，是党内民主的基本体现。我国高校学生组织的管理制度基本采用了民主集中的原则。然而，个别学生不了解民主集中制的准确含义，将西方所谓的民主制度作为政治价值导向，违背了党的基本政治制度。政治公正教育应当引导大学生正确认识党的民主集中制。明确民主集中制作为党的根本组织制度和领导制度是马克思主义认识论和群众路线在政治生活与组织建设中的运用与发展。让大学生在参与班级、年级管理以及各类学生组织过程中牢固树立个人服从组织，少数服从多数，下级组织服从上级组织基本理念。尤其是一些学生干部，在管理班级、年级以及学生组织时要建立基本议事制度，对属于班级、学生组织重大问题都要按照集体领导、民主集中、个别酝酿、会议决定的原则作出决定。

（三）树立反对腐败的权力意识

开展政治公正观教育，应当引导大学生正确认识公共权力使用的基本规范，深度审视当前党和国家各级领导干部存在贪污腐败、违法违纪、弄虚作假、为官不为等危害政府公信力，滥用公权力的现象，并积极开展批判。高校可以在大学生中开展党风廉政教育，让大学生了解十八大以来，推动全面从严治党与反腐败斗争中产生的一些重大决议与政策，重要事件，及其在公众中取得的影响，让学生对于公权力的行使有更加客观、科学、理性的认识。既要防止部分学生在个人权利遭遇来自公权力的破坏时逃避现实、消极应对，引导学生对社会上贪污腐败、权力任性以及为官不为等破坏权力公正行为予以坚决批判和斗争，对校园内外目睹的此类事件予以坚决抵制；又要在学生出现非理性判断时，引导他们保持清醒认识，防止反腐意识变为“仇官”意识，将对公权力运行的理性批判变为不顾一切的消极义愤。

三、法治公正观教育

习近平总书记指出："法律是成文的道德，道德是内心的法律。"[①] 法律与公正是一组相互联系的统一体，二者密不可分。一方面，公正是法律的根本价值所在，法律存在的天然意义就是维护社会公正。另一方面，社会公正必须依靠强有力的法治得以实现，社会公正所包含的制度体系、伦理体系也必须以法律作为保障。对法的认识、理解与遵守正是个人公正观的重要组成，遵守法律同时也是个人道德水平的底线要求。开展大学生公正观教育，必须引导大学生树立良好的法治观念与意识。

（一）树立守法意识

开展大学生法治公正观教育，首先必须让大学生树立守法意识。"近代化的法不同于其他各个历史时期的所有法律，它尤其不可缺少的条件是一定的意识性、精神性的因素"。[②]"守法精神是公民基于对法律价值合法化的认同而形成的自发的守法动机。"[③] 如果一个社会的公民缺乏基本的守法意识，视法律制度为一张白纸，任意否认司法结果，对法律缺乏必要的权威性认识，那么法律则变得空洞，没有任何实质意义。具体而言，守法意识包括了规则意识与公共意识两个方面。它规定了个人既要遵守法律，尊重司法结果，树立"守规矩，讲规则"的良好意识，又要不拘泥于个人利益，不再以一己之私利作为判断是非黑白的唯一标准，在社会化生活中形成彼此合作、彼此认同的公共理性基础，在享受法律规定的各项基本权利时必须自觉履行法律规定的各项义务。

（二）理性看待社会司法案件

当前，社会上一些不法分子、网络"意见领袖"打着所谓的维护"公平正义"的幌子，公然质疑社会主义法律，否定我国当前的全面依法治国改革，将一些当前备受社会普遍关注的冤假错案作为司法领域普遍现象加以抨击，误导学生认为我国的司法公正存在严重问题。这些年社会上反响强烈的"聂树斌案""呼格案"等冤假错案，事实上都是过往一小撮司法系统的干部不作为、

---

① 习近平在中共中央政治局第三十七次集体学习时强调：坚持依法治国和以德治国相结合，推进国家治理体系和治理能力现代化［N］. 人民日报，2016-12-11（1）.

② ［日］川岛武宜．现代化与法［M］. 王志安等译．北京：中国政法大学出版社，1994：52.

③ 徐惟诚．和谐社会与社会公正问题研究［M］. 北京：人民出版社，2014：207.

乱作为的个别现象，并不能作为当前社会主义法治建设的真实写照。法治公正观教育应当引导大学生正确看待当前社会上的热点、焦点事件案件。既要站在被害人的个人立场出发，对遭受不公正待遇的当事人予以必要的同情与人道主义关怀；又要从宏观的法制化进程出发，从个别冤假错案的沉冤得雪中充分感受我国推动法制化进程，深化全面依法治国的现实成就。

（三）塑造对是非善恶的分辨能力

公正的本质是“基本善”，属于善的范畴；非公正、非正义则是善的反面，属于恶的范畴；也就是说，恶必然是非正义的。善恶观是公正观的“高度浓缩”。大学生法治公正观教育强调学生能够正确区分“善”与“恶”，自觉抵制脑海中的恶念，唤醒善心，引导学生与现实中的罪恶行径进行斗争。当前，国内一些文艺工作者将违背主流观点的个人意志融入创作的作品当中，其作品在一个较广的范围内传播观看，将恶贯满盈的犯罪分子塑造成正面人物，试图在法理之外构建一个新的社会秩序。大学生公正观教育者要坚决杜绝大学生出现“善恶不分”“黑白不分”的状况，坚决抵制上述类型的文艺作品与社会思潮，在学生中树立基本的法律意识与善恶意识，自觉将违法与恶联系在一起，防止出现漠视法律，或者将法律与正义区分开来，用遵纪守法、坚决捍卫法律尊严与人民利益的先进人物的典型案例说服、感化学生。

四、网络公正观教育

“网络公正观是信息社会中的人们在生产、使用、占有、传播信息资源的过程中所应当遵守的，具有公正价值指向的观念和准则。”① 如何正确使用网络，如何公正地看待网络世界的纷繁复杂的现象，处理网络世界的虚拟关系，树立网络公正观，是大学生公正观教育必须思考的时代命题。根据对互联网的依赖程度，可以把人群划分为四类：“网络原住民、网络移民、网络观光客与网络局外人。”② 当代大学生出生于互联网高速发展的年代，他们对网络高度依赖，在虚拟世界中有着特有的身份与地位，习惯于通过各种社区、论坛、微博、空间表达关注社会，了解各个阶段热点问题及其发展进程，并表达个人见解，参与

① 郭林霞．高校网络公正观教育研究［D］．北京：北方工业大学，2012：10.

② 人民网．关注网络原住民（文化世象）［EB/OL］．（2016-09-15）［2017-12-09］．http://opinion.people.com.cn/n1/2016/0915/c1003-28717552.html.

网络讨论，具备显著的“网络原住民”的基本特征。由于网络世界直接与现实世界相连，网络上的每个 IP 名称都对应着现实世界中活生生的个体，网络世界的利益纠葛对现实世界有着直接影响，这便产生了网络世界的公正问题，它是公正问题从现实世界向网络世界的场域延伸。由于互联网具有极强的传播性，任何涉及社会公正的网络言论一经发布，其传播速度之快，影响力之大，是难以估量的。开展大学生网络公正观教育，应当以现实世界的公正观为依据，结合互联网的具体形态，传播载体以及网络特有生存方式及话语体系，构建符合大学生网络行为特征的网络公正观教育内容体系。

（一）明确网络生活的权责

开展网络公正观教育，首先要树立网络权利观。网络世界虽然是虚拟的，但同样涉及无数现实中人的切身利益。当前许多青年人呼吁所谓的网络民主，希望通过网络实现更大程度的意见表达与公共事务参与；然而，没有规范的民主只可能引发更大程度的乱象与无序。青年人必须学会正确、合理、合规使用网络；这其中，最关键的就是遵守网络秩序，明确网络行为的权利、责任与义务。与现实世界一样，网络世界中的个体同样享有各种信息时代所赋予的，又与现实世界相互关联的权利，并承担着不损害他人、集体以及国家权利的义务。任何人都有使用网络并参与各类合法网络活动的权利，这一权利具有普遍的平等性，是实现网络公正的基础。但是，网络行为的平等自由绝不意味着绝对的自由，行使某项行为的权利必须以义务为基础，同时又不能超出一定限度。大学生网络公正观教育的首要内容是网络权利与义务教育，即让大学生明确网络权利的意义与界限，树立网络责任意识。防止个别学生为图一时之快，或为一己之私利滥用权利，在网络上肆意妄为。

（二）明辨网络信息的真假

当前，互联网的高速发展给予了我们更多便利，但也给居心叵测者提供了破坏社会和谐稳定的渠道。一些看似真实合理的新闻报道，看似理所当然的评论言论，均有可能包含着破坏社会安定稳定的不良动机。不少信息纯属无中生有，歪曲事实，属于网络谣言，它严重损害了个人名誉，侵犯个人权利，更有甚者可能引发社会恐慌，危害国家安全。例如，2013 年，惠州市男子李某涉嫌在其朋友郝某莉的网上留言捏造谣言攻击郝某“与他人存在不正当男女关系”，导致郝某跳楼自杀身亡；2015 年，原央视著名主持人柴某所摄制的纪录片《穹顶之下》在一些网络平台播出，由于纪录片涉及广大人民关注度极高的空气质量问题，一经发布立刻引发了全网络范围旷日持久的大讨论。且不论该片所涉及的技术分析是否具有科学依据，资料来源是否真实可靠，单就该片播出之后所引发的公众对当前我国生存环境的过度恐慌，就足以暴露出了我国网络秩序乱象。对大学生开展网络公正观教育，应当引导大学生正确看待网络世界的各种信息，判断真伪，分辨对错；要教导大学生防范网络意见领袖以及其他别有用心的不法分子，对一些重点人发表的言论进行屏蔽，对未经查明的网络信息不予回应，对一些明显具有危害性与煽动性的信息予以及时举报，对一个阶段的社会热点问题的讨论要谨慎参与，防止出现不当言论。

（三）明晰网络行为的对错

网络行为的引导主要着力于防止大学生盲目挥舞公正“利剑”，在舆论的影响下发动针对个别网络事件当事人发动“网络暴力”。网络暴力是广大网络使用者通过网络评论、视频、音频、图片等形式对他人进行人身攻击的行为，是现实社会的暴力行为在网络上的延伸。当前，大学生正处于个人社会化转型的过渡阶段，思想比较亢奋，希望通过网络传达观点，表达意见，尤其针对一些经主流媒体反复报道的具有持久性话题的热点问题，具有强烈的参与意识。许多以维护公正为初衷的善意行为最终有可能在舆论的错误引导下演化为“网络暴力”。近些年来，以维护公正为出发点，但最终却导致网络暴力事件的案例十分普遍。例如，在2010年的“李刚门”事件，2013年的“李天一案”，2016年的“雷阳案”和2017年“江歌案”等案件中，从事件本身的程序与结果来看，都充分体现了公平正义，但由于个别网络媒体、意见领袖对事件的过度炒作与不实报道，导致事件当事人在受到法律制裁后，又遭到来自网络事件的“人肉搜索”、言语攻击与人身侮辱，其中，许多攻击性言语多是出于发布者的主观臆断，同案件本身毫无关系。高校开展网络公正观教育，应当有效引导大学生明辨是非，正确判断网络世界信息的真与假，以理性与客观的立场参与网络活动，不随意散播危害社会安定稳定或侵害他人名誉的言论。同时，大学生针对网络舆论事件的参与方式应当得当，要站在客观的立场还原事件原貌，冷静理性地看待事件本身的公道所向，不盲目跟风，不被个别具有较强传播效应的网络自媒体发布的主观判断所左右，杜绝利用网络世界对当事人进行“二次审判”。

第七章

当代大学生公正观教育的实践指向

习近平总书记在全国高校思想政治工作会议上强调："把思想政治工作贯穿教育教学全过程，实现全程育人、全方位育人，努力开创我国高等教育事业发展新局面。"① 党的十九大报告指出："要以培养担当民族复兴大任的时代新人为着眼点，强化教育引导、实践养成、制度保障，发挥社会主义核心价值观对国民教育、精神文明创建、精神文化产品创作生产传播的引领作用，把社会主义核心价值观融入社会发展各方面，转化为人们的情感认同和行为习惯。"② 2017 年 12 月，教育部发布了《高校思想政治工作质量提升工程实施纲要》，提出"充分发挥课程、科研、实践、文化等方面工作的育人功能，挖掘育人要素，完善育人机制，优化评价激励，强化实施保障，切实构建'十大'育人体系"③。党和国家领导人的一系列重要讲话、重大举措充分说明了高校思想政治工作是一项涉及全员、全方位、全过程的系统工程。公正观教育作为社会主义核心价值观培育的关键内容，是高校思想政治工作的重要组成，应当遵循基本育人规律，充分依托教学、科研、实践、文化等多个阵地，打造家庭、社会、学校三者育人合力，将学校教育、社会教化与家庭教养有机结合，共筑育人共同体。通过学校的一系列教育活动，逐步端正大学生的公正认知，筑牢公正情感，培育公正意识，培养公正行为；通过社会的制度保障与环境优化，逐步提升大学生对社会公正的认同，消除疑惑，形成共识；通过家庭教养方式转变，

---

① 习近平在全国高校思想政治工作会议上强调：把思想政治工作贯穿教育教学全过程　开创我国高等教育事业发展新局面［N］. 人民日报，2016-12-09（1）.

② 习近平 . 决胜全面建成小康社会　夺取新时代中国特色社会主义伟大胜利——在中国共产党第十九次全国代表大会上的报告［M］. 北京：人民出版社，2017：42.

③ 教育部 .《高校思想政治工作质量提升工程实施纲要》发布［EB/OL］.（2017-12-07）［2018-1-27］. http：//www.moe.edu.cn/jyb_ xwfb/xw_ fbh/moe_ 2069/xwfbh_ 2017n/xwfb_ 20171206/mtbd/201712/t20171207_ 320828.html.

营造大学生公正观生成的生活环境，推动大学生公正观自我培育。三者当中，高校应发挥主导作用，在课程、管理、文化等方面不断探索实践；社会应当发挥保障作用，为大学生公正观教育提供政策支撑与现实语料；家庭应当发挥亲缘优势，树立权威、端正家风，凝练家训，为大学生公正观生长持续注入养料。

第一节　搭建大学生公正教育的主要渠道

高校是开展大学生公正观教育的主体。应将大学生公正观教育作为高校思想政治工作的重要内容，依托思想政治工作的各种渠道，形成课程育人、组织育人、文化育人、实践育人、心理育人相统一的大学生公正观教育格局，不断深化大学生的公正认知，筑牢公正情感，培育公正意识，培养公正行为。

一、夯实认知基础，建设大学生公正观教育的课程体系

通过大学生公正观现状调查发现，部分大学生还存在公正认知模糊的问题，对此，应当充分发挥高校课堂教育的主渠道作用，进一步加强公正观相关理论教育。据了解，国内几乎没有高校开设了公正观教育的专门课程，多数高校仅仅在思想政治理论课的部分章节中体现了党和国家领导人关于社会公正的相关论述。部分哲学社会科学专业课程中虽涉及公正问题，但仅仅将其作为学术探讨，并未作为大学生核心价值观教育的内容予以对待。事实上，在国外的不少高校，“公正”已经成为了一门专门课程，甚至还通过网络并面向社会开放。高校应当建立以思想政治理论课为主体的公正观教育课程体系，打造大学生公正观教育的课堂阵地。

（一）将公正观教育融入大学生思想政治理论课教学体系

习近平总书记在全国学校思想政治理论课教师座谈会上强调：“思政课教师，要给学生心灵埋下真善美的种子”①，“推动思想政治理论课改革创新，要

① 习近平主持召开学校思想政治理论课教师座谈会强调：用新时代中国特色社会主义思想铸魂育人　贯彻党的教育方针落实立德树人根本任务［N］. 人民日报，2019-03-19（1）.

不断增强思政课的思想性、理论性和亲和力、针对性”①。公正是富有思想性与理论性的永恒价值，是人世间“基本的善”，是个人美德的重要体现。思想政治理论课是高校思想政治教育的主渠道。在思想政治理论课教学过程中开展大学生公正观教育，是强化高校思想政治理论课思想性、理论性，提升课程亲和力与针对性的有效途径；是培育真善美，传承道德信仰的重要抓手。目前，本科高校的五门思想政治理论课从内容上都能够和大学生公正观教育有效衔接。对此，高校应当积极推动思想政治理论课教学改革，不断创新教学方法、丰富教学内容，优化教学设计，完善教学载体，将马克思主义公正观、公正伦理观、社会主义制度公正观等内容与每门课程有效衔接，不断巩固大学生公正观教育主渠道、主阵地。《马克思主义基本原理》任课教师可以进行马克思主义公正思想的专题教学，以历史唯物主义方法论串联马克思主义公正观，让学生深入理解马克思、恩格斯对社会公正的特质总结、对资本主义非正义的批判与鞭挞以及对人类自由与全面发展终极价值追求的论述。《毛泽东思想和中国特色社会主义理论体系概论》任课教师可以将公正观教育纳入“习近平新时代中国特色社会主义思想及其历史地位”“‘五位一体’总体布局”等章节，在“建设现代化市场经济体系”“发展社会主义民主政治”“保障和改进民生”“美丽中国建设”等教学内容当中融入关于社会经济公正、政治公正、民生公正、生态公正的相关内容，将“公正”贯穿于新时代中国特色社会主义总体布局的各个方面，完整地呈现给学生。《思想道德修养与法律基础》任课教师可以结合“培育践行社会主义核心价值观”“明大德守公德严私德”“尊法学法守法用法”等相关章节开展社会公正相关专题教育，在培育践行社会主义核心价值观部分要突出公正在社会主义核心价值观体系中的主导地位，将其作为社会主义核心价值观的基本理念贯穿始终；在道德教育部分要重点加强个人义利观教育，突出公正与道德之间的逻辑关联与各自特征；在法律基础部分要从我国推动司法改革的角度讲清公正对于全面依法治国、全面从严治党的重要意义；在讲课过程中可以穿插大量司法改革案例、影像资料，提升课程的感召力。《中国近现代史纲要》任课教师可以通过展现近代中国遭受西方列强荼毒、日本军国主义侵略与国民党政府的反动统治的屈辱过往，激发大学生对帝国主义、封建主义、官僚资本主义的非正义行径的愤慨，加强民族情感，加深对当前国际关系与外交

① 习近平主持召开学校思想政治理论课教师座谈会强调：用新时代中国特色社会主义思想铸魂育人 贯彻党的教育方针落实立德树人根本任务［N］. 人民日报，2019-03-19（1）.

领域坚守公正原则的情感认同。《形势与政策》任课教师每学年可专门安排若干次涉及社会公正问题的专题讲座，通过案例教学与小组讨论的形式，唤醒学生对于社会公正问题的认识与思考。

（二）将公正观教育融入高校哲学社会科学教学体系

作为哲学社会科学领域开展学科交叉研究的热门问题，社会公正研究横跨了包括哲学、社会学、伦理学、政治学在内的多个学科；这些学科领域的专业课程是帮助大学生充分理解政治、经济、文化以及生态等领域的公正问题，建立公正意识的重要渠道；因此，除了思想政治理论课这个主渠道之外，还必须牢牢抓住哲学社会科学专业课这个阵地，通过这些课程将与公正相关联的道德与伦理知识传递给学生，引导学生将公正问题与各自专业的学习结合起来。对此，高校可以将公正观教育贯穿于哲学、经济学、法学、政治学、社会学、伦理学等专业课教学中，尤其要将平等原则、权利与义务统一原则、应得原则、共享原则这些公正的基本伦理准则融入课程教学，与相关专业课程相衔接。人文类专业课程教师必须坚守马克思主义在哲学社会科学领域的指导地位，将各门专业课程中的公正思想与马克思主义历史唯物主义公正思想有机结合；同时，要防止诸如功利主义、自由至上主义、结果主义等带有明显西方意识形态烙印的公正思想影响学生公正观，将西方经典公正思想中的合理部分与马克思主义公正思想进行系统整合，引导学生厘清马克思主义公正观与罗尔斯、诺奇克、麦金太尔等西方学者的公正思想的耦合与分野，用符合马克思历史唯物主义公正思想的公正理论指导学生。

（三）构建具有公正观教育属性的公共选修课程体系

由于部分专业类高校缺少哲学社会科学学科，大学生公正观的课堂教育只有思想政治教育理论课单一渠道。事实上，开设以讲授社会公正为主要内容公共选修课程完全可以作为公正观教育课程体系的必要补充。2010 年著名社群主义学派学者迈克尔·桑德尔主讲的公开课《公正——该如何做是好?》在网易、凤凰公开课平台上线，受到了广大青年大学生的强烈关注。《公正——该如何做是好?》的成功得益于桑德尔教授本人高超的授课技巧。在课程讲授过程中，他广泛使用以道德推演法为主线的教学方法，在提升学生参与度与体验感方面具有独到之处。学生在课程学习中不仅能够掌握公正的理论知识，更充分锻炼自身的道德思维，产生强烈的情感体验。该课程的成功充分反映出当代大学生对社会公正问题的探索意愿十分强烈。目前，在我国以社会公正为主题的网络在线课程大多面向党政机关的党员领导干部开放，针对大学生的此类课程十分匮乏。各高校应当主动开设以讲授社会公正理论、引导大学生正确分析社会公正问题为主题的公共选修课程，面向全部专业学生选修。在课程教学方法上，教师可以使用道德推演法，让学生在问题探讨与角色变换的过程中逐步建立分析社会问题的道德逻辑；在教学素材选取方面，可以多引用国内一些被广泛关注的社会热点问题，以此引发学生的共鸣。

二、强化情感认同，推动公正观教育融入大学生日常教育之中

习近平总书记在全国高校思想政治工作会议上指出："要遵循思想政治工作的规律，遵循教书育人规律，遵循学生成长规律，不断提高工作能力和水平。"① 调查显示，部分大学生的公正意识与个人利益诉求之间存在价值冲突，其根本原因在于大部分高校缺乏必要日常思想政治教育引导，没有将公正观融入学生日常生活当中，以至于一些学生"学一套、做一套"。学生团体是大学生校园的基本组织，是学生日常生活的"基本域"。将公正观教育融入各类校园组织的日常管理、活动当中，能够有效推进公正观教育的生活化，引导大学生将公正相关理论知识不断内化，与自身成长相结合，充分调动了大学生接受公正观教育的主动性、积极性。

（一）依托班级开展公正观教育

班集体是高校育人工作的基本单元，班级整体的道德氛围与管理水平，对学生公正观有着潜移默化的影响。加强班级建设，提升班级民主管理水平，塑造良好班风学风，维护班级公正，是开展大学生公正观自我教育的有力保障。高校要将公正原则融入班级日常管理当中，充分发挥班委会的重要作用，规范班级的各项制度建设，建立科学民主的管理机制与监督机制，提升班级的管理水平。在班级管理过程当中，对涉及班委选拔、同学评优评先、奖学金评定、经济困难学生认定、奖助学金认定等事关学生切身利益的事务，班委会应坚持民主集中制管理原则，建立公开透明的选拔机制，科学合理的评议机制以及全员参与的监督机制与反馈机制，切实保证每个事项都能公平公正处理，防止个别同学为求私利，弄虚作假。各个班级要充分利用主题活动开展公正观教育，

① 习近平在全国高校思想政治工作会议上强调：把思想政治工作贯穿教育教学全过程　开创我国高等教育事业发展新局面［N］. 人民日报，2016-12-09（1）.

广泛开展以“公正”为主题的班会、团训、无领导小组讨论、圆桌会议、工作坊等形式多样的主题活动，组织班级同学开展社会问题大讨论，引导同学积极发表意见，强化道德感悟；还可以积极开展社会实践与志愿服务，强化班级同学的公正信念，提高他们维护社会公正的意识与能力。

（二）依托党团组织开展公正观教育

习近平总书记在党的十九大报告中指出：“要坚持党对一切工作的领导。”①基层党组织是高校党建工作的主阵地，是开展大学生思想政治教育工作的主渠道之一。高校学生党员是学生中的先进分子，在各个方面起到示范带头作用。他们政治立场坚定，理想信念远大，对党忠诚，是在学生当中传播先进思想的主力军。共青团是中国共产党的后备军，在联系高校学生方面有着天然优势，团支部则是高校最基本的基层组织形态。当前多数高校都构建了“低年级有党员、高年级有党支部、班班有团支部”的党团组织结构体系。高校要充分发挥党支部的理论武装与战斗堡垒作用，依托党员民主生活会、组织生活会，以批评与自我批评的形式开展道德体验式教育，让广大党员不断反思、审视过去的行为，牢固树立道德意识，规范个人行为；可以依托党、团支部活动开展公正观教育，以支部论坛、团日活动、道德讲堂、真人图书馆等多样化的校园活动作为公正观教育的创新载体，让公正观教育贴近学生、贴近生活；可以依托支部先进人物事迹开展公正观教育，在各个支部选树典型，推广事迹，扩大影响，让维护校园公正的先进人物在学生心中绽放光芒。

（三）依托学生社团组织开展公正观教育

学生社团是高校学生团体的有力补充，是丰富校园文化生活的关键载体。社团成员拥有共同的兴趣爱好和人生理想，在许多方面能够产生超越同班同学的默契。这种默契有利于开展团队协作，提升主题活动与主题教育的效果。同时，社团成员大多具有超过平常人的特定才艺、技能，能够增强主题活动的吸引力与观赏性，让活动更具有亲和力与获得感。高校社团应结合自身特点，将公正理念融入社团建设与各项活动开展过程当中。例如，文体类社团可以通过丰富多彩的校园文艺活动开展公正观教育，传播弘扬社会正气、彰显正义感的主旋律文艺作品；学习型社会可以通过理论学习、评论类活动、征文、知识竞

---

① 习近平．决胜全面建成小康社会　夺取新时代中国特色社会主义伟大胜利——在中国共产党第十九次全国代表大会上的报告［M］．北京：人民出版社，2017：20.

赛等形式开展公正观教育，提高全校学生的公正理论知识水平；公益类社团可以通过组织开展志愿服务、心理咨询、法律援助、健康服务等形式传播公正观，让校内外人员都体会到公益事业的爱心。

（四）依托大学生经典理论读书社开展公正观教育

经典理论读书社不同于一般意义的学生社团组织，它是近几年各地教育主管部门大力推进的高校马克思主义人才培养和马克思主义理论自主学习的重要工程。目前，许多高校都已经建立了马克思主义理论读书社。大学生应当充分利用此类读书社开展马克思主义公正观自学活动，尤其是针对《资本论》《共产党宣言》《哥达纲领批判》《1844 年经济学哲学手稿》《家庭、私有制和国家的起源》等几部涉及公正问题的重要著作，进行深入学习指导。高校思想政治理论课教师、辅导员、哲学社会科学教师要主动担任指导老师，帮助广大学生梳理理论，明确学习重点，答疑解惑。除此之外，经典读书社也可加入一些西方马克思主义流派的著作，以突出马克思主义公正思想发展的历史轨迹。高校还应当尽快成立习近平新时代中国特色社会主义思想读书社，面向广大学生深刻解读习近平治国理政思想。尤其是推动全面从严治党与反腐败建设，推动全面依法治国，深化司法体制改革的若干重要论述，对正确理解新时代中国特色社会主义思想的公正维度，加强学生对社会主义制度公正的认同与共识，具有很好的促进作用。

三、紧贴生活场域，打造大学生公正观教育的网络阵地

信息技术是当代全球发展速度最快，渗透性最强，对人类生活生产方式影响最大的技术。随着信息技术的不断普及，网络生活成为了当代大学生基本的生活场域。高校思想政治教育者应当加快信息化改革的步伐，应对当前高校思想政治工作的新趋势、新要求。大学生公正观教育作为高校思想政治教育的重要组成，应当充分依托信息化技术与互联网平台，紧贴住网络这个大学生基本生活场域，同可能影响大学生公正观的不良信息进行交锋，争夺话语权，使大学生公正观教育彰显时代特征，焕发时代活力。

（一）开发网络课程资源，延伸大学生公正观教育阵地

当前，信息化的高速发展引发了高校教学方式的不断革新，以慕课为主力的网络在线课程体系已经越来越受广大在校大学生青睐。早在 2003 年，国家就

开始推动在线精品课程建设。2010 年，新浪、网易等门户网站相继推出在线课程，各式各样的网络公开课平台如雨后春笋一般不断涌现，成为大学生进行在线学习、继续教育的重要载体。2017 年教育部提出，“开展系统性精品在线开放课程公共课，核心课程群建设，认定一批国家级精品在线开放课程”①，这进一步加强了高校建设网络公开课的动力，也能够有效弥补部分专业类高校由于缺少哲学社会科学学科体系，公正观教育的课堂教学载体单一的缺陷。事实上，关于社会公正的相关理论与现实问题完全可以作为专门课程，以网络公共选修课的形式开展。通过将课程上传到公共在线课程平台，能够在更大范围内将公正观教育的教学内容向其他高校学生以及社会青年推广。由于社会公正问题具有较强的话题性，对广大学生具有一定吸引力。通过公正观教育的网络课程体系构建，能够减少互联网上的负面新闻与评论以及个别网络“意见领袖”的错误引导对学生带来的消极影响，使学生面对社会公正问题的网络表达得以正面引导。上文提到的热门在线课程《公正——该如何做是好?》便是信息化教学的成功实践，值得各个高校借鉴。

（二）用活新媒体，丰富大学生公正观教育的话语体系

习近平总书记在全国高校思想政治工作会议上指出：“要运用新媒体新技术使工作活起来，推动思想政治工作传统优势同信息技术高度融合，增强时代感和吸引力。”② 新媒体的蓬勃发展，进一步拓宽了高校思想政治教育的渠道，但也带来了新的问题与挑战。高校思想政治教育工作者应当充分抓住契机，迎接挑战，深入开展新媒体使用与建设的探索研究，将新媒体作为大学生公正观教育的有益补充。

1. 构建自主管理的社交平台

根据统计，2018 我国最受欢迎的十大网络社交平台分别为：微信、QQ、微博、QQ 空间、百度贴吧、知乎、抖音短视频、豆瓣、快手、虎扑。③ 这十大平台均为非国有互联网企业实际控制，且其中不乏一些已被有关部门点名批评的

① 教育部．教育部办公厅关于开展 2017 年国家精品在线开放课程认定工作的通知（教高厅函〔2017〕40 号）［EB/OL］．（2017-07-28）［2017-9-14］．http：//www.moe.edu.cn/srcsite/A08/s5664/moe_ 1623/s3843/201707/t20170728_ 310304.html.

② 习近平在全国高校思想政治工作会议上强调：把思想政治工作贯穿教育教学全过程　开创我国高等教育事业发展新局面［N］．人民日报，2016-12-09（1）．

③ 中国十大品牌网．中国十大网络社交平台—社交媒体平台—移动社交平台［EB/OL］．（2019-01-31）［2019-02-09］．https：//www.china-10.com/china/1211sjmt_ index.html.

问题企业。这些平台发布的信息不少源自一些颇受争议的网络意见领袖，信息中不乏针对社会主义制度的微词以及针对个别社会现象的负面评论。部分社交平台的信息传播具有内隐性特点，校方无法及时删除和澄清，对学生公正观带来了很大的负面影响。高校应该构建具有权威性、易于管理的自主媒体平台，分化、消除不良网络平台对大学生思想领域的渗透与影响，防止一些具有煽动性与批判性的负面信息影响大学生对社会公正的客观评价。近年来，易班网作为政府部门主推的针对在校大学生的公共社交平台，正逐步被大学生所认可。许多学校的易班网已经成为大学生参与校园活动，了解校园舆情的主渠道，其功能也随着互联网业态的发展不断完善丰富。高校可以依托以易班网为代表的自媒体平台建立官方账号，充分挖掘平台的思想政治功能，使之成为大学生公正观教育的网络阵地。官方自媒体应当充分把握各个阶段国内外的舆论焦点，尤其是针对容易学生公正观产生消极影响，有可能引发学生对社会公正的负面评价，激发学生非理性行为的一些问题，要及时进行引导，把握舆论制高点。

2. 要提升官方自媒体“用户黏性”

“用户黏度”是用户对某种事物的忠实程度。官方新媒体建设过程中，应当注重大学生“用户黏性”的培养，通过加强日常维护，及时更新内容，构建官方与民间两套话语体系，将官方自媒体平台打造成为官方思想政治工作的宣传阵地，及时传播党和国家的大政方针以及新时代中国特色社会主义建设的重要成果，形成符合学生成长特点、思想特征以及社交范式的民间话语体系，用“接地气”的语言拉近官方媒体与大学生之间的距离。高校要注意信息的多样性与思想性的统一，防止多样化的信息脱离大学生公正观教育的本质目的。此外，官方新媒体还应当积极开展校园文化活动，将充分体现学生在校期间精神风貌的信息、影像通过自媒体平台展播，增强学生在官方自媒体环境下的集体认同感与归属感，让学生把阅读官方微信公众号、微博作为课余生活的重要组成部分，形成学生“定期浏览—持续关注—主动参与”的功能路径，提升官方自媒体的“用户黏性”。

3. 加强个人自媒体建设

根据腾讯公司 2018 年财报显示，截至 2018 年第二季度，全国微信活跃账号数已突破 10 亿，QQ 月活跃用户数达到 8 亿以上①。微信、微博牢牢占据我国自媒体使用率前两名，是当前互联网社交的主流平台，也是学生进行网络话语

① 资料来源于腾讯公司 2018 年第三季度财报。

表达的主渠道。然而，自媒体功能的多样化也带来了一些负面效应，一旦缺少必要的网络行为引导与网络责任意识，市场化经营的自媒体平台很容易成为滋生错误观念的温床。为了防止学生自媒体平台成为传播不利于社会公正和社会稳定言论，发泄社会不满、宣泄个人情绪的聚集地，必须充分依托一些在学生心中具有一定话语影响力的学生干部、道德模范，让他们在网络上积极发声，成为传播社会公正，弘扬正能量的扬声器与代言人。高校各级教育管理人员也要提高对自媒体的驾驭与掌控能力，熟练掌握各类主流社交平台的使用，树立舆情监控意识，强化应急处置能力，对个别苗头性、倾向性、预警性问题，进行动态关注、及时干预、合理疏导。同时，还要提高学生的网络话语素养，引导他们以高尚的道德意识和社会责任感对待各种网络信息，自觉过滤、屏蔽不良信息，自觉转发、推送彰显社会公正的正面信息。广大思政课教师、辅导员、党政干部以及学生干部、学生党员应当参与到官方社交平台的正面信息发布与负面信息净化工作中，运营好个人自媒体平台，通过它们及时关注学生动态，倾听学生心声，与学生们开展常态化互动，帮助他们解决现实问题、消除疑惑。

四、倡导知行合一，丰富大学生公正观教育的实践感悟

我国著名教育家陶行知曾指出："没有生活做中心的教育是死教育，没有生活做中心的学校是死学校，没有生活做中心的书本是死书本。"① 科学的公正观既是理论智慧，更是实践智慧与生活智慧。大学生正处于心理发展与自身社会化的阶段，涉世未深，社会体验明显不足，在看待社会公正问题时容易出现极端情绪。一些大学生在面对问题时麻木不仁、态度冷淡；一些大学生处理问题"知行异位""内外不一"。对此，必须通过积极有效实践活动让公正观教育具象化，将抽象的道德理论转化为稳定的道德行为。"实践锻炼是思想政治教育者有目的有计划地组织、引导受教育者参加各种社会实践活动，促使受教育者在实践中形成良好的思想品德和行为习惯的教育方法。"② 开展社会实践，能够增强大学生感受社会公正的发展与主流公正观的流变，减少消极、麻木、非理性情感表达与行为，消解社会不公正现象对大学生公正观的负面影响。高校要将公正观教育融入各类实践教学、实践活动当中。

---

① 陶行知．中国教育改造［M］．北京：东方出版社，1996：150.

② 陈万柏，张耀灿．思想政治教育学原理（3版）［M］．北京：高等教育出版社，2015：222.

第一，充分利用主题活动开展实践。主题实践活动是大学生社会实践的主要形式。通过组织大学生外出实践，开展主题活动，能够引导大学生更清楚地了解和认识国情，感受新时代发展脉搏，增强使命感与责任感。通过社会实践，大学生还能够向社会宣传和弘扬公正价值，从而进一步深化对社会公正的理解，增强践行公正观的主动性与积极性。高校要定期组织大学生赴红色革命遗址开展主题实践活动，增强对国家、社会的责任感，继而催生个人正义感；可组织大学生在长假期间，围绕收入分配改革、医疗体制改革、住房体制改革、扫黑除恶等涉及社会民生领域的热点问题，深入党政机关、村委会、企业开展实地考察，深刻感知新的历史方位下社会公正的时代内涵与生动实践。

第二，充分利用好高校自身的学术科研平台开展实践。哲学社会科学学科院系可以将社会公正问题作为本科生、研究生毕业论文，毕业设计选题方向。教师可以指导学生开展社会公正问题的科学研究与社会调查，研究经济、政治、文化、社会管理、教育、法治、生态等各个领域的公正问题。对于本科生，可以在拟定选题与研究内容的前提下，布置大学生开展社会调查，设计调查问卷，了解相关问题的现实表现。对于研究生，可以在一定理论基础上自主选择具体的研究选题，设计研究方法，采集研究数据以及其他相关资料。同时，高校还可以以大学生各类学术科技作品竞赛为契机，开展实践调研，撰写高质量的调研报告。在各种研究与调查中逐步体验当前社会公正的具体状况，了解各个领域人们的生活状态、现实需求以及对社会公正的现实愿景，丰富自己的阅历，增强自己的情感体验，思考解决现实问题的路径与对策。

第三，充分利用课程教学的实践环节。实践教学是高校教学活动的必要环节。高校教师在开展实践教学过程中应当针对一段时期内社会上发生的关系公平正义、具有较大影响的热点问题进行讨论式教学，鼓励大学生依托互联网各类社交平台充分参与社会问题讨论，踊跃发表意见，并从公正观的科学理论中寻找认识问题的理论依据与解决问题的现实途径。

第四，积极开展志愿服务活动。在诸多大学生课外实践活动中，志愿服务是开展最为广泛，形式最为多样的一种类型。习近平总书记在党的十九大报告中指出："加强思想道德建设，推进诚信建设和志愿服务制度化，强化社会责任意识、规则意识、奉献意识。"① 志愿服务对提升大学生公正观的最直接意义就

① 习近平．决胜全面建成小康社会　夺取新时代中国特色社会主义伟大胜利——在中国共产党第十九次全国代表大会上的报告［M］．北京：人民出版社，2017：42-43.

在于唤醒大学生的社会责任意识以及对于弱势群体的关怀意识。通过组织大学生深入社区、基层一线帮扶孤寡老人、留守儿童以及经济困难家庭，为广大弱势群体提供必要的物质援助与精神抚慰，能够使大学生建立对弱势群体的同情心。同时，志愿服务活动还能够将新时代精准扶贫的公正思想融入其中，引导大学生树立扶贫意识。高校可以充分发挥学生的专业特长，开展送文化服务下乡，送经济知识、法律知识下乡，送卫生下乡，送技能下乡等针对不同领域、不同人群、不同需求的志愿服务活动。通过下乡传授知识技能，开展文艺演出，指导农业生产，能够不断增强弱势群体的科学文化水平以及生存技能水平，使他们获得实现自身社会功能，改变自身境遇的各种权利，培养他们的谋生手段。大学生在这个过程中能够充分体会、领悟志愿服务行为的个人价值与社会价值，感受公正的社会力量，在实践中实现对不断激发社会公正的自觉意识。

五、平复失调心态，加强大学生消极公正观的心理调适

“思想政治教育应注重人文关怀和心理疏导，培育自尊自信、理性平和、积极向上的社会心态。”① 大学生公正观教育不是纯粹的知识传授与道德启发，作为思想政治教育的重要组成，大学生公正观教育不能忽视对大学生给予足够的人文关怀与情感关照。调查显示，由于社会不公正问题所产生心理失调，继而引发对社会公正的消极评价是当前大学生公正观现状中的突出问题。任何形式的非公正体验都有可能引发心理失调以及其他更严重的心理问题。通过大学生心理疏导，积极开展心理健康咨询服务，对于防范、化解大学生因社会公正问题产生的心理压力，解决心理困惑、心理失调等心理问题具有积极意义。高校应当针对心理失调学生进行心理调适，加强价值观教育与心理咨询的协同联动，建立大学生不公正感的心理疏导机制，及时矫正大学生公正观中的极端情绪，通过心理调适与心理咨询两种途径，逐步缓解学生因社会公正感消极而产生的心理失调现象。

首先，高校要充分观察学生的心理状况。高校辅导员、班主任应当对学生社交平台信息发布情况、日常言行进行观察，及时了解广大学生的心理状况，并通过定期摸底排查、心理普查、谈心谈话，确定存在相对不公正感的学生人群。尤其是那些长期在社交媒体和日常学习生活中向周围同学发出怨言，抱怨

① 中共中央文献研究室．十八大以来重要文献选编（上）［M］．北京：中央文献出版社，2014：25.

学校不公正，对社会制度提出质疑的学生，应列为重点观察对象，并建立重点关注人群台账。

其次，各类教师要主动查找产生消极公正观的原因。对那些确实遭遇了不公正对待的同学，辅导员、班主任和心理教师应当及时进行谈心，了解其遭遇不公正对待的具体原因，并结合实现工作对已有学生管理制度进行完善修正。对那些因社会认知、家庭背景、阶层意识所引致对社会分配公正与权利公正产生不满情绪的学生，辅导员、班主任应当深入分析其不公正感生成的背景因素，通过系统的公正理论与公正观教育改善其公正感现状，同时积极引导此类学生参与社会实践，在现实社会活动中体验社会制度公正，为他们创造积极良好的发展条件；要引导他们通过自身能力、专业与社会化水平的提升逐步建立科学的公正认知与公正意识，消除消极认知与生存背景对自身公正感生成的负面影响。

最后，心理健康工作人员要积极消除学生的“相对剥夺感”。从社会心理学的角度来看，“相对剥夺感是大学生对公正感的价值期待和公正感的实践能力不一致的认知，而这种公正感期待的来源主要包括：参照群体、过去生活条件和公平理念”①。“相对剥夺感”是部分大学生公正观扭曲的心理来源，帮助这类具有强烈相对剥夺感的学生建立心理疏导机制，可以从以下两个方面入手：一是引导大学生理性选择参照群体。“根据自己的经济状况与之经济地位相近的另一群体。这样既可以鼓励弱势群体积极进取，努力改善自身的经济状况，又可以打消不切实际的想法，保持平衡的心理状态。”②二是帮助大学生正视现实。在公正感较低的学生当中，不乏在改革开放过程中由于经济体制改革而遭受社会阶层地位下降的一类群体，例如股份制改革的国有企业、被淘汰的落后行业、产能过剩行业职工，以及一些由于产业结构调整、技术升级而逐步被社会和时代所抛弃的行业从业者家庭。他们社会地位衰落不仅造成生活上的拮据，而且造成了心理上的落差。这种心理落差经过代际传递，致使他们的下一代也继承了这种“相对剥夺感”。对于来自这些家庭的大学生，教育者应当引导他们不要一味抱怨社会不公，而是正视现实，尽量提高自身的素质与才能，加强自身奋斗，逐步摆脱困境。

---

①② 李俊．相对剥夺理论与弱势群体的心理疏导机制［J］．社会科学，2004（4）：74-78.

第二节　丰富大学生公正观教育的方式方法

公正观教育是知识教育与道德教育的结合，这要求教育者一方面要运用传统的教育教学方法，让大学生吸收经典的公正思想，为树立公正意识品格，践行公正行为奠定理论基础；另一方面又要注重大学生知（道德认知）、情（道德情感）、意（道德意志）、行（道德行为）的统一，将知识传授、启发诱导、因材施教、身教示范有机结合。开展大学生公正观教育，既不能拘泥于理论知识传授，也不能为了追求课程趣味性而忽视了基本理论规范。高校应当充分运用新与旧两种方法，尊重“师”与“生”两个主体，“教”“育”“学”三个环节，采取多种教育方式方法，坚持理论启发与思维训练相结合，有效激发学生道德思维，坚持知识引导与行为训练相结合，努力推动大学生良好行为养成，综合运用隐性教育、权威教育、生活教育等经典教育理论，加强方法创新、构建虚拟情境，以实现大学生最大程度的个人体验，让学生设身处地分析、思考、评价，激发学生对公正的切身渴望与情感共鸣。

一、以知识讲授巩固公正观教育的理论基础

“讲授法是教师通过语言向学生传授理论知识，并表达价值情感与价值观念的教育方法。”① 它是古往今来最广泛、最普遍的教育方法。讲授法的主要载体是教师的语言、板书以及课件内容。它以教师个人语言为主线，将板书、课件等教学资源有机串联在一起，其主要内容包括理论的来源、概念与特征、内涵及外延、理论的现实指导意义与适用范围等方面。大学生公正观教育不论是纳入思想政治理论课教学，还是其他哲学社会科学课程，都必须以讲授法为首要方法。在大学生公正观教育中运用讲授法，应注意以下几个问题：一是要确立理论指导。古今中外的思想家为社会公正提供了十分丰富的理论宝库。作为一种意识形态教育，应当明确马克思主义公正思想的指导地位，将马克思主义公正思想作为公正观知识传授的最根本内容，并辅之以西方部分公正与伦理思想。

① 檀传宝．德育原理［M］．北京：北京师范大学出版社，2007：238.

二是要厘清公正理论的内容体系。正如本书所述，社会公正具有复杂的内容体系，从公正的内涵层次来看，包含了伦理准则、社会制度与个人道德；从公正涉及的社会活动领域来看包含了经济、政治、法律等方面；从社会活动的过程来看，又包含了权利公正、机会公正、规则公正以及结果公正等环节。因此，对社会公正理论不能泛泛而谈，不能只讲制度，不讲道德，只讲结果公正，不顾及过程性公正。要从不同的角度讲授社会公正的整体生成逻辑与其在不同社会领域的具体表现。三是要注重讲授的逻辑顺序。教育者必须围绕“何为公正（公正思想的历史沿革）”“公正为何（推动社会公正的目的与意义）”以及“公正何以实现（实现社会公正的目标与路径）”三个方面加以展开，既让学生明确社会公正的重要性，又搞清楚社会公正的具体内容，还要进一步了解实现社会公正的现实目标与实践途径。

二、以思想灌输提升公正观教育的话语公信

灌输法是思想政治教育最常用的方法之一。自马克思主义理论确立以来，灌输教育始终在马克思主义理论传播过程中发挥着关键作用。列宁曾经说过：“工人本来也不可能有社会民主主义的意识。这种意识只能从外面灌输进去”①，充分体现灌输法在思想政治教育工作中的重要地位。虽然当前高校并不提倡单纯的灌输式教育，但不可否认，在大学生价值观生成的过程中，灌输式教育依然是不可或缺的基本方法。相比于传统灌输式教育而言，建立在权威话语基础上的灌输教育更能够依托教育者的社会影响力、人格魅力等外生变量，有效提升大学生对价值观的认知与认同，提高教育的实效。

美国实验心理学家霍夫兰曾经指出：“知名度高的教育者比知名度低者更有说服力，可信度高的教育者比可信度低者更具说服力，态度超然者更具说服力，当教育者的动机与他本人利益相反的时候，最具有说服力。”② 教育者个人在相关领域的权威地位，社会影响力以及个人道德水平与受教育者的接受程度有着极其显著的相关关系；因此，应当多邀请相关领域的权威人士参与公正观教育，提升公正观教育的话语公信。教育者的权威并不意味着教育者必须是高层政府官员、知名专家学者、知名企业家这样的精英人士。权威的产生既来自于正式

① 列宁．列宁选集（第1卷）［M］．北京：人民出版社，1995：317.

② 转引自邱国勇．社会主义核心价值观教育研究［D］．武汉：武汉大学，2013：145.

组织的权力赋予，也来自于个人参与社会活动过程中积累起来的人格魅力与话语影响力；前者是一种“硬权威”，后者则可称之为“软权威”。权威人士如果在某些重大问题上无法坚持正确的立场原则，将个人对于某些特定问题的主观看法作为普遍真理强加给广大民众，对民众产生了观念误导，权威的话语影响力将无从谈起。相反，那些没有较高头衔，但具有较强人格魅力与道德感召力的“软权威”在某种情况下也可能具有更高的教育说服力。高校普通教师、学生辅导员，乃至具有道德榜样力量的先进人物都有可能通过广泛的教育参与树立个人的软性权威，成为传播正确公正观的使者。

三、以隐性教育推动公正观教育的资源整合

隐性教育于20世纪60年代由美国学者杰克逊提出，它是教育者通过各种“非语言”环境载体以及具有“非正式文化的传递”特点的非课堂教育手段，让受教育者在“无意识”状态下自觉接受教育内容的教育活动。隐性教育淡化了教育活动双方固定的角色意识，引导受教育者潜移默化地接受预先所设定的教育内容。它将需要传递的价值观念隐藏在教育内容之外的各种载体当中，构建无处不在的教育环境。在当前高校思想政治教育体系当中，各种形式的文化、舆论以及学校的管理制度都可以成为隐性教育的载体。

在大学生公正观教育中植入隐性教育，应当深入挖掘校园环境中的育人元素，构建符合公正观教育的物质文化、精神文化与制度文化，让公正的思想与精神有效渗透到这些实体文化与虚拟文化当中，让学生在生活中感受、体验公正的价值指向。对此，高校应当充分运用好各式各样的文化元素，发挥好各类文化元素的图示化功能。不仅要注重实体元素的熏陶，还要打造植入公正思想、公正信仰、公正信念的制度文化、仪式文化、符号文化。高校可以将一些具有传播公正意义的校园活动作为公正观隐性教育的图式化载体。例如，校园雕塑、建筑物、校训、校歌等载体，均可以注入公正价值理念。可以充分发挥文艺作品的育人功能，借助专题化的媒体平台与大众化的文艺产品实现公正理念的隐性传播。例如一些优秀影视剧、微视频、歌舞剧、小品、相声、校园广播以及大众喜闻乐见的其他活动均可以作为隐性教育的载体加以使用，通过主人翁的心灵表白和戏剧化的生动故事，间接地、渗透式地传播公正观，以此达到公正观教育的目的。

四、以情境构建强化公正观教育的情感体验

构建虚拟情境开展教育是大学生公正观教育特有方法。教育者选择一个涉及公正的相关话题事件，架构符合现实生活的虚拟场域，能够充分提升大学生在接受教育时的情感体验，帮助大学生寻求情感共鸣，促进公正情感生成与公正意识的培育。当前，以探讨公正问题为主题的情景构建方法主要有道德冲突讨论法与道德体验法两种。

（一）道德冲突讨论法

道德冲突讨论法又称道德对话法，是美国著名心理学家、教育学家柯尔伯格提出的一种基于道德认知发展理论的重要实践方法。“它是通过引导学生对道德两难问题开展讨论，诱发认知冲突，促进积极的道德思维，从而实现道德判断发展的方法。”① 在现实中，许多涉及公正的具体社会问题实质上都能转化为道德两难问题。究竟如何分配利益才是最公正的？如果不进行具体的个案研究与利弊权衡，就很难得出完美的答案。因此，在国外许多涉及社会公正问题研究的课程教学中都运用了道德两难冲突法。

道德冲突讨论法最大的作用在于激发学生基于道德层面的理性思维，它不同于简单的交流研讨，而是针对具体的现实问题，设置两个相互冲突的解决方案，通过学生针锋相对的交流辩论，引发学生深层次的理性思考，激发思维碰撞，最终实现学生认知变化。具言之，这些问题应当便于理解、贴近现实，并遵循必要的原则。首先，道德两难问题的解决方案必须针锋相对，具有彼此对立性，且无法通过明显的折中方案进行调和。只有这样才能够激发学生的道德思维，让学生立足不同的观点进行思想交锋，获得道德体验。其次，故事中的解决方案应当是涉及不同理论流派、不同逻辑起点、不同文化视域下的公正思想观念，只有这样才能够激发学生进行多元思潮的厘定与考辨。最后，道德两难问题应当具有一定层次性，能够通过题干、背景以及相关假设的调整变换，将问题引向不同的思考方向，生成不同的情境，从而激发学生开放式讨论。此外，在教学过程中，教师要尽可能让学生表达观点，指出对方的不足，也可以通过和学生的不断对话，引导学生对特定问题的理解从低级阶段向高级阶段发

① 郑永廷．论当代西方国家思想道德教育方法［J］．学术研究，2000（3）：82-87.

展。例如，前文提及的《公正，该如何做是好?》的主讲人桑德尔在授课时便频繁使用道德冲突法开展教学。① 在授课过程中，桑德尔列举了大量的具有道德两难意义的现实案例，引导学生参与问题的开放式讨论。在不同观点的对比、辨析过程中逐步引导学生对公正及其现实判断进行合理的道德思考。事实上，桑德尔自始至终都没有给出唯一的、确切的结论，而是通过道德两难冲突法让各种不同流派、各种立场的公正思想在学生脑海中发生碰撞，让学生通过理性思辨不断对答案进行道德检验。这种方法显然要比直接告诉学生一个既定的前提预设来得更有意义。

（二）道德体验法

道德体验法由我国当代著名教育学家刘惊铎教授提出，它是“一种含有价值判断的关系融通性体验”②。它通过重构、回顾、再忆个人切身经历过的道德事件，达到加深道德情感，形成新的道德意识、价值判断与道德观念的目的。在公正观教育过程中，教师应当给学生们创造条件，引导学生在模拟的情境中亲历某些关乎公正的社会事件，参与道德评价，实践道德行为，感悟公正本质，形成正确的公正观。目前，道德体验法在实际操作中比较普遍采用的是叙事体验，即由他人创设情境，并向体验者叙述事件，让体验者获得道德体验，生成道德情感。在叙事过程中，体验者将自己“置身局中”，与讲述者实现价值连通与情感共鸣，体验讲述者当时的道德感受，从中寻找新的道德感悟。讲述者可以向他人讲述自己曾经遭受的不公正伤害，也可以讲述他人遭受的不公正伤害，还可以就自己对他人所造成伤害的不公正行为进行回溯。通过讲述各类道德失范事件，能够让讲述者和旁听者共同经历道德事件，完成道德体验与道德思考，激发道德情感，形成情感共鸣。

当前高校基层组织活动是实行道德体验法的重要渠道。班级的班会、团支部大会等集体常规活动都可以作为开展道德体验法的主要渠道，部分有条件的班级、年级可以通过学生党支部大会、民主生活会以及组织生活会的形式开展。

---

① 在“谋杀背后的道德逻辑”这一部分，桑德尔举了如下事例，“假设你是一个电车司机，你的电车在轨道上以每小时 60 英里的速度飞驰前行，在轨道的尽头，你发现五个工人在轨道上工作，刹车失灵了……如果你冲向这五个工人，他们必死无疑。在轨道的右侧上，有一条侧轨，并在该轨道的尽头，只有一个工人在那条轨道上工作。你的方向盘还能用，所以你可以把车转向，如果你愿意，转到岔道，撞死这名工人，但挽救了那边五个人。究竟怎么做才是正确的选择？你会怎么办？”此问题虽然没有固定答案，但可以引导学生进行道德思考。

② 刘惊铎．道德体验论［M］．北京：人民教育出版社，2003：71-72.

例如，可以在高校党支部组织生活会、民主生活会上使用道德体验法。在以“批评和自我批评”为主题的组织生活会上，每个学生党员都对自己和组织的其他成员进行剖析，回溯大家过去曾经的不足之处，特别是一些违反公正原则的行为，开展批评与自我批评。在整个过程当中，所有参与者仿佛上了一节深刻的道德教育课，这种形式与道德体验法相类似，能够收到良好的效果。

第三节　强化大学生公正观教育的文化附着

习近平总书记在党的十九大报告中指出：“文化是一个国家、一个民族的灵魂。文化兴国运兴，文化强民族强。”① 文化传承是高校的一项基本任务。高校应当充分发挥弘扬、传承和发展优秀文化，推进以文化人、文化育人的阵地作用，积极凝练自身办学特色文化，依托各类寓意鲜明、内涵丰富的文化作品，打造丰富多彩的文化生活，将“公正”融汇于各式各样的文化符号、文化活动以及文化作品当中，充分发挥文化的育人功能，推动大学生公正观教育向纵深发展。

一、打造具有公正价值导向的文化载体

加强公正观教育的文化附着，必须充分发挥高校各类文化载体的作用。文化载体包括了以实体形式存在的物质文化，以及以抽象的共同观念、虚拟形象为代表的精神文化。高校应当将公正的意蕴融入校园文化活动当中，以强烈的仪式感传达公正理念；同时，还应当在学校营造良好的制度环境，优化制度设计，让学生感受到公正无处不在，无所不在。

（一）建设具有公正价值指向的物质文化载体

物质文化是以器物形式存在的文化形态，它是文化最基本的组成部分，是学生能够直观感受到、接触到的文化形态。历史上，许多著名雕塑都具有鲜明的文化指向性。例如，正义女神忒弥斯代表法律与司法，是法治公正的象征；

① 习近平．决胜全面建成小康社会　夺取新时代中国特色社会主义伟大胜利——在中国共产党第十九次全国代表大会上的报告［M］．北京：人民出版社，2017：40-41.

古罗马神话中的丘比特是爱情的象征；美国自由女神让人联想到自由、民主，在影视剧中只要一出现自由女神的形象便会让人联想到美国以自由主义为代表的文化底蕴；我国高校时常耸立的孔子、老子雕像让人自觉联想到严谨、求真的治学态度。高校可以有效结合自身办学特色，将公正价值导向植根于学校的各种楼宇、景观设计、标识牌等实体当中，充分利用好这些随处可见的文化宣传载体深入开展公正思想、公正理论的传播。

（二）打造具有办学特色的精神文化载体

精神文化是物质文化的重要补充。在价值观引导过程当中，精神文化具有更加明显的导向作用。高校应当从自身的办学理念出发，充分发挥校训、校规、校歌等无形文化载体的价值传导作用，将公正观念融入其中。例如，师范类高校要将“学高为师、身正为范”的师德师风精神通过各种载体展现给学生，让学生树立师道尊严，以更高的要求约束自身行为，时时刻刻牢记教师的职业道德，自觉约束个人行为。政法类高校应当将“法”的天然正义性以及法律的威严感通过物质环境布置体现出来，让学生置身其中，在校园任何角落都能感受到司法正义的神圣感。财经类院校应当突出经济活动中的平等交易与诚信原则，深入挖掘经济学家的名言警句，各种知名企业的经营理念以及人生格言当中具有公正意蕴的内容，在学生当中营造契约精神，根植诚信意识，倡导学生自觉维护市场公平竞争。医学类院校应当将救死扶伤，帮扶弱者作为核心理念，建设以体现古今中外具有高超医术、高尚医德的医务工作者的生平事迹为主要内容的文化载体，以培养学生高尚医德促进公正观教育，让学生认识到帮扶弱者正是维护社会公正的组成部分。综合类院校应当根据各个院系的专业特色，挖掘各种具有公正内涵意义的办学精神。

（三）建立公正严明、奖惩分明的制度文化

制度文化是比物质文化、精神文化更具现实意义的文化载体。制度的公正与否，直接关系到学生对学校的评价以及自身公正理念的构建。因此，高校相关职能部门、二级单位在制定与学生相关的制度时，要秉承公平正义原则，防止出现具有指向性、歧视性的制度，切实将公正所蕴含的各种根本准则植入制度设计当中；要把握好大学生的成长规律，充分给予大学生必要的人文关怀，在制度设计时要适当向弱势学生倾斜；要坚决防止权力寻租，严格按标准对待每一个学生，做到一视同仁，防止“制度歧视”。在日常管理中，如有较多学生反映个人权利遭到侵害，受到不公正对待的情况，学校应及时处置，对违规违纪人员严惩不贷。此外，高校还应当建立完善的意见反馈机制，号召学生以正当渠道反映诉求，避免个别学生借机利用非官方网络平台恶意攻击他人，引发“道德绑架”与“网络暴力”。

二、开展具有“仪式感”的主题文化活动

所谓仪式，主要指的是典礼、活动的秩序形式，它能够对仪式参与者传递某种意识、植入某种观念，从而实现激发精神、提升素质的目标。仪式活动能够起到隐性教育的作用，它能够依托场景、气氛、着装、程序与流程等潜在因素，实现隐性信息的传递与知识的传授，并将仪式所承载的精神与情感意义传导给参与人群。随着高校校园文化建设不断革新，各种具有“仪式感”的主题教育活动被广泛运用到大学生思想政治教育工作当中。这些仪式不断丰富着高校思想政治教育的手段与渠道。在这些活动当中，“模拟法庭”“道德讲堂”和“模拟联合国”是能够起到公正观教育作用的三个典型活动。

（一）模拟法庭活动

法庭是日常生活中最具有“仪式感”的场合。法庭的环境布置与元素设计给人天然的庄严肃穆感，让人们自觉联想到法的权威性，感受到司法活动的公正本质。虽然大学生很难有机会参与旁听法庭审判，但当今部分高校深入开展的模拟法庭活动给大学生体验法庭，感受司法公正，提升自身公正意识提供了一个良好的平台。

“模拟法庭”是法律实践性教学的重要方式，它是指“在教师的指导下，由学生扮演法官、检察官、案件的当事人和律师及其他诉讼参与人等，以司法审判中的法庭审判为参照，模拟审判某一案件的教学活动”①。“模拟法庭”活动充分还原了模拟法庭的规定程序，实现现实法庭审判过程再现。一旦学生进入模拟法庭，亲眼见证法庭审判的规范流程，将会切身感受法庭的庄严肃穆，自觉进入一种充满正义感的虚拟情境当中，体验正义审判带来的心灵震撼。开展大学生公正观教育，应当充分发挥模拟法庭活动的隐性教育作用，面向非法学类专业学生深入推广该活动。人文类专业可在法学类专业教师的指导下自行开展模拟法庭活动，其他专业的学生开展模拟法庭活动具有一定专业局限性，

① 单丽雪．法学教育的理念与模拟法庭教学［J］．航海教育研究，2007（4）：75-77.

但也可以通过旁听、观摩等形式实地感受法庭程序，感受法律的权威性，在观摩各类案件的模拟审理过程中参与公正体验。

（二）道德讲堂活动

道德教育与道德实践是大学生公正观教育的重要内容。高校道德教育的载体众多，其中，道德讲堂在众多活动形式中最为普遍，效果最为突出。道德讲堂活动始于2009年，最初仅在个别地区试点建设，后来逐步在各个地区，各个单位普及开来。高校是较早开展道德讲堂活动的单位，部分高校将道德讲堂作为各个院系、班级的常态化活动，持之以恒地开展。许多大学生正是在参与道德讲堂的过程中化解了矛盾，调和了冲突，不少学生作为主讲人开展道德讲堂，达到了反思个人道德行为，树立高尚的道德品格的效果。对于大学生公正观教育活动而言，道德讲堂具有道德体验法的基本功能，能够通过虚拟的道德情境激发学生的道德思维，唤醒道德意识。

“道德讲堂”的主要内容包括“以‘礼仪’为核心的社会公德教育”“以‘诚信’为核心的职业道德教育”“以‘和睦’为核心的家庭美德教育”和“以‘友善’为核心的个人品德教育”①。虽然一直以来道德讲堂主要用于开展社会主义核心价值观公民个人层面维度的教育，但其严谨的程序化以及浓烈仪式感在开展公正观教育过程中同样也能够发挥重要作用。一般来说，道德讲堂活动包含“唱歌曲、学模范、诵经典、发善心、送吉祥”②五个环节。近几年，随着道德讲堂的深入推广，不同学校开展的形式、流程也有所不同，但无论哪种流程，都具有比较明确的、规范性的程序，都能够深入到每一个学生当中，让学生成为讲堂主讲人，在讲述个人道德体验的过程中，让广大听众汲取精华、获得力量，成为最直接的道德受益者。道德讲堂活动的几个环境一气呵成，学生参与过程中由浅入深，道德的力量通过仪式化流程不断从学生的感性认知深入，在群体当中相互影响，相互促进，最终形成了一种强大的道德力量直达每个学生内心深处，产生极大的道德感召力。各个高校也可以结合实际情况对内容进行适当调整。例如，可以在道德讲堂流程的基础上植入学生的职业情境，增加学生参与感；可以邀请曾经有过道德失范的学生作为主讲，让听众在聆听主讲人亲身经历的过程中进行道德反思，实现道德升华；可以将各种文化艺术元素融入道德讲堂当中，提升道德讲堂的感染力。

---

①② 王春旭．用“道德讲堂”引领大学生核心价值观教育［J］．南阳师范学院学报，2014，13（11）：75-76.

（三）模拟联合国活动

“模拟联合国”是对联合国大会和其他多边机构的仿真学术模拟活动。在模拟联合国活动中，学生扮演各国外交官员，以联合国某一事务的特定委员会为背景，开展相关国际事务、国际争端的讨论，并最终达成共识，得出解决方案。“模拟联合国”活动的内容几乎涉及了国际政治领域的方方面面，其活动目的在于培养学生处理复杂的现实问题，建立一种涉及多方利益协调的中立性原则，让参与其中的学生在多方调查、研讨与交流中达成对于某些两难问题的公正裁决，提升学生处理现实问题的能力。

“模拟联合国”虽然没有道德讲坛与模拟法庭那样的较为规范化的流程，但联合国本身的特殊地位赋予该项活动一种神圣的仪式感与代入感。学生在参与过程中将自身意识行为融入所扮演的联合国官员角色当中，参与其中的学生能够充分感受到行使国际事务的特殊使命，对于开展公正制度观教育具有显著作用。由于该活动所涉及的是重大国际事务，能够让学生形成基本的公正制度观，掌握处理国际事务的各种政治知识、经济知识、制度知识，训练处理涉及公正两难事件的应对能力，建立符合国家治理体系与治理能力现代化需要的基本行政能力与决策能力。在绝大多数议题上，学生所扮演的角色是无法给出直接的、符合全体成员利益的答案。每位参与者必须在活动前期进行大量深入的研究，站在所代表“国家”的立场与维护国际秩序公正的角度进行分析思考。学校可以尽可能设计一些涉及国内社会公正、国际秩序公正的问题与案例，让学生充分了解重大政治事务的决策过程，体验到决策者在制订各类大政方针时的思考方式与视角，感受到制度制定的复杂性以及各方利益的协调、各种矛盾调处的难度；可以将习近平总书记关于构建“人类命运共同体”的重要思想融入活动当中，以相互尊重、合作共赢、平等共处、义利相兼为基本原则指导国际秩序公正，进一步强化大学生公正观教育的时代性。

三、树立公道正派的先进典型

习近平总书记指出：“要面向社会做好着力培育和践行社会主义核心价值观这项工作，特别要抓好领导干部、公众人物、青少年、先进模范等重点人群，发挥他们对全社会的影响和带动作用。”① 良好的道德榜样是价值教育的必要载

① 转引自刘靖北．培育和践行社会主义核心价值观　应突出抓好四大重点人群［EB/OL］．（2014-07-23）［2018-05-13］．http：//theory. people. com. cn/n/2014/0723/c40531-25329538. html.

体。面向社会，面向周边人群发现、挖掘现实中的各种道德榜样、先进人物和优秀事迹，以之对大学生进行正面教育，是开展大学生价值观教育的重要途径。“榜样的行为和态度在心理上是有‘感染力的’，在日常生活中，通过观察重要人物怎样待人接物，可以学到道德价值观，通过接触具有关心、体谅品行的人，能够促进道德成熟。”① 在现实社会中，能够发挥示范作用的人群是广泛普遍的，各行各业的先进人物、道德模范的个人事迹都具有广泛深远的示范作用。开展大学生公正观教育，要善于利用榜样人物，使之成为引导大学生学习、模仿的对象。例如，每年推出的“感动中国十大人物”在大学生群体中便有着深厚的道德基础，每个人物的先进事迹都能在青年学生中引发广泛共鸣，要用好用活榜样人物，充分发挥榜样的示范激励作用，用榜样的光辉形象营造公平正义的文化氛围。

（一）发挥好先进的党员领导干部示范作用

党员领导干部是党和国家事业的中坚力量，是社会主义各项事业建设的领导者和组织者，其道德水平对整个社会的道德风貌以及公民道德生活有着明显的示范性与指向性。优秀党员干部榜样在弘扬先进道德思想上一直以来都具有良好的说服力。新中国成立以来，各级各类政府部门中先后涌现出杨善洲、焦裕禄、孔繁森、任长霞、牛玉儒、廖俊波等一大批扎根群众，全心全意为人民服务的好干部。他们用生命践行对党的庄严承诺，在各自的岗位上担当作为，躬身为民，清廉自守，创造了社会价值，直至贡献了生命，铸就了人生的辉煌，更为党和人民所铭记。这些党政干部的先进事迹往往都能够在广大学生中引发热议，引起共鸣。高校应当将这些榜样身上显现出来的“捍卫社会公平正义”“舍己为人”的崇高道德融入公正观教育，以主题讲座、事迹报告会、讨论会等形式展现给学生，充分发挥榜样力量，引导大学生坚定公正信念。

（二）发挥好各类公众人物的示范作用

除了优秀党政干部外，包括艺术家、影视明星、体育明星、社会活动家、知名学者、畅销书作家在内的各类公众人物，因其知名度高、影响力大、形象更加亲切，且关注人群多，在开展大学生公正观教育中也能够发挥较好的示范作用。当前，不少社会公众人物能够充分依托自身的社会影响力，同社会不良风气做斗争，面对一些领域存在的秩序混乱、弄虚作假、道德败坏等违背社会

① 鲁杰，王逢贤．德育新论［M］．南京：江苏教育出版社，2000：445-446.

公正的歪风邪气，敢于主动发声，披露真相。他们的行为弘扬了社会正气，博得了广大民众的喝彩。学校可以广泛搜罗这类社会公众人物的先进事迹，作为大学生公正观教育的强有力素材，大力宣传，在大学生当中树立榜样，将大学生关注焦点从那些言行庸俗、具有“负能量”的公众人物身上转移出来，提升他们对富有正气的公众人物的关注度。

（三）发挥好身边好人好事的示范作用

大学生见义勇为的观念和行为直接影响着社会公正风气的形成，充分发挥这类教育对象朋辈的先进事迹的感染作用，能够更大程度激发大学生的正义感，引导大学生勇于维护社会公正。高校是社会的缩影，高校学生群体中涌现的先进事迹、先进人物层出不穷。2016 年 5 月，广东工业大学吴宏宇同学和朋友在文化广场通往教学区的路上开摩托车追偷车贼，但却被偷车贼恶意撞击，导致严重摔伤，最终因抢救无效而死亡。事后，共青团广东省委、广东省青联追授吴宏宇同学“广东青年五四奖章”，号召全省广大团员青年学习吴宏宇见义勇为的先进事迹①。吴同学的英雄事迹不仅感动了国人，还被外国友人所广泛关注。同年 7 月，美国著名游戏公司——暴雪公司将吴宏宇同学的事迹收录进了他生前最喜爱的射击游戏《守望先锋》当中，此事件在国内青年人当中引发共鸣。高校要有强烈的敏锐感与洞察力，深入挖掘校园内的道德模范与自强之星，尤其是要对学生群体中长期以实际行动维护校园公正，敢于主动纠正一些不公正事件，同歪风邪气做斗争的先进事例，予以广泛宣传推广，在学生群体中塑造具有亲和力的正义楷模。

第四节　优化大学生公正观教育的社会环境

价值观的生成除了受到个人教育经历影响之外，在很大程度上还受到外部环境的影响。正如马克思所说：“人们的观念、观点和概念，一句话，人们的意识，随着人们的生活条件、人们的社会关系、人们的社会存在的改变而改

① 网易新闻．广东大学生见义勇为牺牲　被收入射击游戏［EB/OL］．（2016-07-05）［2018-06-10］．http：//news. 163. com/16/0705/16/BR7M284E00014SEH. html.

变。”① 引导大学生树立科学、正确的公正观，不仅需要依托高校的思想政治教育活动，更加离不开社会外部环境的坚实保障。通过优化社会环境，能够增强正向信息的摄入，提升大学生对社会公正的认同感，进一步端正巩固公正认知，筑牢公正意识。具言之，经济制度的不断完善，国民生活水平的显著提升，收入差距水平的显著缩小，能够降低青年人对社会公正的负面感受；良好健全的法制体系，完善的司法监督体系，能够从源头上杜绝各种错案发生，让广大人民在关注焦点案件过程中感受到社会公正；全面系统的社会保障制度，良好的教育制度，能够有效缓解当代青年大学生的社会生存压力，提升生活的幸福指数，提高对社会公正的正面评价；积极健康的社会文化环境，能够根本去除社会歪风邪气，消除不良社会心态的影响，引导大学生弘扬社会正气，营造向上向善的道德氛围。政府必须在公正观教育过程中发挥引领作用，不断提供政策支撑、加强制度供给、优化社会环境，减少大学生非公正信息的摄入，为大学生公正观教育提供坚实的外部保障。

一、营造公平竞争的经济环境

经济活动是最基本的社会活动，平等、公正是一切经济活动共同的伦理指向。公平正义的经济环境能够提升经济主体的诚信意识，能够增强全体社会的道德共识。通过规范市场秩序与经济主体行为，能够营造公平正义的经济环境，对规范个人公正观起到良好作用。

（一）规范市场秩序

公平、开放、竞争、有序的社会主义市场经济体系需要健全的市场机制和市场秩序。经济体系运行过程中出现的各种不正当竞争、损害市场经济规则的现象不仅对相关经济主体本身会带来利益损失，同时还会严重破坏整个社会的诚信体系，影响广大人民对社会主义市场经济公正的评价。经济活动是当代大学生普遍关注的重要社会活动，尤其是对市场经济主体市场行为的关注，成为大学生评价市场经济体制的重要参考依据。经过多年的市场经济改革，我国已经初步建立起社会主义市场经济体制，但“市场秩序不规范，以不正当竞争谋取经济利益的情况还广泛存在，市场规则不统一，部门保护主义和地方保护主

① 马克思，恩格斯．马克思恩格斯文集（第2卷）［M］．北京：人民出版社，2009：50-51.

义大量存在”①。十八届三中全会指出：“经济体制改革的核心问题是处理好政府和市场的关系，使市场在资源配置中起决定性作用和更好发挥政府作用。”②要维护整个社会主义市场经济的公平正义，提高广大民众对经济公正的评价水平，必须依托政府这只“看得见的手”进行调解、监督、管理。对此，政府要持续推动供给侧结构性改革，“坚持去产能、去库存、去杠杆、降成本、补短板，优化存量资源配置，扩大优质增量供给”③，持续不断地推动高质量、高效率的经济发展；通过不断加强科技创新、管理创新、金融创新，有效提升全要素生产率，提高市场经济的运行效率与供给质量，激活市场内生动力。要加强对市场经济的监管，严厉打击造假制假、出售仿冒名牌商品、虚假宣传、价格欺诈、哄抬物价、盲目炒作等违反市场秩序的行为，提升商品整体质量与消费者的满意程度，提高社会对市场经济总体环境的信心指数。同时，对于违反法律法规的市场主体，尤其要对在食品安全、药品安全、工程质量安全等涉及公共安全的领域造成严重社会危害，民众反响强烈的市场主体进行严厉打击。根据相关法律法规依法取缔，吊销牌照，并严肃追究相关人员法律责任。只有这样才能彻底规范市场秩序，让广大青年学生充分感受公平正义的市场环境，提高对市场经济的公正评价，树立良好的公正意识。

（二）构建市场诚信体系

诚信是市场经济的基本道德规范，构建诚信体系，树立诚信意识，是推动经济公正，引导社会形成良好公正观的道德基础。市场诚信体系的建设，既要依靠强而有力的奖惩举措，加强对不法分子的打击力度；又必须依托高效、便捷的市场信息平台，加强对全体市场参与者诚信状况的动态管理。当前，社会上出现了一批长期不守诚信，违反基本市场原则的“老赖”群体。特别是在金融、证券等备受民众关注的重点领域，一些社会公众人物违反诚信原则的事件时有发生。这些行为虽然没有对社会造成较大危害，但也引发了相当程度的负面效应，在许多人脑海中形成了“老实人吃亏”的错误观念，严重违背了市场主体公正原则。对此，市场诚信体系的构建不仅需要加强对参与相关企业的监督管理，还需要对全体参与市场活动的公民的个人信用状况进行实时监管，建

---

① 中共中央文献研究室．十八大以来重要文献选编（上）［M］．北京：中央文献出版社，2014：498.

② 中共中央文献研究室．十八大以来重要文献选编（上）［M］．北京：中央文献出版社，2014：513.

③ 习近平．决胜全面建成小康社会　夺取新时代中国特色社会主义伟大胜利——在中国共产党第十九次全国代表大会上的报告［M］．北京：人民出版社，2017：31.

立个人诚信信用档案，完善诚信信息记录，并与其他信息档案实现共享。要建立黑名单制度，将个人信用状况作为个人实现经济权利的重要依据，对诚实守信者予以政策支持与必要的物质激励，对失信者给予相应处罚，限制其参与经济活动的权利与行为。

（三）促进市场公平竞争

公平公正的市场竞争环境是激发市场主体活力，维护经济领域公正的内生动力。在改革开放过程中，由于国有经济和民营经济所处的竞争环境不同，经济主体地位的不平等性已经成为民营经济从业者这一阶层及其子女的思想共识。政府应当努力转变国有经济、民营经济主体之间在经济地位、经济资源获取上的不平等状况，让国有经济与民营经济在平等的市场规则与均衡的政策制度供给的前提下有序竞争，防止国有经济对民营经济的过度挤压，营造公平公正的市场竞争环境。对此，政府必须打破个别领域的地区封锁，消除个别大型国有企业的行业垄断，对各级政府和部门制定的关于市场准入、行业标准的制度进行检查，对具有歧视性的、指向性的、阻碍公平竞争原则的制度予以废除；应当对一些公共基础设施建设领域开展特许经营，引入竞争机制，逐步放开部分自然垄断行业的竞争性业务。通过一系列举措，优化市场竞争环境，让各种类型的市场主体能够享受同等的政策待遇，公平竞争。

二、营造共享共创的民生环境

“国以民为本，社稷亦为民而立。”[①] 习近平总书记在2019年新年贺词中讲到：“人民是共和国的坚实根基，人民是我们执政的最大底气。”[②] 发展中国特色社会主义必须首先解决好为了谁、依靠谁这个根本问题。良好的民生制度，是彰显以人民为中心的价值导向，持续推动社会公正的有效手段。全面系统的社会保障制度，合理的收入分配制度，有序的人才竞争环境，能够有效缓解当代青年大学生的社会生存压力，提升生活的幸福指数，提高对社会公正的正面评价。

（一）加快收入分配体制改革，努力缩小贫富差距

习近平总书记指出：“要充分体现按劳分配，多劳多得、少劳少得、不劳不

① 朱熹．四书章句集注［M］．北京：中华书局，2011：344.

② 国家主席习近平发表二〇一九年新年贺词［N］．人民日报，2019-01-01（1）.

得。无论是劳动、资本、土地，还是知识、技术、管理，都应该按各自贡献获得相应回报。”① 加快收入分配体制改革，遏制社会两极分化，是社会公正的基本要求，是化解大学生群体对社会公正负面评价的重要着力点。政府应当进一步巩固按劳分配与按生产要素分配相结合的基本分配制度，增强公有制经济对分配领域的作用力与影响，建立资本与劳动相互协调、共赢的分配机制。

第一，立足经济发展新常态，采取稳健的货币与财政政策。政府应当在控制货币发行总量与信贷规模的基础上，立足供给侧结构性改革，优化产业结构、淘汰落后产能，采取稳健的货币政策与财政政策，逐步化解潜在通胀风险与系统性金融风险，进一步降低资产泡沫，防止房地产等固定资产价格持续增长，在一定程度上减缓了富裕阶层财富增值速度。既有利于缓解劳动与资本的增值速度差距，遏制两极分化态势，又能化解信贷压力，降低杠杆率，防止出现大范围的系统性金融风险。

第二，建立资本与劳动的协调、共赢机制。政府要努力提高各地最低工资标准上限，规范企业员工收入，建立员工收入与企业效应协同增长机制。鼓励各类企业增加员工持股以及其他物质奖励在员工收入分配中的比重，进一步缓解资本与劳动回报率不断拉大的趋势，从而激发社会资金转向依靠人力资本和技术创新，促使成果分配更多向劳动者倾斜。

第三，规范过高收入。当前，垄断性行业员工收入、上市公司高管收入以及演艺明星收入成为最为社会诟病的三类高收入类型，引发了社会广泛议论。这种违背基本收入分配原则的过高收入在许多老百姓心中是社会不公的重要体现。对此，政府应当通过市场与行政相结合的手段予以控制。一是要彻底消除国有垄断性企业员工收入分配机制的非合理性因素，规范通过金融、能源等行业的准入门槛，引导更多民间资本向传统垄断性行业的流动，加强行业竞争压力，有效防止行政性垄断行业利润扩大化，稳定行业收入水平。二是对影视明星、上市公司高管等社会普遍关注的高收入群体收入进行必要限制。政府应将市场调节与计划调节相结合，不能任由市场左右。可以通过规范影视作品制作成本比重，防止个别明星获得远远超过其个人价值的过高收入；可以通过规范上市公司、国有企业高层管理人员收入，规范个人经济行为，加强对个人行为监管，切断内部人收购等灰色利益链条，避免产生不良社会影响的过高收入持

① 习近平主持召开中央财经领导小组第十三次会议强调：坚定不移推进供给侧结构性改革 在发展中不断扩大中等收入群体［N］. 人民日报，2016-05-17（1）.

续存在。

第四，持续开展精准扶贫工作。贫困治理工程是环节贫富分化，促进社会公平的重要手段。政府要充分发挥“增长极”的带动作用与中心城市的辐射作用，以区域产业结构转型升级与产业梯度转移为主要动能引导发达地区劳动密集型产业向贫困地区转移，在中西部以及其他贫困地区形成新型产业集群，为贫困地区打造经济“增长极”，激活经济造血功能，带动贫困群体生产性收入、劳务性收入和财产性收入水平的提升，不断提高生活水平、改善生活质量。政府要继续加大贫困地区的社会保障体系建设，通过财政转移支付等方式加强贫困地区教育、文化、医疗等方面公共物品的投入和供给，使贫困群体健康状况得到改善，提升其后代子女的文化和科学素养与生存技能，获得“可行性能力”。

（二）创造公平公正的社会竞争机会

机会公正是大学生最关心的一种社会公正形式，机会是否公正、平等，不仅指向机会本身，而是作为“指向调节结果平等的一种起始性条件”[①]。各种社会资源的获得是否公正，直接关系到大学生毕业后的生存发展，关系他们自身切身利益。对此，政府部门要不断加强工作监督，确保广大青年学生在个人发展过程中获得平等的机会。

“机会公平应当兼顾人类的种类平等的要求和个体条件不平等的客观性，使其两者达至一定平衡。”[②] 习近平总书记指出，“要坚持社会公平正义，排除阻碍劳动者参与发展、分享发展成果的障碍，努力让劳动者实现体面劳动、全面发展。”[③] 只有让每个劳动者实现机会平等，才能从根本上破除阻碍劳动者发展的各种现实障碍。对此，国家、社会团体要进一步推进人才发展体制机制改革，创建公正的个人发展环境。对此，政府相关部门应当从以下几个方面着手：

第一，要规范完善公务员、事业单位公开招考制度。习近平总书记指出：“落实事业单位公开招聘制度和国有企业分级分类公开招聘制度，做到信息公开、过程公开、结果公开，创造平等竞争的就业环境，治理就业的隐形门槛。”[④] 政府职能部门应当加强对招聘岗位设置、条件设置的规范管理，加大对招聘过程与结果的监督检查，确保各类行政机关、企事业单位、社会团体招聘

---

① ［美］莫蒂默·艾德勒．六大观念［M］．陈德中译．重庆：重庆出版社，2005：165.

② ［美］莫蒂默·艾德勒．六大观念［M］．陈德中译．重庆：重庆出版社，2005：180.

③ 习近平．在同全国劳动模范代表座谈时的讲话［N］．人民日报，2013-04-29（2）.

④ 习近平主持召开中央财经领导小组第十三次会议强调：坚定不移推进供给侧结构性改革　在发展中不断扩大中等收入群体［N］．人民日报，2016-05-17（1）.

考试的公开、公正、透明。各级就业主管部门要引导大学生差异化理解“机会”的含义，正确区分“生存性机会”以及“竞争性机会”[①]。相关部门在选人用人过程中既要确保属于求职权利的“生存性机会”面向绝大多数大学生开放，又要确保部分“竞争性机会”能够符合“人职匹配”基本原则，让大学生根据自身的实际情况合理进行职业规划。

第二，进一步降低行业准入门槛。政府应当进一步加强人力资源制度改革，使更多行业、职业面向全体大学生开放。要主动取消各类准入考试、资格考试对大学生职业选择与职业流动的限制，不断降低人才负担和制度成本，持续激发市场和社会活力，促进广大青年学生就业创业提供更加宽松的社会环境与更加公平的社会机会。

第三，进一步推动青年大学生继续教育与技能培养。提升青年的技能水平是确保个人发展的重要前提条件。目前，高等教育在校期间的学习与实践，还远远无法满足青年学生毕业之后工作岗位的需要。由于部分企业缺乏必要的人才培养机制，导致大学生工作技能不高，职业发展受阻。政府要建立覆盖绝大多数高校毕业生的职业教育培训体系，并根据社会需要调整教育内容，提高教育水平，使青年在毕业后能够不断获得职业技能的提升以及个人道德、人格方面发展。

（三）建立基本公共服务均等化的机制

加大基本公共服务的投入是社会治理普惠性与公平性的重要体现。党的十七大就曾提出“必须更加注重实现基本公共服务均等化”这一重大社会发展战略，这说明了基本公共服务之于现实社会公正的迫切需要。公共教育、就业服务、社会保障、医疗卫生、人口计生、住房保障、公共文化以及基础设施建设等领域的建设与完善都是加快基本公共服务均等化的重要手段。国家应当通过不断加强户籍制度改革，尽早消除户籍制度与城乡、区域身份差异，防止个别单位在招聘过程中出现身份歧视、户籍歧视与生源地歧视等现象，打破青年大学生跨地区就业的制度壁垒与观念壁垒；应当加强基础就业服务，通过多种手段帮助大学生规划职业生涯、提供就业指导、推荐就业单位、提高就业技能，以此提升大学生的就业质量与满意度，减低大学生毕业后面临的社会压力，化

---

① 吴忠民教授将机会分为“共享的机会平等”和“有差别的机会平等”两种类型，王海明教授将机会分为“竞争权利的机会平等”与“发展潜能的机会平等”，总体而言，机会应当可以划分为属于公民基本权利的“生存性机会”和属于个人差异化发展的“竞争性机会”。

解对自身发展的迷茫与彷徨，提高自身幸福感，提升公正感受；应当加强医疗卫生领域改革，扩大基本医疗保障的覆盖范围与保障比重，扩大医疗供给等手段，不断加强医疗机构体制改革，防止部分医院“以药养医”现象，有效降低医疗成本，提升广大大学生群体对医疗机构的满意程度；应当有效开展住房体制改革，加强对房地产市场调控，以间接调控与直接并举的方式，有效控制房地产市场泡沫进一步扩大，打压市场的投机需求，有效降低青年学生就业后的生活成本与压力，提升生活质量，减少不良的公正感受与非理性诉求。

三、营造良法善治的法治环境

法者，天下之公器。法律是维护社会公正的最后一道防线，是规范个人道德的制度约束。促进社会公正，推动人们的公正观养成，离不开法治的有力保障。大力推动新时代中国特色社会主义法治建设，深化法律制度改革，实现立法公正、司法公正与守法公正，是维护社会公正，提升公民公正观与道德素养的最直接手段。对此，要建立完备的法律制度，完善司法程序，确保立法、司法公平正义，同时，要广泛开展普法教育，增强法律意识，树立法律权威，切实提升法律对非正义行为的震慑力，确保守法公正。

（一）加强科学立法

十八届四中全会指出：“法律是治国之重器、良法是善治之前提。”立法工作是法治工作的起点；科学立法，提高立法质量，建立健全良好的法律体系，是提升法律公信力，强化社会法制观念的必然前提。习近平总书记在党的十九大报告中强调：“推进科学立法、民主立法、依法立法，以良法促进发展、保障善治”[①]，进一步明确了立法工作在推动全面依法治国战略中的重要地位。公正是立法的核心价值，是法律精神的实质所在，衡量着法的好与坏、优与劣。一旦失去这个核心价值，法律不但无法成为维护人民群体权利与尊严的利器，相反会成为罪恶愚弄社会的帮凶。对此，习近平总书记曾强调：“不是什么法都能治国，不是什么法都能治好国，越是强调法治，越是要提高立法质量。”[②] 科学立法、民主立法、依法立法三者统一于中国特色社会主义法治建设的实践，是

① 习近平．决胜全面建成小康社会　夺取新时代中国特色社会主义伟大胜利——在中国共产党第十九次全国代表大会上的报告［M］．北京：人民出版社，2017：38-39.

② 中共中央文献研究室．习近平关于全面依法治国论述摘编［M］．北京：中央文献出版社，2015：47.

全面依法治国的根本环节。只有坚持科学立法、民主立法、依法立法，法律才具备扬善惩恶的正义价值，才能被全体人民所普遍认同，共同维护。

完善科学立法工作，首先，应当建立和完善立法审查制度。十八届四中全会指出："依法保障公民权利，加快完善体现权利公平、机会公平、规则公平的法律制度。"① 作为国家的根本大法，宪法规定了国家的一切社会制度，是一切法律、制度的源泉，是社会制度的正义所向。一切违背宪法精神的法律与制度都应当及时修正或废除。国家要尽快建立立法的违宪制审查，强化违宪纠错机制，确保立法者所制定的法律本身不存在违背宪法，滋生"反向歧视"等情况。国家机关应当在党的领导下，充分发挥全国人大及其常委会在立法以及违宪审查中的主导作用，防止个别部门颁布的具有法律效力的各种制度违背社会公正原则，侵害部分社会主体的权利。同时，也要及时纠正个别部门通过立法实现自身利益的行为，提高立法质量，以良法促进发展，推动公平正义。

（二）完善司法监督机制

"凡法事者，操持不可以不正。"具有公正向度的法律要得以最终实现，必须依赖于法律的有效实施。只有实现司法公正，各方当事人才能获得公正的权能关系，才能更好地维护好自身的合法权益。长期以来，我国司法机关在维护人民合法权益、维护社会公正等方面发挥了极其重要的作用，但也出现了个别人员有法不依、执法不严、有罪不究、有案不立，甚至以权谋私、贪赃枉法、知法犯法，破坏了司法公正，严重损害了党和国家的形象，降低了人民群众对政府的信任度。一些因司法不公而引发的冤假错案，在大学生群体中引发了十分强烈的反响与质疑，大大降低了大学生对社会公正的信心与评价。

十八届四中全会提出："加强对司法活动的监督，完善检察机关行使监督权的法律制度，加强对刑事诉讼、民事诉讼、行政诉讼的法律监督，完善人民监督员制度，绝不允许法外开恩，绝不允许办关系案、人情案、金钱案。"② 规范和约束司法权的行使，是对司法活动进行监督的关键所在。首先，要发挥人民检察院与各类监督员对司法活动的监督，扩大监督范围，转变监督方式与程序。加强对司法活动各个环节的法律监督，防止冤假错案发生。要完善人民监督员的选任方式与管理方式，防止出现"自己选人监督自己"的问题，拓展人民监督员监督案件范围，最大程度确保监督员的知情权与参与权。其次，要充分发

---

① 中共中央文献研究室．十八大以来重要文献选编（中）［M］．北京：中央文献出版社，2016：162.

② 中共中央文献研究室．十八大以来重要文献选编（中）［M］．北京：中央文献出版社，2016：171.

挥公民监督作用。目前，我国已经初步建立以宪法为基础的公民监督法律规范体系，然而，在健全完善法律监督机制方面依然任重道远。加强司法监督应当充分听取人民的声音，接收来自各方的监督与质询。司法部门要广泛运用网络、微博、微信、直播平台等新媒体技术，开展舆论监督，确保司法机关能够及时回应社会关切，广泛听取媒体意见，认真核实核查社会监督所提出的问题与质疑。同时，也要规范媒体行为，提升媒体责任，防止媒体不实报道对司法工作的影响。最后，要加强对司法腐败的打击力度。持续整治司法部门、司法人员存在的各种“关系案”“人情案”“金钱案”等不正之风，坚决破除司法腐败，努力根除司法作风的顽瘴痼疾，以改进作风的新成效取信于民。

（三）大力推动全民普法教育

中华人民共和国宪法规定，一切国家机关、个人都必须遵守宪法和法律，任何组织或者个人都不得有超越宪法和法律的特权。党的十九大报告强调：“加大全民普法力度，建设社会主义法治文化，树立宪法法律至上、法律面前人人平等的法治理念。”① 法律权威的确认，有赖于民众对于法律体系发自内心的信任与拥护，依托于民众对法治建设毫无保留的认同与赞赏，最终表现为公民自觉的守法意识与守法行为。要引导公民树立守法行为与守法意识，必须加强全民普法教育。国家“七五”普法规划提出：“要加强对法制宣传教育的领导，健全完善党委领导、人大监督、政府实施的法制宣传教育工作领导机制，加强各级法制宣传教育工作组织机构建设。”② 政府应当充分发挥各职能部门作用，依托宣传、文化、教育以及各类社会组织，加强普法宣传，指导各个学校、社区、企事业单位广泛开展普法宣传教育活动；要加强各类守法模范、优秀法制工作人员的典型示范作用，加强先进人物、先进事迹的宣传力度；要将“权利与义务相统一”的观念注入普法教育当中，引导广大青年一代切实履行自身的法定义务，把守法内化到个人道德义务当中。

四、营造风清气正的文化环境

良好的社会文化环境是公正观赖以生存的土壤。社会舆论对人们公正观的

① 习近平．决胜全面建成小康社会　夺取新时代中国特色社会主义伟大胜利——在中国共产党第十九次全国代表大会上的报告［M］．北京：人民出版社，2017：39.

② 中共中央　国务院转发《中央宣传部、司法部关于在公民中开展法治宣传教育的第七个五年规划》［N］．人民日报，2016-04-18（1）.

形成负有引导责任，优秀文化产品是传播社会正气，引领社会风尚的重要载体。将公正理念融入社会文化建设当中，是端正大学生公正观，塑造富有正义感与社会责任感的时代青年的重要手段。

（一）加强优秀文化艺术作品供给

习近平总书记在全国文艺座谈会上指出："文艺对年轻人吸引力最大，影响也最大。"① "必须把创作生产优秀作品作为文艺工作的中心环节，努力创作生产更多传播当代中国价值观念、体现中华文化精神、反映中国人审美追求，思想性、艺术性、观赏性有机统一的优秀作品。"②作为意识形态的一种重要表现形式，文艺具有思想性、政治性，是开展思想政治教育的重要载体。然而，从当前大众文艺作品形式与内容来看，文艺作品的思想政治教育功能还未能得到充分挖掘。一些文艺产品存在格调不高、内容低俗、导向不正确的问题。社会泛娱乐化现象比较凸显，内容严肃的各类主旋律文艺作品在相关领域所获得的关注度不高；然而不少娱乐性、话题性强的庸俗作品却获得了社会大众，特别是广大青年人的喜爱。低俗文艺作品给大学生思想文化领域带来了巨大的冲击和挑战，同时，也给大学生展现了极度扭曲的价值取向。

党的十九大报告指出："社会主义文艺是人民的文艺，必须坚持以人民为中心的创作导向，在深入生活、扎根人民中进行无愧于时代的文艺创造。"③ 文艺工作者应当坚持人民为中心的创作原则，努力创造能够经受得起市场的考验和人民的检验的优秀文艺作品。政府应当牢牢把握以人民为中心的创作导向，依托优秀文化艺术家，引领新时代的文艺风尚，充分发挥优秀文化作品的育人功能，向青年学生传递健康、向上的价值取向，将他们从那些充斥着负能量与煽动性的不良文艺作品中解放出来，消解不良文艺作品带给他们的对社会的错误评价。近年来，先后出现了一批坚持以人民为中心，兼具思想性、艺术性与观赏性，充分彰显社会公正的优秀文艺作品，得到了社会各界的一致好评，在大学生群体中引发了强烈反响。例如，2017 年播出的电视剧《人民的名义》，充分展示了党和国家深入开展反腐败斗争，坚决维护人民利益的决心，向广大人民彰显了社会公正正义。该剧不像过去一些主旋律影片那样一味注重思想说教，

---

①② 中共中央文献研究室．十八大以来重要文献选编（中）［M］．北京：中央文献出版社，2016：123.

③ 习近平．决胜全面建成小康社会　夺取新时代中国特色社会主义伟大胜利——在中国共产党第十九次全国代表大会上的报告［M］．北京：人民出版社，2017：43.

而是在故事情节上吸引人、打动人、感染人，让广大人民群众有了一种强烈的参与感与现实体验。政府应当推动各类文艺团体、文化事业、企业文艺作品创作转向，减少劣质的文艺作品供给，坚持"以人民为中心"的创作标准，树立思想性、艺术性与观赏性相统一的创作方针，努力创作一批弘扬社会正气，以讴歌党、讴歌祖国、讴歌人民、讴歌英雄为主题的主旋律电影、电视剧、歌曲、舞蹈，不断净化当前的文化市场环境，提升文化作品的品位，让公平正义的价值理念深深融入到每一部文艺作品当中。

（二）提升媒体责任，净化舆论环境

媒体责任，是指媒体在谋求自身利益之外，还必须肩负维护和增进社会利益的义务。习近平总书记在宁德工作时期就曾指出："舆论引导和舆论监督是社会主义新闻事业的两大功能。舆论引导就是通过新闻报道，弘扬社会正气。每个新闻工作者坚持正面宣传为主，把握新闻宣传的基调。"[①] 2004 年 6 月，习近平总书记在浙江日报《之江新语》特色专栏中指出："新闻媒体要坚持服务中心、服务大局，坚持贴近实际、贴近生活、贴近群众，坚持以正确的舆论引导人，充分发挥党的喉舌和舆论引导的作用。"[②] 维护良好的社会舆论，坚持科学、健康、积极向上的舆论导向，是媒体的应尽之责。

基于公共责任，新闻媒体不应单纯追求传播力与吸引力，过多报道那些博人眼球的"劲爆新闻"，而应当担负起净化社会风气，培育风清气正文化环境的责任。国家要充分重视新闻媒体对优化社会环境，提升公民公正观以及其他各种正向价值观的导向作用，不断加强媒体监管，引领正面舆论，净化舆论环境，把公正的价值向度融入各级各类新闻媒体的宣传工作当中。

首先，要加强新闻媒体责任意识。政府应当引导媒体坚持正面引导与深度思考相结合，答疑解惑与消解矛盾相结合，肩负起传播社会正能量，维护社会和谐稳定，营造风清气正的社会环境的时代使命，防止青年学生过多摄入不公正信息，为大学生公正观教育的开展营造公正和谐的舆论环境。

其次，要加强对公众人物以及各类社交平台信息发布的监督管理。政府相关部门必须对那些具有话语权的网络"意见领袖"、公众人物社交平台日常发布的信息进行及时监管过滤。对于一些长期传播负面思想，破坏社会和谐稳定的微博号、微信公众号、问题网站应当及时关停，对相关人员追究责任；对于

① 习近平．摆脱贫困［M］．福州：福建人民出版社，1992：85.

② 习近平．之江新语［M］．杭州：浙江人民出版社，2007：57.

一些长期发布、推送破坏社会公正言论的个人应当在网络上彻底“封杀”；对一些社会公众形象不佳、个人行为不检点的公众人物，应当最大程度减少曝光率与出镜率，降低对广大青年学生的负面引导；对网络媒体发布的失实新闻，尤其是一些误导公众，容易引发社会不公正感的失实报道、失当评论要及时删除过滤。

最后，要加强对正面人物、先进事迹的宣传力度。政府部门要大力宣传典型、传播正能量、弘扬主旋律；要主动关心社会弱势群体的利益诉求，借助媒体力量为弱势群体谋利益，让广大弱势阶层人民充分感受到国家与社会的关爱，引导他们建立对社会公正的正面评价。

（三）培育理性、健康的消费文化

当前，我国第三产业总量在国民经济中的比重已超过第二产业，成为拉动经济增长的首要力量。根据国家统计局发布的数据，2017 年我国消费支出对经济增长的贡献率达到 58.8%，远远超过资本形成总额贡献率的 32.1%[①]。消费已成为拉动经济增长的首要力量。随着近几年新一轮科技革命的到来，人们的消费需求持续上涨，消费方式不断创新。消费已经不再是一种纯粹的物质需要，而成为了具有符号化、仪式化意义的现代性生存方式。人们对商品崇拜以及消费过程的愉悦感“越来越深入地、注定地、决定性地沉浸到人的意识里”[②]。在这种消费主义趋势的主导下，消费过程不再是商品价值量的等价交换，商品的价格与价值之间是远远超出自身价值量的“符号附加值”。商家也会利用消费者的喜好新鲜事物的猎奇心理，诱导消费者进行非理性消费，同时商家在商品销售过程中往往向消费者无形灌输一种异于主流价值观的价值理念。消费者购买商品的动机已经远远超出对其本身功能的追求，关注更多的是一种身份地位的认同，以及商品背后的文化认同。不少企业借机大肆炒作产品附加价值，通过高价策略树立品牌形象。这固然是一种市场经济下的正常手段，但这种行为一旦大幅蔓延，将引发市场体系的乱象，使整个等价交换原则遭到破坏，实质上是对社会公正秩序的破坏与人们内心公正原则的扰乱。

消费主义的盛行源于市场经济环境下形成的享乐主义与拜金主义，它扭曲了大学生公正观，破坏了经济公正的基本原则，违背了个人消费的基本旨趣。

---

① 国家统计局．中华人民共和国 2017 年国民经济和社会发展统计公报［EB/OL］.（2018-03-01）［2018-06-13］. http：//politics. people. com. cn/n1/2018/0301/c1001-29840369. html.

② ［匈］格奥尔格·卢卡奇．历史与阶级意识［M］. 杜章智等译．北京：商务印书馆，1999：159.

在消费主义的影响下，大学生往往将物质水平的提升以及物质财富的积累作为衡量个人发展、社会公正的唯一标准，忽视了消费活动在促进自身能力、知识提高，推动社会进步，实现人生自我价值方面的重要意义。不少大学生出于自身家庭经济条件限制，不惜办理高额信用卡，甚至向非银行机构申请个人信用贷款，不少学生最终因无力偿还引发信用危机。抵御消费主义的文化侵扰，其根本目的是消解经济市场化进程中生成的拜金主义、享乐主义、利己主义等现象，使青年人树立良好的利益准则。政府相关部门要积极引导健康合理的消费文化，面向大众，尤其是青年人当中普及基本经济规律、价值规律，让他们认清一些商品销售过程中的虚假宣传、过度营销，防止在缺乏经济来源的情况追求一些与自身身份不符，不切实际的消费，让他们从商品市场上五花八门、琳琅满目的虚假宣传、过度包装以及符号化象征中挣脱出来，回归到对商品基本价值量的理性认知，构建符合经济公正原则的消费理性。

第五节　增强大学生公正观教育的家庭熏陶

习近平总书记曾指出："家庭是社会的基本细胞，是人生的第一所学校。不论时代发生多大变化，不论生活格局发生多大变化，我们都要重视家庭建设，注重家庭、注重家教、注重家风，紧密结合培育和弘扬社会主义核心价值观，发扬光大中华民族传统家庭美德……"① 家庭是个人教育的起点，是道德与信仰生成的"孵化器"，对于大学生价值观构建具有至关重要的作用。父母是孩子的第一个老师，在个人价值观塑造过程中承担着启蒙作用。本书调查发现，家庭教育中的公正信仰缺失是大学生公正观教育的主体困境之一。加强家庭教育，对推进大学生公正观教育具有重要现实意义。

一、转变基本教养方式

美国心理学家鲍姆林德认为，家庭的教育方式分为独裁型、权威型、宽容型与放任型。不同的教育方式对青少年价值观有着不同程度、不同方向的影响。

① 习近平．在2015年春节团拜会上的讲话［N］. 人民日报，2015-2-18（2）.

这其中，独裁型教养方式以高标准、严要求、强惩罚著称。在这种教养方式的影响下，父母可能在必要的时候采取极端的方式教育子女。这种教养方式看似严格，实则消极，容易破坏家庭氛围，让子女变得孤僻、冷漠，不利于公正观的形成。放任型教养以放任自由为主旨，主张家长宠溺与放任子女，管理宽松、杜绝惩罚。这种方式看似和谐，但却忽视了惩罚在行为养成中的重要作用，使下一代缺乏规则意识与纪律意识，容易造成下一代过度利己、不受控制、性格孤僻、自由散漫、不易交往，甚至产生一定心理问题。权威型教养方式是一种温情支持、积极反馈、合理限制并期待子女做出适当、成熟行为的教养方式。在权威型教育为主导的家庭环境中，每个家庭成员彼此尊重，父母与子女相互之间公平对待彼此，家庭内部既有良好的规则与制度环境，又不失宽松性与正常的沟通。研究表明："权威型教育模式最能够引导下一代形成良好的道德品质、社会责任感与公正世界信念。"①

从我国过往家庭教育的发展演变过程来看，放任型教育与独裁型教育一直是家庭教育的主要类别。一方面，随着我国 1980 年开始实行计划生育政策，当今绝大多数家庭只生育一个子女。独生子女成为了家中的"小皇帝""小公主"，受到万般宠爱与呵护。父母对下一代的爱护固然无可厚非，但必须建立在正确的价值观念与道德规范的基础之上，如果超出这个范畴，那便成为了溺爱与娇宠。多数情况下，这样的家庭培养出来的孩子自我意识较强，心理承受能力较弱，社会责任心差，容易因为过分追求个人私利而出现一些损人利己的行为。这都不利于良好的公正观的形成。另一方面，受到我国传统思想的影响，也有部分家庭过分放大了家长与子女之间的尊卑地位，倡导"棍棒底下出孝子""打是亲、骂是爱"。父母为了让子女能够出人头地，以极其严格，甚至近乎严酷的方式教育下一代，自己则成为了"虎妈""虎爸"。这种教育方式显然破坏家庭和谐，忽视了下一代的个性发展，更加不利于养成良好的道德素养和勇敢正义的个人气质。

相比而言，权威型教育本身与公正就具有显著的内在关联。社会公正所蕴含的制度与道德双重维度都具有权威性的基本属性。社会制度是具有权威性的法律、法规、规章与准则，制度的正义性以及社会成员对制度的遵循与服从是社会公正的首要判断标准。个人道德虽然从属于伦理范畴，但作为社会公民应

---

① 张羽等．家庭社会经济地位与父母教养方式对儿童青少年公正世界信念的影响［J］．心理发展与教育，2017，33（5）：513-523.

具备的基本行为规范，道德不同于制度权威，具有软权威特征。对道德的遵循与传承是维护社会公正，消除不公正影响的重要表现，遵守道德规范则成为个人被社会所认可的重要依据。因此，要引导下一代树立良好的公正观，就必须在家庭教育环境中树立权威意识，以权威型教养主导家庭教育。

我国古代著名教育家颜之推曾指出，“父母威严而有慈，则子女畏惧而生孝矣”①，充分说明父母权威的重要性。建立权威型家庭教育，应从以下几个方面着手。首先，家长必须以身作则，带头树立典范，以自身的公正品质感染子女。其次，要建立平等沟通的民主氛围。家长要让子女感受到和谐、公平的家庭环境，从小养成重视权利，履行义务的公正意识；要注重引导子女合理维护自身权益，不得无故侵犯子女的正当权利，同时，也要积极引导子女培育保护个人权益以及维护他人权益的意识。最后，家长要对子女的不当行为进行合理限制。合理限制不同于严酷惩罚，不能以打骂、体罚以及损害自尊心的人身攻击为教育方式，而是在引导他们建立基本的是非观与善恶观，让子女自主思考个人行为以及其他社会行为的是非对错，同时勇于承认错误，承担对家庭、集体、社会的责任。

二、树立良好家风家训

家风，指的是家族发展中长期形成的，体现家族成员精神风貌、道德品质、审美格调和整体风尚、气质的家族文化风格。良好的家风家训是家族通过几代人的努力不断传承，延续下来的道德标准与行为规范的集合与结晶；是家庭价值观念、家庭精神和文化氛围的集中体现；是家庭成员立身做人的行为准则。家训家风教育是道德生成的原始场域，是个人“基本善”生成的源流。习近平总书记在第一届全国文明家庭表彰大会上指出：“家风好，就能家道兴盛、和顺美满；家风差，难免殃及子孙、贻害社会。”② 良好的家风能够使大学生从小形成优秀的道德品质与行为习惯，树立基本的善恶观、是非观，进而明晰公正的内涵旨趣，领会公正所蕴含的行为准则，对于家庭成员公正观的养成具有润物无声的“教化”之功；换言之，低劣的家风可能让大学生从小养成错误的价值观念与行为习惯，让他们浸淫在一种是非颠倒、善恶不分的价值环境当中，继

① 颜之推．颜氏家训译注［M］．王秀霞，吴玉琦译注．长春：吉林文史出版社，1996：11.

② 习近平．习近平谈治国理政（第二卷）［M］．北京：外文出版社，2017：355.

而对今后的道德品质产生负面影响。

在传统文化中，家风主要体现在祖先定下的家训和家规中。中国历史上许多承载优秀传统文化的家风家训都对家族世代的发展奠定了道德基础。例如，被誉为“家训之祖”的《颜氏家训》中就曾指出：“夫风化者，自上而行于下者也，自先而施于后者也。是以父不慈则子不孝，兄不友则弟不恭，夫不义则妇不顺矣。”① 其认为长辈的道德示范应当成为后辈道德规范的基础，后辈必须遵从。相比于严刑峻法而言，道德教化能够将恶性防患于未然，消解于萌芽。虽然它不及严刑峻法那样具有威慑力，但却能够让人自觉遵守一定的社会准则与道德规范。对于教导子女自觉遵守社会制度，防止出现侵犯他人权益的行为，具有鲜明的警示作用。中国历史上关于家风家训的书籍不胜枚举，诸如司马光的《温公家范》、南宋朱熹的《朱子家训》、曾国藩的《曾国藩家书》等，这些家训典籍包含了和谐观念、孝文化、交友之道等内容，给当前开展思想政治教育提供了理论源泉与现实指引。可以说，家风是大学生良好价值观的“养成域”与“发源地”。

公正作为中国古代思想体系中的重要内容，反映中华民族世世代代对正义与公道的向往与召唤，“这种对正义的渴望与召唤，在‘中’‘和’‘公’‘正’‘直’等理念中有典型聚显，也在‘仁’与‘礼’之间获得其标志性的确认”②。儒家思想中的义利观就能够较好地为社会公正思想中个人道德规范提供了思想依据，所谓“君子喻于义，小人喻于利”，虽然本质上反映着封建礼制思想的道德基础，但对于当代人树立公正的思想意识与行为规范，依然具有十分重要的现实意义。又比如，“义”还作为中国古代判断个人品质，分辨是非黑白的重要依据。《孟子·离娄（上）》中记载“义，人之正路也”，《礼记·中庸》中提到“义者，宜也”。“义”就意味着公平公正，是合理的、应当的，是善的和美的，是宇宙万物存在的根本原则。充分发挥家风家训文化对大学生公正观的教化作用，就必须深入挖掘中华优秀传统文化中关于社会公正的思想渊源，将公平、正义思想融入个人家庭家风家训建设当中。

首先，要依托家庭的职业理想，将公正、正义作为家训家风的重要内容，融入子女的职业生涯规划当中。家长要从家庭的职业类型与职业道德文化特质当中选取表征公平正义的家风家训，让下一代尽早树立公正意识，建立人际交

① 颜之推．颜氏家训译注［M］．王秀霞，吴玉琦译注．长春：吉林文史出版社，1996：47.

② 任锋．中国传统文化中的正义观［N］．中国文联报，2014-04-03（3）.

往准则与个人行为准则。企业家家庭可以着重打造以“诚信经营”“礼尚往来”“互惠互利”为主旨的家风文化，塑造子女的诚信意识与规矩意识，引导他们在经济活动中公平交易、合作共赢、共享成果。党政干部家庭可以大力塑造“刚正不阿”“清正廉洁”的廉政家风，大力弘扬“刚正不阿，如墨线过木曲也正；清正廉洁，似明矾入水浊亦清”的家训信条，教导子女在错综复杂的外部环境中保守底线，自觉抵制诱惑，经受外部考验，弘扬廉政风尚。教师家庭应当以“学高为师、身正为范”为核心打造家训文化，强化“爱国守法、敬业爱生、教书育人、严谨治学、服务社会、为人师表”的师德情操，培育子女公道正派的处事原则。工人家庭应当大力弘扬以“培育精益求精的工匠精神”为核心的家风，以“勇克难题的创造精神”“精益求精的工作态度”和“道技合一的完满境界”① 为信条，引导子女在今后职业发展中不断追求精益求精，让他们“心无旁骛地在产品品质上下功夫，少一些投机取巧，多些踏实厚重”②。避免工作中出现以次充好、粗制滥造等问题，恪守职业本分，维护行业公正。

其次，家庭要深入领会中国传统文化中经典家风家训的真实意蕴，防止不良家风对子女思想造成侵蚀。虽然传统文化中不乏引人向上、发人深省的经典语料，但也必须看到传统文化思想中的糟粕。诸如“三纲五常”“三从四德”等带有旧社会礼法观念的传统家训，本身就具有不公平取向。对于这类传统家训文化，应当坚决摒弃，以防子女的公正意识遭到扭曲。

最后，在构建家风家训文化时要注重时代化的语境转换。“传统文化在其形成和发展过程中，不可避免会受到当时人们的认识水平、时代条件、社会制度的局限性的制约和影响，因而也不可避免会存在陈旧过时或已成为糟粕性的东西。”③ 在社会主义市场经济环境下，一些以道德理想主义为基础的传统家训就略显得水土不服。比如，儒家思想倡导人们“重义轻利”，而当下符合时代要求与市场经济要求的义利观应当是“义利并重”，倡导权利与义务对等，付出与回报相称，所得与贡献相符的平衡关系。又比如，儒家倡导“道之以德，齐之以礼”，其本质是倡导民众顺应社会群族之风俗，遵循社会之礼法，将遵守制度与习俗视为正义。然而在法治建设高度发达的今天，“宗法”“礼法”显然已

① 陶倩，吴洁．浅议“工匠精神”的现实价值——基于社会主义核心价值观的培育［J］．中国劳动关系学院学报，2017，31（5）：1-6.

② 朱凤荣．社会主义核心价值观视域下制造业工匠精神培育的思考［J］．毛泽东思想研究，2017，34（1）：96-101.

③ 习近平．习近平谈治国理政（第二卷）［M］．北京：外文出版社，2017：313.

不具备任何权威性，不能替代法律与制度。对此，应当引导子女将传统文化中的道德要件用符合社会主义政治与法治生活的制度规范与话语体系进行创造性转化，用法与制度取代封建传统宗法观念与礼教观念。当代人不能简单将弘扬家风家训理解为要以传统文化中的道德观指导现实生活，在传承优良家风家训的同时，也要告诫子女应当遵守当下的国家法律法规，遵循社会的基本制度。

三、提升父母教育能力

父母的教育能力与水平同样是影响家庭公正观教育的重要因素。广大学生家长必须充分意识到个人道德品质与公正信念在子女公正观与公正意识培育中的作用，将日常对子女的教化与个人公道、正派的道德品质联系起来。但是，在现实生活中，大部分家长或多或少会受到复杂的社会环境影响，在对孩子进行言传身教时，往往是一面努力实现“言传”，争取在家庭教育中提升孩子的公正意识，但另一方面却又不断弱化“身教”，在自身道德行为中存在缺陷，自身教育方法上存在不足。首先，在当前先进的社会发展环境中，大部分父母都会有较高水平的家庭教育意识，也明确自身在大学生公正观教育中的重要地位，但仍会出现父母将不良的社会风气影响至孩子，如缺乏底线、忽视规矩，一边教育一边犯错的行为。这样的言行不一只会让孩子价值观错乱，极大程度地影响孩子的正确价值判断，进而影响他们正确公正观形成和培养。同时，家长对于子女教育的方式方法也是影响公正观效果的重要因素。其次，由于大学生多在外地就读，平时与家长接触的时间远少于中学阶段，家庭的管理与教导在这一时期或多或少会出现弱化。子女在这一时期逐步开始独立，尤其是大学生谈恋爱之后，与父母的关系更加疏远。家庭教育的影响力逐步减弱。最后，不少家长个人教育能力有所欠缺，家庭教育的弹性不足，话语把握不当，语料不够丰富，教育过程中可能掺杂了较多主观、片面的内容，导致教育效果不佳。对此，父母可以从以下几个方面逐步提升教育水平与教育效果：

第一，严于律己。父母正确的行为示范和家庭教育的根本。家长应不断提升自身素质和家教水平，强化自身公正意识，在确保正确的“言传”之上，做到与其一致的“身教”，用实际行动在日常生活中不断教育和引导孩子积极践行社会公正。

第二，提高公正情境创设能力。家庭情感是细腻而丰富的，更是复杂而多元的。家长在孩子的成长教育中，应着力提高公正情境创设能力，创造机会与孩子共同参加促进个人公正观养成的各种亲子活动，在活动中学习和领会公正意义，克服不良心理障碍，促进家长与子女共同形成良好公正意识。

第三，关注子女成长环境，丰富教育语料。家长必须密切关注子女成长环境的变化，对子女的个人爱好、兴趣、特长等方面有充分的了解。例如，可以从青少年主流文化需求环境与公共社交环境入手，全面了解子女平时喜爱的影视剧、影视明星、体育明星、游戏，平时经常关注的公众号、微博号，平时经常浏览哪一类的网络信息。这些信息有些是子女主动分享的，有些是子女不愿意主动透露的，家长可以通过加强和学校老师、同学的沟通交流，侧面了解到相关信息，并加强对这些领域的关注，做到有所涉猎。这样一方面可以丰富家庭教育的现实语料，建立共同话题，另一方面也可以动态监督子女的成长环境，防止不良文化对子女的冲击。

第四，学会“借力”与“借势”。所谓“借力”就是借助一些在子女心目中具有特殊地位的公众人物的传播之力，加强公正观家庭教育的附着力。当前，随着全民娱乐趋势的兴起，绝大多数 20 岁左右的青年人都具有所谓的“粉丝”身份，对偶像的崇拜不仅是一个纯粹的追星行为，更是进行公共社交过程中获得身份认同的前提条件。这种行为虽然值得商榷，但也在一定范围内为家庭教育提供了可借之力。家长可以充分挖掘这一类公众人物身上的先进事迹，以之感染子女。特别是一些作风优良、道德境界较高的公众人物，在“粉丝”心目中，他们对先进文化以及主流价值观的传播力与话语权威绝非一般教育者可以比拟。此外，家长还要学会“借势”，即借助社会热点之势开展公正观教育。引导学生密切关注民生热点，及时了解学生对事件的态度，对潜在的违背公平正义原则的苗头予以及时遏制，将学生向符合主流观念的方向引导。

第八章　结论与展望

公正是人类永恒的价值追求，也是新时代中国特色社会主义的本质特征。作为新时代中国特色社会主义合格建设者和接班人的大学生们，肩负着引领中国走向社会主义现代化强国的历史使命。对当代大学生进行公正观教育，引导他们正确地认识公正，坚定地信仰公正，持续地践行公正，客观地评价社会的公正水平，是贯彻十九大精神，推动社会公正的思想保障，具有重要的现实意义。

作为本书研究的核心理论依据，公正是一个蕴含着丰富内容的伦理学、政治学、哲学范畴，它包含了对人类历史发展脉络的展望，又涉及具体社会形态下正当性社会准则与社会制度的设计与执行。在现实生活当中，公正无处不在，它融入到政治、经济、文化、教育、法制等不同领域，涉及个人权利与机会的获取、制度与规则的设计以及最终结果的评价等各个方面，同时也是个人行为的道德依据，具有“伦理”“制度”与“道德”等多重意蕴。本书的另一重要理论依据是古今中外各个阶段具有代表性的公正思想。通过对马克思主义公正思想发展沿革的全面审视，本书充分运用马克思主义基本原理，从历史、道德、实践与制度四个维度全面阐述了马克思主义公正思想，挖掘了其中的科学性、批判性与价值性；并通过中国共产党在不同历史阶段对社会公正问题的实践与创新进行总结，阐述了党和国家领导人对马克思主义公正思想进行深化与发展。本书还详细梳理中国传统公正思想、国外具有代表性的公正思想，罗列了亚里士多德、康德、罗尔斯、诺奇克、麦金泰尔、桑德尔的正义思想。在此基础上，本书进一步突出马克思主义公正思想在促进社会公正、构建居民个人公正观方面的指导地位，以马克思主义公正思想为指导，详细阐明了社会公正所蕴含的伦理、制度与道德三重含义，并从社会活动领域、活动主体、活动过程三个维度，阐述现实视角下公正所呈现的形式与种属。

为了全面把握大学生公正观的内涵与外延，本书将公正观放在价值观视角下进行解读，将公正观理解为对“什么是公正”“是否信仰公正”“如何鉴别公正”“如何实践公正”以及“我生活的社会是否公正”等一系列问题的基本看法、基本观点与基本评价。本书指出，对个人公正观的考察是对个体认识公正、信仰公正、判断公正、实践公正与评价公正的总体审视，包含了围绕“公正”所形成的“知”“情”“意”“行”“感”等内容。基于此，本书详细分析了公正认知、公正情感、公正意识、公正行为与公正感受等公正观的五种表现形式，并以此为依据进行面向福建省部分高校在校大学生开展公正观现状调查。通过调查发现，大学生公正观总体积极向好，多数学生对公正的认知准确、观点合理，具有较强的正义感，能够自觉维护社会公正。但也发现部分学生存在公正认知模糊、公正意识淡漠、行为非理性、对社会公正的评价脱离现实等问题。本书从经济、政治、文化、社会环境、高校以及个人等六个方面分析了导致大学生公正观出现偏差的主要原因，为大学生公正观教育提供了现实依据。由于研究条件限制，本次调查仅限于福建省高校在校学生，未能将调查对象扩大到更大的范围，这不得不说是本书的一大遗憾之处。

本书研究的最终落脚点是大学生公正观教育。通过对大学生公正观现状审视，针对其中的消极表现，结合思想政治教育的基本规律，本书进一步明确了大学生公正观教育的基本原则与教育目标，以马克思主义公正观为指导，以公正伦理观为道德指引，以中国特色社会主义公正观为国情依据，以现实领域的公正观为实践指向建构了公正观教育的内容体系。在此基础上，本书提出了推动大学生公正观教育的具体建议。本书指出，应当将学校教育、社会教化与家庭教养三者有机结合，构筑育人共同体。在学校层面，高校要坚持“三全育人”总体理念，将公正观教育融入到“十大育人体系”当中；通过开展课程育人、组织育人、实践育人、文化育人、心理育人、网络育人等全方位育人工作，能够逐步引导大学生端正公正认知，筑牢公正情感，培育公正意识，培养公正行为。在教育方法上，本书指出，高校应当坚持知识讲授、权威灌输、隐性育人等方式的有机结合，并在具体教育过程中构建有效的情境与角色，有效促进学生正义感与公正意识的养成。在社会层面，本书指出，政府部门通过社会的制度供给，营造公平竞争环境、共享共创的民生环境、良法善治的法治环境和风清气正的文化环境，能够形成正向的示范效应，逐步提升大学生对社会公正的认同，消除疑惑，形成共识，强化自身追求社会公平正义的决心与毅力。在家庭层面，本书指出，家长应该在孩子个人公正观生成过程中发挥重要作用，通过家庭教养方式转变，家风家训的传承与熏陶，能够净化大学生公正观初始生成场域，强化大学生公正观自我培育能力。

大学生公正观教育是一个复杂的系统性研究课题，尽管本书笔者费力思考，可实际上还有不少问题和困惑难以在本书中予以深入研究和合理解决。首先，中华人民共和国成立以来，我国社会在各个阶段都曾经形成了具有普遍共识的主流公正观，例如改革开放前的平均主义、改革开放初期的“效率优先、兼顾公平”以及十六大提出的构建社会主义和谐社会。那么，新时代中国特色社会主义历史方位下，公正观的主旨应落脚何处？其次，公正是我国传统文化的重要组成部分，传统文化视域下的公正思想有许多方面值得当代借鉴。那么，如何对传统文化中的公正思想进行创造性转化，创新性发展，让它在新时代中国特色社会主义背景下依然能够焕发生命。再次，本书对大学生公正观教育的原则、目标、内容与方法都进行了详细的论述。这些关于公正观教育的基本理论与方法能否直接嫁接到社会主义核心价值观教育的其他维度之中，能否运用到大学生之外的其他社会群体当中？最后，本书在开篇部分就指出公正是社会主义核心价值观的基本理念，习近平新时代中国特色社会主义思想将在今后不断丰富、发展，其中必然有相当多关于社会公正的重要论述。这些内容将成为今后开展社会公正与公正观研究的理论依据。今年上半年，全世界人民都遭遇了新冠肺炎疫情的猛烈袭击。面对突如其来的疫情，一些西方国家无视人民生命安全，无视社会正义，在疫情防控过程中胡乱作为，造成了他国人民巨大损失；相比之下，在以习近平同志为核心的党中央的坚强领导下，我国的疫情防控工作井然有序，社会生产生活得到全面复苏，人民生命安全得到了有力保障。“以人民为中心”成为当下诠释社会公正的核心要义。为此，必须紧盯习近平总书记关于社会公正的相关论述以及今后党和国家推动社会公正的进一步实践，将其与社会公正问题、公正观以及公正观教育相结合，构建中国特色社会主义公正思想体系。

附　录

大学生公正观现状调查问卷

亲爱的同学：

你好！为进一步了解当前大学生公正观的状况，洞悉其中存在的主要问题，我们设计了这份调查问卷。本问卷实行匿名制，所有数据只用于统计分析，题目选项无对错之分，请根据实际情况填写，我们承诺信息绝对保密。

十分感谢你的配合！

"当代大学生公正观及其教育研究"课题组

2018 年 3 月

一、个人基本信息

1. 你的性别？（　）

A. 男　　B. 女

2. 你的专业类别？（　）

A. 人文科学类　　B. 社会科学类

C. 理工农医类　　D. 体育、艺术类

3. 你的政治面貌？（　）

A. 中共党员　　B. 其他

4. 你目前就读于哪个年级？（　）

A. 大一　　B. 大二　　C. 大三　　D. 大四

E. 研究生

5. 你的家庭经济状况如何？（　）

A. 年收入 3 万元以下　　B. 年收入 3 万元至 8 万元

C. 年收入 8 万元至 15 万元　　D. 年收入 15 万元至 30 万元

E. 年收入 30 万元以上

6. 你的生源地类型？（　）

A. 农村　　B. 乡镇　　C. 县、县级市　　D. 地级市（非省会）

E. 省会城市、副省级市、直辖市

7. 你父母双方的最高学历？（　）

A. 高中及以下　　B. 大学专科　　C. 大学本科　　D. 研究生

二、公正认知状况调查

8. 你对下列观点持什么态度？（请在你最赞同的倾向下打“√”。答案选择无对错之分，请注意每题只能选一个选项。）

观点/态度	完全赞同	比较赞同	说不清	不太赞同	完全反对
公正具有历史性，不同社会形态下人们对公正的理解不同					
公正具有相对性，个体之间无差异的平等很难实现					
公正具有阶级性，不同阶层对社会公正的理解不同					
人的自由全面发展是社会公正的价值目标					

9. 下列关于社会公正的基本准则的描述，你持怎样的态度？（请在你最赞同的倾向下打“√”。答案选择无对错之分，请注意每题只能选一个选项。）

观点/态度	完全赞同	比较赞同	说不清	不太赞同	完全反对
公正是社会制度的首要原则					
基本权利应当人人平等					
个人权利与义务相当					
个人付出与个人回报相当					
所有人应当获得平等竞争的机会					
利益分配向弱势群体倾斜，是不公正的					
社会资源应当完全平均分配					

10. 你获得社会公正相关知识的渠道有哪些？（多项选择）

A. 学校教育　　B. 家庭教育　　C. 身边朋友　　D. 实践体验

E. 个人自学　　F. 传统媒体　　G. 互联网　　H. 其他

三、公正情感状况调查

11. 你是否渴望成为有正义感的人？（　）

A. 非常渴望　　B. 渴望　　C. 说不清　　D. 不渴望

E. 完全不渴望

12. 如果你为了自己的私利做了损害他人利益的事情，你的内心情感状态是（　）

A. 悔恨　　B. 胆怯　　C. 说不清　　D. 无所谓

E. 坦荡

13. 当你发现同学做了损害他人利益的事，你的情感反应是（　）

A. 义愤　　B. 怨恨　　C. 说不清　　D. 无所谓

E. 宽恕

14. 当你的同学做了损害你个人利益的事，你的情感反应是（　）

A. 义愤　　B. 怨恨　　C. 说不清　　D. 无所谓

E. 宽恕

四、公正意识状况调查

15. 你对下列关于财富与收入分化的现象分别持怎样的态度？（请在你最赞同的选项下打“√”。答案选择无对错之分，请注意每题只能选一个选项。）

观点/态度	非常合理	比较合理	说不清	不合理	非常不合理
如何看待企业家的高收入					
如何看待“富二代”的高收入					
如何看待影视明星的高收入					
如何看待城乡之间收入水平的差距					
如何看待行业之间收入水平的差距					
如何看待区域之间收入水平的差距					

16. 你对下列涉及公正问题的社会现象分别持怎样的态度？（请在你最赞同

的选项下打"√"。答案选择无对错之分，请注意每题只能选一个选项。)

观点/态度	完全赞同	比较赞同	说不清	比较反对	完全反对
如何看待"托关系"现象					
如何看待"以权谋私""贪污腐败"现象					
如何看待"性别歧视"现象					
如何看待"潜规则"现象					
如何看待一些企业的不正当竞争行为					
如何看待当前个别超级大国干预他国内政，遏制他国崛起的行为					
如何看待当代人对自然资源过度开发，牺牲下一代人的利益					

五、公正行为状况调查

17. 你认为个人行为应遵循怎样的原则？(　　)

A. 毫不利己、专门利人　　B. 在利他的过程中实现利己

C. 说不清　　D. 在合法合规的范围内专门利己

E. 为了个人利益可以破坏制度与规矩

18. 当个人利益与班级、年级集体利益发生冲突时，你会怎么做？(　　)

A. 牺牲个人利益，并向集体争取适当补偿

B. 无偿牺牲个人利益

C. 损害集体利益

D. 说不清

19. 你个人正当利益受到侵害时，将会怎么做？(　　)

A. 向他人寻求帮助　　B. 向有关部门申诉

C. 说不清　　D. 接受现实

E. 利用互联网散播对当事人不利的信息

20. 学校某次评优评奖中，你原本自信满满，但最终没有评上，你会怎么做？(　　)

A. 质疑结果的公正性，向有关部门检举

B. 质疑制度的公正性，向老师建议修改制度

C. 说不清

D. 责备自己没有和领导、老师搞好关系

E. 心平气和向老师了解情况

21. 你发现他人的正当权利遭到侵害时，将会怎么做？（　）

A. 向有关部门申诉　　B. 劝他（她）接受现实

C. 说不清　　D. 不予理睬

E. 在网络上对侵害他人权利的一方进行攻击

22. 你获得了助学金的资格，正在公示期间，这时你得知有另一个同学家庭经济更加困难，且急需用钱，而且在校期间表现也很优异，你会怎么做？（　）

A. 放弃本次助学金资格，让给这位同学

B. 在下一次申请助学金时把机会让给他

C. 说不清

D. 在平时会给予他适当帮助

E. 装作不知道

23. 你是否参加过志愿服务活动？（　）

A. 经常参加　　B. 有参加过，但次数不多

C. 从来不参加

24. 如果你在街上看到有老人倒地不起，你是否会上前帮扶？（　）

A. 一定会　　B. 可能会　　C. 说不清　　D. 不会

E. 坚决不会

25. 听说自己喜爱的明星被传有违法乱纪时，你会怎么做？（　）

A. 组织粉丝，在论坛、贴吧上对发布该信息的人员进行围攻

B. 在网络发帖，为该明星洗白

C. 说不清

D. 违法乱纪暴露其个人道德低下，果断脱粉

E. 在事实真相未查明之前，不做评价

26. 你发现有人在网络社交平台发布了违背社会公正的言论或视频，你会怎么做？（　）

A. 向有关部门举报　　B. 在其发布内容下方进行吐槽

C. 说不清　　D. 对其进行人肉搜索

E. 完全无视

六、公正感受状况调查

27. 您对当前社会公正状况的评价是？（ ）

A. 非常好　　B. 比较好　　C. 说不清　　D. 不好

E. 非常不好

28. 你对各个领域公正状况的评价是？（请在你最赞同的态度下打“√”。答案选择无对错之分，请注意每题只能选一个选项。）

	非常公正	比较公正	说不清	不公正	极不公正
经济领域					
教育领域					
法治领域					
民生领域					

29. 你认为老百姓对社会公正产生负面评价的主要因素有哪些？（多项选择）（ ）

A. 过往冤假错案　　B. 房价过高　　C. 贫富差距悬殊

D. 教育乱收费、高收费　　E. 社会保障制度不完善　　F. 政府官员腐败

G. 医疗费用过高　　H. 社会物欲横流　　I. 黑恶势力盛行

30. 你所在学校在制度设计、学生管理等方面是否公正？（ ）

A. 非常公正　　B. 比较公正　　C. 说不清　　D. 不公正

E. 极不公正

31. 你在校期间是否遭遇过不公正对待？（ ）

A. 有　　B. 没有

32. 你在校期间的不公正遭遇主要原因是？（ ）

A. 管理人员工作失误　　B. 学校制度设计不合理、不健全

C. 管理人员徇私舞弊　　D. 同学弄虚作假

E. 说不清

七、公正观教育状况调查

33. 父母经常给你灌输下列哪些观念？（多项选择）（ ）

A. 要敢于和非正义的人和事斗争

B. 多一事不如少一事

C. 不要怕吃亏，吃亏便是福

D. 不要在外面逞强，容易吃亏

E. 坏人自然会遭到报应，别人无须理会

F. 社会中不公正的事情很多，要习以为常

G. 一心一意读好书，别的事不要去操心

H. 要坚决维护自身权益

34. 你认为高校是否有必要开展公正观教育？(　　)

A. 有　　B. 没有

35. 你认为是否有必要开设关于公正观教育的专门课程？(　　)

A. 很有必要　　B. 有必要　　C. 没有必要　　D. 纯属浪费时间

E. 说不清

36. 你所在学校有没有开展专门的公正观教育？(　　)

A. 开展过专门的系统教育

B. 在一些课程中涉及相关问题

C. 辅导员日常会开展一些相关教育

D. 很少开展

E. 完全没有

37. 哪一类老师谈及社会责任次数最多？(　　)

A. 思政课老师　　B. 辅导员与班主任

C. 专业教师　　D. 院系领导

E. 其他

38. 你认为当前学校开展公正观教育存在的最重要问题是？(　　)

A. 教师理论功底欠缺，掌握的相关知识缺乏必要的广度和深度

B. 教育内容不够丰富，与社会现实问题结合不够紧密

C. 教育方式陈旧、单一，难以激发学生的学习兴趣

D. 语言表达缺乏感染力，导致课堂气氛沉闷

E. 教师的言谈举止、年龄、性别、个性以及对待学生的态度和教师的个人修养等

参考文献

[1] 艾四林，王海龙．古希腊正义观的嬗变 [J]. 求是学刊，2002（2）：33-37.

[2] 百家号．最见不得人穷，喜欢做善事帮人的6大明星 [EB/OL].（2017-07-23）[2018-04-13]. https：//baijiahao. baidu. com/s？ id=1572358240812026&wfr=spider&for=pc.

[3] 包国庆．从阶级道德到公民道德的德育转向——关于德育研究的系统方法论 [J]. 现代大学教育，2005（1）：1-6.

[4] 曹刚．道德难题与程序正义 [M]. 北京：北京大学出版社，2011.

[5] 陈第华．经济市场化改革中高校思想政治教育的人文关怀研究 [D]. 福州：福建师范大学，2014.

[6] 陈桂蓉．中国传统道德概论（修订本）[M]. 北京：社会科学文献出版社，2014.

[7] 陈龙．"佛系""丧文化"，都是社会工具理性化的产物 [EB/OL].（2018-04-18）[2018-08-08]. https：//cul. qq. com/a/20180418/014830. htm.

[8] 陈万柏，张耀灿．思想政治教育学原理（3版）[M]. 北京：高等教育出版社，2015.

[9] 陈延斌．公正观：社会主义核心价值观体系建设的着力点 [J]. 马克思主义与现实，2013（3）：186-191.

[10] 程立显．伦理学与社会公正 [M]. 北京：北京大学出版社，2002.

[11] 程寿．制度正义与道德自觉 [J]. 探求，2002（6）：21-25.

[12] 迟桂荣．新媒体视野下当代大学生思想政治教育研究 [M]. 北京：中国社会科学出版社，2014.

[13] 崔欣颇．学校责任教育论纲 [D]. 南京：南京师范大学，2006.

[14] 崔志胜．社会主义核心价值观基本问题研究（马克思主义理论研究丛书）[M]. 北京：中国社会科学出版社，2014.

［15］戴茂堂，黄妍．论西方公正思想的逻辑进程［J］．唐都学刊，2013，29（4）：1-5.

［16］单丽雪．法学教育的理念与模拟法庭教学［J］．航海教育研究，2007（4）：75-77.

［17］［德］恩斯特·海克尔．宇宙之谜［M］．苑建华译．西安：陕西人民出版社，2006.

［18］［德］格奥尔格·威廉·弗里德里希·黑格尔．哲学史讲演录（第二卷）［M］．贺麟等译．北京：商务印书馆，1997.

［19］［德］米夏埃尔·兰德曼．哲学人类学［M］．张乐天译．上海：上海译文出版社，1988.

［20］［德］伊曼努尔·康德．道德形而上学原理［M］．苗力田译．上海：上海人民出版社，2012.

［21］邓小平．邓小平文选（第二卷）［M］．北京：人民出版社，1994.

［22］邓小平．邓小平文选（第三卷）［M］．北京：人民出版社，1993.

［23］邓小平．邓小平文选（第一卷）［M］．北京：人民出版社，1994.

［24］邓晓芒．中西正义观之比较［J］．华中科技大学学报（社会科学版），2015，29（1）：60-69.

［25］邸乘光．论习近平新时代中国特色社会主义思想［J］．新疆师范大学学报（哲学社会科学版），2018，39（2）：7-21.

［26］杜凡．转型社会公正问题研究［M］．北京：知识产权出版社，2012.

［27］杜园春．83.2%受访者认为演员“天价片酬”不合理［N］．中国青年报，2017-11-14（7）.

［28］段鹏飞．新时期思想政治教育中隐性教育的必要性及其实现途径［J］．思想政治教育研究，2009，25（2）：51-54.

［29］［法］皮埃尔-约瑟夫·蒲鲁东．贫困的哲学（第一卷）［M］．余叔同等译．北京：商务印书馆，1998.

［30］［法］皮埃尔-约瑟夫·蒲鲁东．什么是所有权［M］．孙署冰译．北京：商务印书馆，1982.

［31］［法］托马斯·皮凯蒂．21世纪资本论［M］．巴曙松等译．北京：中信出版社，2014.

［32］法治守护公平正义的核心价值——五论深入学习贯彻十八届四中全会精神［N］．人民日报，2014-10-29（4）.

［33］樊浩等．中国伦理道德报告［M］．北京：中国社会科学出版社，2012.

［34］范斌．弱势群体的增权及其模式选择［J］．学术研究，2004（12）：73-78.

［35］范梦．思想政治教育视野下大学生生态文明教育研究［D］．北京：中国矿业大学，2016.

［36］范晓光，周纲．阶层分化与居民社会公正观——对浙江温州的考察［J］．观察与思考，2013（3）：42-49.

［37］冯刚．高校思想政治教育创新发展研究［M］．北京：中国人民大学出版社，2009.

［38］冯刚，郑永廷．思想政治教育学科 30 年发展研究报告［M］．北京：光明日报出版社，2014.

［39］弗朗西斯·福山．历史的终结推迟了［EB/OL］．（2017-03-23）［2017-08-21］．http：//column. cankaoxiaoxi. com/2017/0323/1800085. shtml.

［40］高洁．经济公正问题研究［D］．武汉：武汉大学，2013.

［41］高兆明．制度公正论［M］．上海：上海文艺出版社，2001.

［42］高兆明．制度伦理研究［M］．北京：商务印书馆，2011.

［43］郜志刚．改革开放以来中国共产党社会公正思想研究［D］．南昌：江西师范大学，2012.

［44］弓丽娜．论大学生正义感的培育［J］．河南工程学院学报（社会科学版），2011，26（1）：90-94.

［45］公丕祥．社会主义核心价值观研究丛书：法治篇［M］．南京：江苏人民出版社，2015.

［46］龚鉴瑛．当代大学生公正观特点分析［J］．学校党建与思想教育，2011（14）：67-68+91.

［47］［古希腊］柏拉图．理想国（一）［M］．庞爔春译．北京：九州出版社，2007.

［48］［古希腊］色诺芬．回忆苏格拉底［M］．吴永泉译．北京：商务印书馆，1984.

［49］［古希腊］亚里士多德．尼各马可伦理学［M］．廖申白译．北京：商务印书馆，2003.

［50］［古希腊］亚里士多德．亚里士多德全集（第八卷）［M］．苗力田编

译．北京：中国人民大学出版社，1992.

［51］［古希腊］亚里士多德．政治学［M］．吴寿彭译．北京：商务印书馆，1965.

［52］顾友仁．中国传统文化与思想政治教育的创新［M］．合肥：安徽大学出版社，2011.

［53］管向群．社会主义核心价值观研究丛书：和谐篇［M］．南京：江苏人民出版社，2015.

［54］郭广银．社会主义核心价值观研究丛书：爱国篇［M］．南京：江苏人民出版社，2015.

［55］郭景萍．中国情感文明变迁60年：社会转型的视角［M］．北京：人民出版社，2010.

［56］郭林霞．高校网络公正观教育研究［D］．北京：北方工业大学，2012.

［57］郭维平．社会主义核心价值观生成与认同研究［M］．北京：学习出版社，2016.

［58］国家工商总局．2016年网购商品抽检不合格检出率达34.6%［EB/OL］．（2016－10－08）［2017－02－17］．http：//www.199it.com/archives/523945.html.

［59］国家统计局．2016年基尼系数为0.465　较2015年有所上升［EB/OL］．（2017-01-20）［2017-5-31］．http：//www.chinanews.com/cj/2017/01-20/8130559.shtml.

［60］国家统计局．中华人民共和国2017年国民经济和社会发展统计公报［EB/OL］．（2018-03-01）［2018-06-13］．http：//politics.people.com.cn/n1/2018/0301/c1001-29840369.html.

［61］国家主席习近平发表二〇一八年新年贺词［N］．人民日报，2018-01-01（1）.

［62］国家主席习近平发表二〇一九年新年贺词［N］．人民日报，2019-01-01（1）.

［63］国务院印发《意见》要求：促进市场公平竞争　维护市场正常秩序［N］．人民日报，2014-07-09（1）.

［64］韩东屏．“公正”新解［J］．马克思主义与现实，2016（6）：135-143.

［65］韩非．韩非子［M］．高华平等译注．北京：中华书局，2016.
［66］韩国志．马克思对国家政治公正理论的历史性贡献［J］．学术交流，2014（3）：5-8.
［67］何怀宏．公平的正义：解读罗尔斯《正义论》［M］．济南：山东人民出版社，2002.
［68］何家弘．司法公正论［J］．中国法学，1999（2）：11-19.
［69］何建华．经济正义论［D］．上海：复旦大学，2003
［70］贺来，葛宇宁．马克思正义理论的四个基本问题［J］．学术交流，2015（7）：42-48.
［71］侯丹娟．论当代西方道德教育方法发展的三个阶段［J］．思想理论教育，2010（7）：37-41.
［72］胡咚．社会主义核心价值观教育对古代道德教育方法的借鉴运用［J］．广西师范学院学报（哲学社会科学版），2016，37（1）：164-168.
［73］胡解旺．公正：道德教育的逻辑范式［J］．华中师范大学学报（人文社会科学版），2007（5）：136-140.
［74］胡金木．合乎正义的道德教育：利他、利己抑或互惠？［J］．教育学报，2015，11（5）：27-33.
［75］胡锦涛．胡锦涛文选（1-3 卷）［M］．北京：人民出版社，2016.
［76］黄明理．社会主义核心价值观研究丛书：友善篇［M］．南京：江苏人民出版社，2015.
［77］黄蓉生．大学生思想政治教育若干论题研究［M］．北京：人民出版社，2016.
［78］黄宗羲．明夷待访录［M］．段志强注．北京：中华书局，2011.
［79］霍秀媚．制度公正与民主政治［J］．探求，2003（2）：29-33+80.
［80］纪念马克思诞辰 200 周年大会在京举行［N］．人民日报，2018-05-05（1）.
［81］贾立平，郭跃军，祝大勇．校园文化建设与社会主义核心价值观实践教育研究［M］．北京：人民出版社，2019.
［82］江光荣．心理咨询与治疗［M］．合肥：安徽人民出版社，1995.
［83］江泽民．江泽民文选（1-3 卷）［M］．北京：人民出版社，2006.
［84］蒋荣昌．中国文化的公私观［J］．西南民族大学学报（哲学社会科学版），1998（4）：1-17.

［85］教育部.《高校思想政治工作质量提升工程实施纲要》发布［EB/OL］.（2017-12-07）［2018-1-27］. http：//www. moe. edu. cn/jyb_ xwfb/xw_ fbh/moe_ 2069/xwfbh_ 2017n/xwfb_ 20171206/mtbd/201712/t20171207_ 320828. html.

［86］教育部.教育部办公厅关于开展2017年国家精品在线开放课程认定工作的通知（教高厅函〔2017〕40号）［EB/OL］.（2017-07-28）［2017-9-14］. http：//www. moe. edu. cn/srcsite/A08/s5664/moe_ 1623/s3843/201707/t20170728_ 310304. html.

［87］教育部.中共教育部党组　共青团中央关于在各级各类学校推动培育和践行社会主义核心价值观长效机制建设的意见［EB/OL］.（2014-10-20）［2015-1-2］. http：//www. moe. gov. cn/srcsite/A12/s7060/201410/t20141020_ 177847. html.

［88］金宏妍，张向前，王艳.增权理论模式下高校学生工作创新研究［J］.燕山大学学报（哲学社会科学版），2009，10（3）：139-141.

［89］金佳绪.这步棋，习近平落子“公平正义”［EB/OL］.（2017-09-14）［2017-11-24］. http：//www. xinhuanet. com/politics/2017-09/14/c_ 1121660430. htm.

［90］金燕.当代大学生友善价值观培育研究［D］.南京：南京师范大学，2017.

［91］景天魁.社会公正理论与政策［M］.北京：社会科学文献出版社，2004.

［92］李佃来.关于历史唯物主义与正义兼容的三重辩护［J］.华中师范大学学报（人文社会科学版），2013，52（6）：66-74.

［93］李佃来.历史唯物主义与马克思正义观的三个转向［J］.南京大学学报（哲学·人文科学·社会科学），2015，52（5）：5-14.

［94］李耳.老子译注［M］.崔仲平，崔为译注.长春：吉林文史出版社，1996.

［95］李惠斌，李义天.马克思与正义理论［M］.北京：中国人民大学出版社，2010.

［96］李家莲.道德的情感之源：弗兰西斯·哈奇森道德情感思想研究［M］.杭州：浙江大学出版社，2012.

［97］李建华.社会发展中的公正问题研究［D］.北京：中共中央党

校，2005.

［98］李建平．新自由主义市场拜物教批判——马克思《资本论》的当代启示［J］．当代经济研究，2012（9）：1-12.

［99］李建平．《资本论》第一卷辩证法探索（3版）［M］．福州：福建人民出版社，2017.

［100］李俊．相对剥夺理论与弱势群体的心理疏导机制［J］．社会科学，2004（4）：74-78.

［101］李英，刘白．虚实结合与协同共治：政府治理网络暴力的路径选择［J］．四川理工学院学报（社会科学版），2016，31（1）：63-74.

［102］李苑静．“90后”大学生社会责任意识及其培育研究［D］．成都：西南交通大学，2017.

［103］厉以宁．经济学的伦理问题［M］．上海：三联书店，1995.

［104］梁治平．转型期的社会公正：问题与前景［M］．北京：生活·读书·新知三联书店，2010.

［105］梁忠义，车文博．实用教育辞典汇［M］．长春：吉林教育出版社，1989.

［106］梁柱．历史虚无主义思潮的泛起、特点及其主要表现［J］．马克思主义研究，2013（10）：120-128.

［107］廖小平．基于价值观变迁的大学生价值观教育试探［J］．湘潭大学学报（哲学社会科学版），2013，37（5）：123-128.

［108］廖运生．大、中学生正义感培育的困境与出路［D］．南昌：南昌大学，2010.

［109］列宁．列宁选集（1-4卷）［M］．北京：人民出版社，1995.

［110］林峰．青年网络流行语流变中的价值观呈现研究［J］．重庆邮电大学学报（社会科学版），2017，29（1）：12-16+23.

［111］林国标．当代中国公平正义思想的演变［J］．南华大学学报（社会科学版），2006（5）：17-21.

［112］林红．民粹主义——概念、理论与实证［M］．北京：中央编译出版社，2007.

［113］刘澈，朱哲．思想政治教育视阈下大学生公正观培育路径探赜［J］．学校党建与思想教育，2016（22）：32-36.

［114］刘惊铎．道德体验论［M］．北京：人民教育出版社，2003.

［115］刘靖北．培育和践行社会主义核心价值观应突出抓好四大重点人群［EB/OL］．（2014-07-23）［2018-05-13］．http：//theory. people. com. cn/n/2014/0723/c40531-25329538. html.

［116］刘姗姗．大学生进行网络直播现状及问题［J］．现代商贸工业，2017（2）：144-146.

［117］刘旺洪．社会主义核心价值观研究丛书：民主篇［M］．南京：江苏人民出版社，2015.

［118］刘小龙．民粹主义思潮在大学生中的渗透及其治理策略［J］．理论月刊，2017（10）：103-109.

［119］卢岚．断裂处的光缆：现代思想政治教育社会生态论［M］．武汉：湖北人民出版社，2010.

［120］鲁芳．新中国马克思主义伦理学的重要奠基者——庆贺李奇同志九十诞辰［J］．道德与文明，2002（6）：70-75.

［121］鲁杰，王逢贤．德育新论［M］．南京：江苏教育出版社，2000.

［122］吕玮，李海青．公正：中国特色社会主义的本质之维［EB/OL］．（2013-05-05）［2016-09-01］．http：//theory. people. com. cn/n/2013/0505/c49152-21369302-2. html.

［123］吕文慧．马克思与阿马蒂亚·森关于人的自由全面发展思想的比较研究［J］．当代经济研究，2011（11）：22-28.

［124］罗国杰．马克思主义价值观研究［M］．北京：人民出版社，2013.

［125］罗秋立，何良安．马克思的道德哲学批判［J］．伦理学研究，2004（6）：95-99.

［126］麻宝斌．政治正义的历史演进与现实要求［J］．江苏社会科学，2003（1）：160-164.

［127］马俊峰．马克思主义公正观的基本向度及方法论原则［J］．中国社会科学，2010（6）：44-57+221.

［128］马克思，恩格斯．马克思恩格斯文集（1-10卷）［M］．北京：人民出版社，2009.

［129］马陆艳．马克思恩格斯社会公平理论及其发展研究［D］．成都：电子科技大学，2013.

［130］马向真．当代中国社会心态与道德生活状况研究报告［M］．北京：社会科学出版社，2015.

［131］马宇平，范雪．中国大学生财富价值观调查［N］．中国青年报，2017-01-03（3）．

［132］马忠，黄建军．《论语》中的对话式道德教育方法研究［J］．中国大学教学，2013（4）：68-72．

［133］毛泽东．毛泽东选集（1-4卷）［M］．北京：人民出版社，1991．

［134］［美］阿拉斯戴尔·麦金太尔．谁之正义？何种合理性？［M］．万俊人等译．北京：当代中国出版社，1996．

［135］［美］埃德加·博登海默．法理学：法律哲学与法律方法［M］．邓正来译．北京：中国政法大学出版社，1999．

［136］［美］丹尼尔·列文，罗伯特·哈维赫斯特．社会与教育［M］．纪大海译．成都：四川教育出版社，1991．

［137］［美］弗里德利希·冯·哈耶克．自由秩序原理［M］．邓正来译．北京：生活·读书·新知三联书店，1997．

［138］［美］康芒斯．制度经济学（上）［M］．于树生译．北京：商务印书馆，1962．

［139］［美］莱茵霍尔德·尼布尔．道德的人与不道德的社会［M］．蒋庆等译．贵阳：贵州人民出版社，1998．

［140］［美］劳伦斯·科尔伯格．道德教育的哲学［M］．魏贤超译．杭州：浙江教育出版社，2000．

［141］［美］列奥·施特劳斯，约瑟夫·克罗波西．政治哲学史（上册）［M］．李天然等译．石家庄：河北人民出版社，1993．

［142］［美］路易斯·拉斯思等．价值与教学［M］．魏贤超译．杭州：浙江教育出版社，2003．

［143］［美］罗伯特·诺奇克．无政府、国家和乌托邦［M］．何怀宏译．北京：中国社会科学出版社，1991．

［144］［美］罗伯特·诺奇克．无政府、国家和乌托邦［M］．姚大志译．北京：中国社会科学出版社，2008．

［145］［美］迈克尔·桑德尔．公正：该如何做是好？［M］．朱慧玲译．北京：中信出版社，2011．

［146］［美］迈克尔·桑德尔．自由主义与正义的局限［M］．万俊人等译．南京：译林出版社，2001．

［147］［美］莫蒂默·艾德勒．六大观念［M］．陈德中译．重庆：重庆出

版社，2005.

［148］［美］尼尔·波兹曼．娱乐至死［M］．章艳译．桂林：广西师范大学出版社，2004.

［149］［美］乔治·霍兰·萨拜因．政治学说史：上册［M］．盛葵阳，崔妙因译．北京：商务印书馆，1986.

［150］［美］约翰·S. 布鲁贝克．高等教育哲学［M］．王承绪等译．杭州：浙江教育出版社，1998.

［151］［美］约翰·罗尔斯．正义论［M］．何怀宏等译．北京：中国社会科学出版社，1988.

［152］［美］约翰·罗尔斯．政治自由主义［M］．万俊人译．南京：译林出版社，2000.

［153］［美］约翰·罗尔斯．作为公平的正义——正义新论［M］．姚大志译．上海：上海三联书店，2002.

［154］［美］约翰·罗杰斯·康芒斯．制度经济学（上）［M］．赵睿译．北京：商务印书馆，2009.

［155］［美］詹姆斯·布坎南．马克思与正义［M］．林进平译．北京：人民出版社，2013.

［156］墨翟．墨子［M］．李小龙译注．北京：中华书局，2016.

［157］2017 年天猫双 11 数据报［N］．杭州日报，2017-11-13（7）.

［158］牛先锋．社会公平的多重内涵及其政策意义［J］．理论探讨，2006（5）：20-22.

［159］欧阳旭曦．人性的内在矛盾是道德的基础［J］．伦理学研究，2003（2）：90-93.

［160］潘爱华．朋辈教育模式在高校思想政治教育中的实践［J］．学校党建与思想教育，2011（20）：45-46.

［161］盘和林．共享经济是求解“新矛盾”的一把钥匙［EB/OL］.（2017-11-02）［2018-02-03］. http：//views. ce. cn/view/ent/201711/02/t20171102_ 26728482. shtml.

［162］彭定光．论制度正义的两个层次［J］．道德与文明，2002（1）：26-30.

［163］彭俊桦．大学生社会主义核心价值观践行研究——基于文化多样化背景［D］．福州：福建师范大学，2014.

［164］齐超，王颖．大学生与“网络民主暴力”认知实证分析［J］．今传媒，2012，20（1）：41-42.

［165］钱广荣．伦理的必然性与道德自由［J］．伦理学研究，2016（6）：25-29.

［166］钱广荣．论以公正为社会主义核心价值观的基本理念［J］．学校党建与思想教育，2018（1）：10-15.

［167］邱国勇．社会主义核心价值观教育研究［D］．武汉：武汉大学，2013.

［168］全面深化改革 中国高歌行进——十八届三中全会以来重大改革举措扫描［N］．人民日报，2014-11-13（4）.

［169］人民网．第十二届中国大学生年度人物候选人吴宏宇事迹［EB/OL］．（2017-04-20）［2017-06-06］．http：//stu.people.com.cn/n1/2017/0420/c411610-29224966.html.

［170］人民网．《关于电视剧网络剧制作成本配置比意见》发布［EB/OL］．（2017-09-22）［2018-1-23］．http：//media.people.com.cn/n1/2017/0922/c4060-29553702.html.

［171］人民网．关注网络原住民（文化世象）［EB/OL］．（2016-09-15）［2017-12-09］．http：//opinion.people.com.cn/n1/2016/0915/c1003-28717552.html.

［172］任锋．中国传统文化中的正义观［N］．中国文化报，2014-04-03（3）.

［173］任映红，戴海东．中国共产党的社会公正观研究［M］．北京：人民出版社，2009.

［174］［日］川岛武宜．现代化与法［M］．王志安等译．北京：中国政法大学出版社，1994.

［175］桑学成．社会主义核心价值观研究丛书：公正篇［M］．南京：江苏人民出版社，2015.

［176］尚书·礼记［M］．高山译注．北京：中国文联出版社，2016.

［177］邵龙宝．中西比较视域中的儒学公正思想及其现代转化［J］．上海师范大学学报（哲学社会科学版），2012，41（5）：29-36.

［178］沈壮海等．中国大学生思想政治教育发展报告2017［M］．北京：北京师范大学出版社，2018.

［179］沈壮海等．中国大学生思想政治教育发展报告 2016［M］．北京：北京师范大学出版社，2017.

［180］沈壮海．思想政治教育有效性研究（2 版）［M］．武汉：武汉大学出版社，2008.

［181］史瑞杰．公平、正义、公正及其关系辨析［J］．红旗文稿，2013（22）：26-27.

［182］史耀疆，崔瑜．公民公平观及其对社会公平评价和生活满意度影响分析［J］．管理世界，2006（10）：39-49.

［183］舒锐．别忽视网络暴力的法律责任［N］．法制日报，2018-07-01（2）.

［184］双传学．社会主义核心价值观研究丛书：实践篇［M］．南京：江苏人民出版社，2015.

［185］宋增伟．马克思的制度分析方法与人的全面发展的实现路径［J］．吉首大学学报（社会科学版），2008（5）：29-32+175.

［186］宋增伟．制度公正问题研究——从人的发展视角分析［D］．济南：山东大学，2016.

［187］搜狐网．招商银行 & 贝恩公司 2017 中国私人财富报告［EB/OL］．（2017-06-21）［2017-07-01］．http：//www. sohu. com/a/150797676_ 467320.

［188］搜狐网．中国古代人均粮食占有量"兴衰史"［EB/OL］．（2016-10-10）［2017-09-16］．http：//www. sohu. com/a/115798100_ 501345.

［189］搜狐新闻．网络暴力到底有多可怕？你有没有用语言去伤害陌生人？［EB/OL］．（2017-11-02）［2018-02-03］．https：//www. sohu. com/a/194337138_ 559564.

［190］苏振芳．思想政治教育学［M］．北京：社会科学文献出版社，2006.

［191］孙君恒．分配正义的两种当代模式——罗尔斯的公平论与诺奇克的权利论［J］．河南师范大学学报（哲学社会科学版），2003（5）：26-29.

［192］孙亮．重审《资本论》中的"正义"概念——基于"事物化"与"物化"界划的视角［J］．学术月刊，2015，47（3）：55-61.

［193］孙其昂．思想政治教育学前沿研究［M］．北京：人民出版社，2013.

［194］谭维智．道德教育的非知识化路径——道家的知识观及其道德教育

方法研究［J］. 教育研究，32（6）：85-89.

［195］檀传宝．德育原理［M］. 北京：北京师范大学出版社，2007.

［196］唐美云．罗尔斯制度正义与个体道德关系论析［J］. 求索，2011（7）：104-106.

［197］唐正东．马克思公正观的历史唯物主义方法论基础［J］. 武汉大学学报（人文科学版），2013，66（6）：58-62.

［198］陶倩，吴洁．浅议“工匠精神”的现实价值——基于社会主义核心价值观的培育［J］. 中国劳动关系学院学报，2017，31（5）：1-6.

［199］陶行知．中国教育改造［M］. 北京：东方出版社，1996.

［200］涂小雨．社会转型与中国社会阶层分化趋势分析［J］. 学习论坛，2011（5）：76-80.

［201］汪荣有，谢中和．马克思恩格斯的经济公正思想及其贡献［J］. 马克思主义与现实，2010（4）：149-151.

［202］王春旭．用“道德讲堂”引领大学生核心价值观教育［J］. 南阳师范学院学报，2014，13（11）：75-76.

［203］王海明．公正类型论［J］. 东南大学学报（哲学社会科学版），2006（6）：14-19.

［204］王海明．公正与人道——国家治理道德原则体系［M］. 北京：商务印书馆，2010.

［205］王海明．公正与人道：以德治国的道德原则体系［J］. 苏州铁道师范学院学报（社会科学版），2002（2）：36-46.

［206］王虹，刘智．新媒体时代高校思想政治教育创新研究［M］. 北京：中国社会科学出版社，2012.

［207］王俊秀．中国社会心态研究报告：2012—2013［M］. 北京：社会科学文献出版社，2013.

［208］王俊秀．中国社会心态研究报告（2017）：社会阶层与获得感［M］. 北京：社会科学文献出版社，2017.

［209］王前军．社会主义核心价值观教育生活化的人本主题及发展路径［J］. 科学社会主义，2013（5）：102-104.

［210］王庆五．社会主义核心价值观研究丛书：平等篇［M］. 南京：江苏人民出版社，2015.

［211］王卫东．有多少校园欺凌不该发生［N］. 光明日报，2016-12-15

(15).

［212］王晓升．马克思是反（或非）道德主义者吗？［J］．伦理学研究，2012（1）：108-115.

［213］王新生．马克思正义理论的四重辩护［J］．中国社会科学，2014（4）：26-44.

［214］王玄武．政治观教育通论［M］．北京：高等教育出版社，1999.

［215］王燕文．社会主义核心价值观研究丛书（总论）［M］．南京：江苏人民出版社，2015.

［216］网易新闻．广东大学生见义勇为牺牲　被收入射击游戏［EB/OL］．（2016-07-05）［2018-06-10］．http：//news.163.com/16/0705/16/BR7M284E00014SEH.html.

［217］魏传光．"伍德—米勒命题"的双重破解——对马克思是"反道德主义"的驳斥［J］．学术界，2017（6）：99-108.

［218］邬巧飞．马克思的社会公正思想及当代价值［D］．北京：中共中央党校，2015.

［219］吴佩芬．社会公正的基本原则探析［J］．齐鲁学刊，2011（5）：90-93.

［220］吴潜涛，艾四林．社会主义核心价值观研究前沿问题聚焦——社会主义核心价值观协同创新昆明峰会文萃［M］．北京：人民出版社，2020.

［221］吴沁芳．从"平均"到"公正"的嬗变——中国公正观的价值维度转换［J］．道德与文明，2007（4）：26-30.

［222］吴增基，吴鹏森，苏振芳．现代社会调查方法（4版）［M］．上海：上海人民出版社，2014.

［223］吴忠民．社会公正论［M］．济南：山东人民出版社，2004.

［224］吴忠民．中国社会公正的现状与趋势［J］．江海学刊，2005（2）：82-88.

［225］吴忠民．走向公正的中国社会［M］．济南：山东人民出版社，2008.

［226］武铁传．马克思主义兼容道德、正义的三个理由［J］．道德与文明，2016（6）：102-111.

［227］习近平．摆脱贫困［M］．福州：福建人民出版社，1992.

［228］习近平．决胜全面建成小康社会　夺取新时代中国特色社会主义伟大胜利——在中国共产党第十九次全国代表大会上的报告［M］．北京：人民出

版社，2017.

［229］习近平．习近平谈治国理政（第二卷）［M］．北京：外文出版社，2017.

［230］习近平．习近平谈治国理政（第一卷）［M］．北京：外文出版社，2018.

［231］习近平在北京大学考察时强调：青年要自觉践行社会主义核心价值观，与祖国和人民同行创造精彩人生［N］．人民日报，2014-05-05（1）.

［232］习近平．在北京大学师生座谈会上的讲话［N］．人民日报，2018-05-03（2）.

［233］习近平．在纪念马克思诞辰200周年大会上的讲话［M］．北京：人民出版社，2018.

［234］习近平．在2015年春节团拜会上的讲话［N］．人民日报，2015-02-18（2）.

［235］习近平．在庆祝改革开放40周年大会上的讲话［M］．北京：人民出版社，2018.

［236］习近平在全国高校思想政治工作会议上强调：把思想政治工作贯穿教育教学全过程　开创我国高等教育事业发展新局面［N］．人民日报，2016-12-09（1）.

［237］习近平在全国教育大会上强调：坚持中国特色社会主义教育发展道路　培养德智体美劳全面发展的社会主义建设者和接班人［N］．人民日报，2018-09-11（1）.

［238］习近平在全国宣传思想工作会议上强调：举旗帜 聚民心 育新人 兴文化 展形象　更好完成新形势下宣传思想工作使命任务［N］．人民日报，2018-08-23（1）.

［239］习近平．在同全国劳动模范代表座谈时的讲话［N］．人民日报，2013-04-29（2）.

［240］习近平在中共中央政治局第三十七次集体学习时强调：坚持依法治国和以德治国相结合，推进国家治理体系和治理能力现代化［N］．人民日报，2016-12-11（1）.

［241］习近平在中共中央政治局第十二次集体学习时强调：推动媒体融合向纵深发展　巩固全党全国人民共同思想基础［N］．人民日报，2019-01-26（1）.

［242］习近平．之江新语［M］．杭州：浙江人民出版社，2007.

［243］习近平主持召开学校思想政治理论课教师座谈会强调：用新时代中国特色社会主义思想铸魂育人　贯彻党的教育方针　落实立德树人根本任务［N］．人民日报，2019-03-19（1）．

［244］习近平主持召开中央财经领导小组第十三次会议强调：坚定不移推进供给侧结构性改革　在发展中不断扩大中等收入群体［N］．人民日报，2016-05-17（1）．

［245］夏征农．辞海（1999 年版缩印本）（音序）［M］．上海：上海辞书出版社，2002.

［246］［匈］格奥尔格·卢卡奇．历史与阶级意识［M］．杜章智等译．北京：商务印书馆，1999.

［247］徐江虹，邓海林．大学生诚信缺失问题探讨——以国家励志奖学金评比为例［J］．江苏高教，2017（5）：78-81.

［248］徐惟诚．和谐社会与社会公正问题研究［M］．北京：人民出版社，2014.

［249］许耀桐．党的十八大以来全面从严治党的新进展［J］．行政管理改革，2017（4）：26-31+144.

［250］许耀桐．发展社会主义民主政治的深刻内涵［J］．行政管理改革，2017（11）：24-26.

［251］许耀桐．中国基本政治制度［M］．北京：国家行政学院出版社，2013.

［252］炎冰．追思政治：现代性视域中的马克思政治哲学及其中国话语［M］．北京：中国言实出版社，2015.

［253］颜之推．颜氏家训［M］．北京：中国华侨出版社，2014.

［254］颜之推．颜氏家训译注［M］．王秀霞，吴玉琦译注．长春：吉林文史出版社，1996.

［255］杨嘉辉，俞田荣．生态文明视域下的生态正义问题与对策探究［J］．中共南昌市委党校学报，2018（1）：48-52.

［256］杨立英．全球化、网络化境遇与社会主义意识形态建设研究［M］．北京：人民出版社，2006.

［257］杨明．社会主义核心价值观研究丛书：敬业篇［M］．南京：江苏人民出版社，2015.

［258］姚大志．何谓正义：当代西方政治哲学研究［M］．北京：人民出版社，2007.

［259］叶南客．社会主义核心价值观研究丛书：文明篇［M］．南京：江苏人民出版社，2015.

［260］［意］桑德罗·斯奇巴尼．正义与法［M］．黄风译．北京：中国政法大学出版社，1992.

［261］［印］阿马蒂亚·森．以自由看待发展［M］．任赜，于真译．北京：中国人民大学出版社，2002.

［262］［印］阿马蒂亚·森．正义的理念［M］．王磊，李航译．北京：人民大学出版社，2012.

［263］［英］R. N. 伯尔基．马克思主义的起源［M］．伍庆等译．上海：华东师范大学出版社，2007.

［264］［英］托马斯·霍布斯．利维坦［M］．吴克峰编译．北京：北京出版社，2008.

［265］［英］亚当·斯密．道德情操论［M］．蒋自强等译．北京：商务印书馆，1997.

［266］［英］亚当·斯密．道德情操论［M］．谢宗林译．北京：中央编译出版社，2009.

［267］［英］约翰·穆勒．功用主义［M］．唐钺译．北京：商务印书馆，1957.

［268］余玉花，刘梦慈，杨礼．大学生公正观状况调查与思考［J］．思想教育研究，2012（12）：58-62.

［269］俞可平．社群主义［M］．北京：中国社会科学出版社，1998.

［270］袁贵仁．价值观的理论与实践：价值观若干问题的思考［M］．北京：北京师范大学出版社，2013.

［271］袁贵仁．论马克思主义的公正观［J］．求索，1992（4）：33-38.

［272］袁久红．社会主义核心价值观研究丛书：自由篇［M］．南京：江苏人民出版社，2015.

［273］袁张帆．“人类命运共同体”视阈下新时代高校思想政治教育发展研究［J］．广西社会科学，2018（4）：199-203.

［274］曾盛聪．伦理变迁与道德教育：市场化、全球化、网络化际遇中的现代性追寻［M］．广州：广东人民出版社，2006.

［275］张景荣．社会主义核心价值观研究综述［M］．北京：社会科学文献出版社，2017.

［276］张静．转型中国：社会公正观研究［M］．北京：中国人民大学出版社，2008.

［277］张立迁．让学术失信者寸步难行［N］．中国教育报，2019-03-04（2）.

［278］张清．马克思主义公平正义观的新境界［EB/OL］．（2017-08-28）［2017－12－11］．http：//www.ccps.gov.cn/xxsb_jx/201708/t20170828_95689.html.

［279］张清．马克思主义公平正义观的新境界［N］．学习时报，2017-08-28（3）.

［280］张书琛．社会主义市场经济中的社会公正问题［M］．广州：广东人民出版社，2002.

［281］张晓飞．社会矛盾凸显期大学生公正观教育研究［D］．上海：华东师范大学，2014.

［282］张耀灿，钱广荣等．思想政治教育学科范式简论［M］．合肥：安徽师范大学出版社，2018.

［283］张耀灿．推进思想政治教育学科创新发展的若干思考［J］．思想理论教育，2017（7）：62-65.

［284］张耀灿．新时代中国特色社会主义思想的辩证思维［J］．思想政治教育研究，2017，33（6）：1-3.

［285］张耀灿，郑永廷，吴潜涛，骆郁廷等．现代思想政治教育学［M］．北京：人民出版社，2006.

［286］张羽等．家庭社会经济地位与父母教养方式对儿童青少年公正世界信念的影响［J］．心理发展与教育，2017，33（5）：513-523.

［287］张媛．中国青少年社会公平感的结构与测量［D］．武汉：华中师范大学，2009.

［288］张再兴．网络思想政治教育研究［M］．北京：经济科学出版社，2009.

［289］张璋，周海川．我国一二三线城市房价互动机制研究［J］．上海经济研究，2018（1）：75-84.

［290］赵麟斌．“马克思主义中国化”研读［M］．上海：同济大学出版

社，2009.

［291］赵正文．社会主义核心价值观融入大学生思想政治教育的创新机制研究［M］．北京：清华大学出版社，2018.

［292］郑永廷，胡子祥．学习习近平在哲学社会科学工作座谈会上的讲话推进思想政治教育学科发展［J］．思想教育研究，2016（6）：3-7.

［293］郑永廷．论当代西方国家思想道德教育方法［J］．学术研究，2000（3）：82-87.

［294］郑元凯．历史与道德：马克思公正思想的双重语境［J］．沈阳农业大学学报（社会科学版），2017，19（4）：495-499.

［295］郑元凯．马克思恩格斯公正观的三重向度与当代解读［J］．临沂大学学报，2017，39（6）：88-97.

［296］郑元凯．马克思与阿马蒂亚·森正义思想的耦合与分野——兼评阿马蒂亚·森正义思想的局限性［J］．华侨大学学报（哲学社会科学版），2018（4）：5-14.

［297］郑元凯．校园分层视阈下高校特殊学生群体“增权”路径［J］．重庆交通大学学报（社会科学版），2017，17（4）：138-141.

［298］郑元凯．新自由主义思潮影响下高校思想政治教育对策［J］．继续教育研究，2018（2）：57-60.

［299］郑元凯，杨立英．异化、物化、物象化与拜物教——马克思的现代性批判思想沿革与概念考辨［J］．宁夏社会科学，2017（6）：22-29.

［300］中共中央办公厅、国务院办公厅印发《关于进一步加强和改进新形势下高校宣传思想工作的意见》［N］．人民日报，2015-01-20（1）.

［301］中共中央党史和文献研究院．十八大以来重要文献选编（下）［M］．北京：中央文献出版社，2018.

［302］中共中央关于坚持和完善中国特色社会主义制度　推进国家治理体系和治理能力现代化若干重大问题的决定［N］．人民日报，2019-11-06（1）.

［303］中共中央　国务院发出《关于进一步加强和改进大学生思想政治教育的意见》［N］．人民日报，2004-10-15（1）.

［304］中共中央　国务院印发《关于加强和改进新形势下高校思想政治工作的意见》［N］．人民日报，2017-02-28（1）.

［305］中共中央　国务院转发《中央宣传部、司法部关于在公民中开展法治宣传教育的第七个五年规划》［N］．人民日报．2016-04-18（1）.

［306］中共中央文献研究室．十八大以来重要文献选编（上）［M］．北京：中央文献出版社，2014.

［307］中共中央文献研究室．十八大以来重要文献选编（中）［M］．北京：中央文献出版社，2016.

［308］中共中央文献研究室．习近平关于青少年和共青团工作论述摘编［M］．北京：中央文献出版社，2017.

［309］中共中央文献研究室．习近平关于全面依法治国论述摘编［M］．北京：中央文献出版社，2015.

［310］中共中央宣传部．习近平新时代中国特色社会主义思想三十讲［M］．北京：学习出版社，2018.

［311］中共中央宣传部．习近平总书记系列重要讲话读本（2016 年版）［M］．北京：学习出版社，人民出版社，2016.

［312］中国产业信息网．2017 年全国高校毕业人数统计分析［EB/OL］．(2017 - 06 - 09)［2017 - 06 - 30］．http：//www. chyxx. com/industry/201706/530697. html.

［313］中国共产党第十八届中央委员会第五次全体会议．中共中央关于制定国民经济和社会发展第十三个五年规划的建议［N］．人民日报，2015-11-04 (1).

［314］中国共产党章程（中国共产党第十九次全国代表大会部分修改，2017 年 10 月 24 日通过）［N］．人民日报，2017-10-29（1）.

［315］中国互联网络信息中心．第 43 次《中国互联网络发展状况统计报告》［EB/OL］．(2019-02-28)［2019-03-09］．http：//www. cnnic. net. cn/hlw-fzyj/hlwxzbg/hlwtjbg/201902/t20190228_ 70645. htm.

［316］中国经济网．十八大后落马省部级及以上高官名单［EB/OL］．(2018 - 02 - 26)［2018 - 03 - 28］．http：//district. ce. cn/newarea/sddy/201410/03/t20141003_ 3638299. shtml.

［317］中国联合国协会中国模拟联合国发展情况调研小组．中国模拟联合国活动发展报告［J］．国际政治研究，2011，32（2）：169-177.

［318］中国社会科学院语言研究所词典编辑室．现代汉语词典（7 版）［M］．北京：商务印书馆，2016.

［319］中国十大品牌网．中国十大网络社交平台—社交媒体平台—移动社交平台［EB/OL］．(2019 - 01 - 31)［2019 - 02 - 09］．https：//www. china -

10. com/china/1211sjmt_ index. html.

[320] 中国文明网. 大学生参与志愿服务是进入社会重要一课 [EB/OL]. (2016-11-21) [2017-01-31]. http: //www. wenming. cn/wmpl_ pd/msss/201611/t20161121_ 3895443. shtml.

[321] 中华儿女报刊社. 柳艳兵、易政勇交出道德满分答卷的“最美考生”[EB/OL]. (2015-01-27) [2018-01-31]. http: //elite. youth. cn/gnb/201501/t20150127_ 6438199. htm.

[322] 中华人民共和国国家统计局. 中国统计年鉴2016 [M]. 北京: 中国统计出版社, 2017.

[323] 中央政府门户网站. 国务院印发《关于促进市场公平竞争维护市场正常秩序的若干意见》[EB/OL]. (2014-07-08) [2017-02-02]. http: //www. gov. cn/xinwen/2014-07/08/content_ 2713899. htm.

[324] 周辅成. 西方伦理学名著选辑 (上卷) [M]. 北京: 商务印书馆, 1987.

[325] 周杰, 王维国. 国家治理现代化中道德与法律的关系论析 [J]. 河南社会科学, 2017, 25 (1): 74-79.

[326] 周瑜. 关于价值澄清理论的几点思考 [J]. 思想政治教育研究, 2005 (5): 26-27+43.

[327] 朱凤荣. 社会主义核心价值观视域下制造业工匠精神培育的思考 [J]. 毛泽东思想研究, 2017, 34 (1): 96-101.

[328] 朱海龙, 杨韶刚. 高校大学生价值观教育策略分析 [J]. 高教探索, 2014 (2) 154-158.

[329] 朱维铮. 传世藏书子库诸子 [M]. 海口: 海南国际新闻出版中心, 1996.

[330] 朱熹. 四书章句集注 [M]. 北京: 中华书局, 2011.

[331] 朱贻庭. 伦理学大辞典 [M]. 上海: 上海辞书出版社, 2002.

[332] 邹国振. 社会主义核心价值体系认同的层次性分析 [J]. 学术论坛, 2011, 34 (2): 179-182.

后　记

本书是由我的博士学位论文修改而来。回顾这几年的求学时光，百感交集。2014 年，刚过 30 岁的我带着对学术事业的向往与憧憬重新回到学校，在繁忙的工作中开启了博士阶段的学习。兴奋中带着忐忑；五年苦读，学业方得以完成，辛劳中交织着欣慰。事不躬行不知难，几年的学习生活，越发感到知识的可贵，研究的不易。

社会主义核心价值观一直是思想政治教育研究领域的热点问题。在导师杨立英教授的建议下，我在入学后就将社会主义核心价值观确定为研究方向。然而，在确定具体选题时，一些问题与困惑不断显现。首先，社会主义核心价值观的研究成果颇多，如何从中找寻前人尚未广泛涉及的领域，具有一定难度；其次，若仅从高校培育践行社会主义核心价值观的层面来写，则有可能导致文章缺乏学理性，变成工作经验总结；最后，社会主义核心价值观是一个具有传承性、时代性与包容性的价值体系，其中所涉及的内容较多，若分门别类进行研究，要花费大量笔墨，绝不是一部博士学位论文可以论述清楚的。2015 年 5 月，本人有幸阅读了江苏人民出版社出版的《社会主义核心价值观研究丛书》，该丛书对社会主义核心价值观的 12 个维度进行了分类研究，从哲学、政治学、经济学、法学、伦理学、心理学等多个领域诠释了社会主义核心价值观每个维度的深刻内涵，大大提升了本人对社会主义核心价值观进行学理探究的热情与决心。随后，本人在网易公开课上学习了哈佛大学迈克尔·桑德尔教授主讲的公开课《公正：该如何做是好?》，顿时对这个选题萌生了兴趣，桑德尔教授的主讲内容也给本书研究予以很大启发。经过学术史梳理、文献收集整理后，本人最终将研究选题落脚于“公正”——这个社会主义核心价值观的基本理念的重要价值维度上。

作为人类社会永恒的价值追求以及国家制度设计的首要原则，公正在社会主义核心价值观体系中占据特殊的地位。公正具有深厚的理论渊源，古今中外思想界的集大成者那里均能找到他们关于公正的论述，在当代，罗尔斯的正义论几乎成为西方政治哲学体系的话语主导，其提出的正义原则成为西方世界制度设计的基本依据。在马克思主义理论体系中，公正的地位也十分重要，几乎贯穿马克思主义理论发展沿革的全部过程。然而，通过本人对当前公正理论研究的文献梳理发现，以罗尔斯、诺奇克为代表的西方当代公正理论对理论界的影响是十分深远的。尤其是罗尔斯的公正理论，近年来备受理论界推崇。然而对马克思主义公正思想却有所忽视，处于被边缘化的地位。对此，本书花费了一定笔墨对马克思主义公正思想进行了深入挖掘，洞察其中的逻辑线索、内在机理与理论特质，以此回应理论界对马克思主义公正思想的误读，确立马克思主义公正思想在当前促进社会公平正义，构建完善健全的制度体系以及居民公正观认知方面的理论指导地位。

如何考察当代大学生公正观的状况是本书的一大难点，在这个问题上，本人花费精力颇多，其关键在于编制一份具有可操作性，且能够达到一定信度与效度的问卷。当前学界关于大学生公正观研究的文章本不多见，而现有文献对公正观的界定颇为模糊，部分界定与作为价值观的公正观相去甚远，导致在实证方面可采纳、可借鉴的内容不多。因此，本书依托德育工作与心理学领域常用的“知”“情”“意”“行”四维理论构建公正观的基本维度，并以此作为进行大学生公正观调查的具体对象以及大学生公正观培育的目标。在实际调查过程中，还引入了“公正感受”这个维度，进一步丰富了公正观的价值观属性与心理指向性。这种分析方法对推进社会主义核心价值观其他维度的研究来说具有借鉴意义，也是本书的创新之处。

由于本人曾长期担任高校辅导员工作，在开展学生思想政治教育方面具备一定经验，这也为构建大学生公正观教育理路提供了实践依据。然而，对本人而言，在写作本书之前，同样未在实践中直接开展过系统的公正观教育，因此，本书所构建的公正观教育路径还有待广大高校思政工作同仁的检验。希望广大同仁们共同参与到社会主义核心价值观领域的研究当中，为高校培育践行社会主义核心价值观提供更多宝贵的思想与经验。

最后，我要表达自己的谢意。本书能够顺利完成，除了本人努力学习与探索之外，更蕴含着各个方面的鼎力支持，有父母的殷切期望，更有领导和老师的谆谆教诲以及同学、好友的热心帮扶，在此谨向给予我悉心指导和无私关怀的所有人致以最诚挚的感谢和崇高的敬意！

求学之路上最重要的莫过于学术的引路人。感谢导师杨立英教授孜孜不倦的教诲与指导，引导我树立了基本的学术态度，建立了基本的研究方法。回想求学几年，也曾彷徨过、否定过和怀疑过，但老师的“不放弃、不抛弃”始终激励着我不忘初心。尽管在学术路上步履蹒跚，但老师的鼓励，让我坚定信念，仍然坚持行走在学术之路上。本书的写作，完全得益于老师的精心指导。从论文的选题到内容的构思，从提纲的拟订到思路的调整，从结构的构建到文字的推敲，无不凝聚着老师的心血和智慧。在本书的撰写过程中，每一步都离不开老师的悉心指导，本书初稿完成后，老师更是多次审阅，提出了非常具体的修改建议。本书能够最终完成，感谢老师辛苦的付出。老师渊博的学问、严谨的治学态度、孜孜以求的研究精神、诲人不倦的教风，在为学、做人、处世方面言传身教，让我受益终身。在这里，谨向恩师致以最真挚的谢意！

感谢许耀桐教授、郑吉伟教授两位校外专家对本书的耐心指导。感谢李建平教授、郑传芳教授、赖海榕教授、苏振芳教授、潘玉腾教授、陈永森教授、杨建义教授、王建南教授、林旭霞教授、吴宏洛教授、郑又贤教授、傅慧芳教授、陈桂蓉教授、曾盛聪教授、陈志勇教授、杨林香教授、黄晓辉教授、张莉教授、蔡华杰副教授等马克思主义学院博学的导师们，你们为学院博士生的培养倾注了大量心血，提供了良好条件；你们的师德风范和治学态度令我终生难忘；你们严谨的治学态度、诚恳的批评建议促使我对论文进行不断改进与完善。在此谨向学院各位导师致以崇高的敬意！

感谢福建艺术职业学院陈晟书记、唐文忠院长在我读博期间给予的支持与理解。感谢福建师范大学美术学院党委赵立新书记、经济学院院长黄茂兴教授、数学与信息学院俞建群副书记、马克思主义学院涂莹老师、黄婷老师、朱国鹏老师的帮助。感谢马克思主义学院 2014 级博士班全体同学，我们在求学期间一起学习、相互鼓励、共同成长，尤其感谢班长刘明同学，是你让我们博士生班焕发了无比强大的凝聚力与战斗力，让我们成为一个团结向上的集体，这段痛并快乐着的日子将永远铭记在我心中。

最后，要特别感谢我的家人。父母的养育之恩无以为报，他们是我漫漫求学路上的坚强后盾，是我生命中永远的依靠！没有他们的理解和支持，无论如何我都无法完成本书的写作！我把这本著作献给他们。

郑元凯

2020 年 3 月 28 日